U0750722

广州市教育科学“十一五”规划项目
“新课程背景下中学物理学习适应性
与教学策略适切性的研究”
（07B012）研究成果

广州市教育局“中小学教师优秀专著
成果”出版专项资助项目（2012 年）

适应性与适切性

物理教学行动的结构分析

张建奋 ◎ 著

SHIYINGXING YU SHIQIEXING
WULI JIAOXUE XINGDONG DE JIEGOU FENXI

暨南大學出版社
JINAN UNIVERSITY PRESS

中国·广州

图书在版编目（CIP）数据

适应性与适切性：物理教学行动的结构分析/张建奋著．—广州：暨南大学出版社，2012.12

ISBN 978-7-5668-0423-5

Ⅰ.①适…　Ⅱ.①张…　Ⅲ.①中学物理课—教学研究　Ⅳ.①G633.72

中国版本图书馆 CIP 数据核字(2012)第 280766 号

出版发行：暨南大学出版社

地　址：中国广州暨南大学
电　话：总编室（8620）85221601
　　　　营销部（8620）85225284　85228291　85228292（邮购）
传　真：（8620）85221583（办公室）　85223774（营销部）
邮　编：510630
网　址：http：//www.jnupress.com　http：//press.jnu.edu.cn

排　版：广州市天河星辰文化发展部照排中心
印　刷：佛山市浩文彩色印刷有限公司

开　本：787mm×960mm　1/16
印　张：16.5
字　数：300 千
版　次：2012 年 12 月第 1 版
印　次：2012 年 12 月第 1 次
印　数：1—1000 册

定　价：36.00 元

序

新一轮的课程改革，改变的不仅仅是课程设置、课程理念、课程目标以及学科教材，更重要的是改变了教师的教学观念和教学行为。教师积极参与，以课题立项的形式对新课程进行研究就是很好的体现。《适应性与适切性——物理教学行动的结构分析》是广州市教育科学“十一五”规划项目“新课程背景下中学物理学习适应性与教学策略适切性的研究”的研究成果。由于工作原因，本人与作者有较多的接触与交往，对他的研究也有比较多的了解。他结合20多年的教学经验，长期对中学物理教学进行观察、思考与分析；通过与师生的访谈、问卷调查、区域性的教学研究活动、教学案例的筛选与收集……点点滴滴地积累，踏踏实实地研究，分析学生的学，探讨教师的教，一路走来，可谓步步艰辛。辛勤的劳动，终归换来丰厚的收获。

经验就是由行动中得来的知识或技能；智慧就是辨析判断、发明创造的能力。显然，教学经验就是在教学行动中获得的有关如何教学的知识和形成的基本技能，包括相关教学内容的背景知识、教学思路、教学方法和教学手段；教学智慧就是结合教学经验，针对不同的教学内容，就教学思路、方法和手段作出选择与判断的能力，包括情境的创设、问题的设计、过程的掌控。在教学第一线从事教学实践的教师，如何将丰富的教学经验提升到教学智慧层面上来，实现从“教书匠”到“研究型”教师的转变？作者在这方面作了一个很好的示范。他的研究，从中学物理学科的特点及教学现状出发，将课堂观察、区域性的物理学科教学研究活动、命题与评价，在与物理教师的交流中，把教学的深度思考与科研的方法很好地结合起来。“学习适应性”和“教学策略的适切性”，即学习者对学习经验和教学人员对教学经验的改造、改组或调整的角度和层面，作者进行了比较深入、全面和细致的研究。杜威曾提到：教育就是经验的改造或改组。

教学行动是一个开放的、动态的耗散结构系统，因此动态性和不稳定性必然是它的基本特性。当然，教学实践也因其动态而变得朝气蓬勃、丰富多彩和变幻莫测；教学实践在吐故纳新中而变得生机旺盛。相对教学实践，有关教学的理论就比较静态和有诸多的定论。如何用静态的教学理论来评价动态的教学实践，或用比较成熟的教学模式来引领具体的课堂教学？要研究运用多种灵活、智慧的系统控制方法进行有效的教学组织。有位哲学家说过：知识只有用它来调整我们的行动时才有价值。学科的专业知识、教育学、心理学、教材教法这些都是师范院校的必修课，也是作为一名教师所必备的知识。如何用这些必备的、静态的知识来调整动态的教学实践活动，使其价值发挥到极致？作者应用认知心理学和学习心理学的研究成果给出了富有启发性的答案。从学生学的层面，就学生学习过程中调整自身、适应学习环境的能力倾向进行了分析、比较与研究，提出“学习适应性”；从教师教的层面，在全面分析教学策略结构的基础上，考虑到教学策略是一系列有计划的动态过程，提出“教学策略的适切性”。

行者，必有停留时。在哪一点停下其实并不重要。要紧的是停下来之前走了多少路，走到了什么地方，看见了一些什么。该研究课题不仅从学生的学与教师的教两个层面进行了深入的研究，还从涉及教与学以外的“第三者”——教研员对课堂教学进行观察以及作出教学评价。现在的课堂与教学改革前的相比已发生了很大的变化，原先的课堂是一个平面的，专家居高临下，俯视课堂，能全面看透；普通教师“居人篱下”，仰视课堂。会出现这种现象是与教学方式有关的。以前，以教师灌输为主，课堂往往以知识传送为主要教学方式，专家凭丰富的经验、高深的理论、见多识广的案例，在这种单一的教学模式中，毫无疑问可以把握课堂观察。可是现在的课堂教学发生了变化，课堂变立体了。不管是专家的俯视，还是普通教师的仰视，都只能对课堂进行部分的观察。现在的课堂不仅是立体的，而且还是动态的。随着时间的推移，课堂各个层面的表现或发生的事件都会充分地暴露和显现，任何一个观察者都可以对课堂进行全面的观察。现在的问题就取决于谁在认真观察，谁能捕捉更多的信息并善于归纳、总结，谁就是“专家”。托马斯·弗里德曼在《世界是平的》一书中谈道，当哥伦布发现新大陆而证明地球是圆的时候，麦克斯韦研究了电磁场理论，这一理论得到广泛和普遍的应用，使通信和网络得以迅速发展，缩短了人与人之间的距离，打破了国与国之间的界线，将本是居住在圆球上的世界推成了平的。同样的，传统的教学树立了不少教学权威（专家），新课程把教师和专家放置于同一平面上。

教学研究要源于教学又要服务于教学。本书适用的读者群体是一线的物理教师、物理教研员和教育科研人员。物理教师阅读这本书可以更加全面地审视中学的物理教学，在全面分析学生学的基础上调整教师的教，使教与学更加有效结合；教研员阅读本书可以找到课堂观察的新角度、新高度，找准课堂教学存在的问题，以便对教学作出针对性的指导，从书中获得发展性教学评价的新思路，坚持以发展性教学评价而不是诊断性评价为主。评价的目的是促进教师的发展，而不是像法官一样宣布审判结果。医生诊断的目的都是为了给患者治病，而不将诊断结果告诉患者，更何况这个弹性很大且以定性成分为主的教学活动；对于想开展教育科研的年轻教师来说，通过本书可了解教育科研的一般方法、把握规范的教育科研、达到普及教育科研知识的目的；对教育科研人员，可以扩大理论视野，运用有关的教育理论和相关知识，有助于发现更有价值的科研课题，或者将现有课题经过合理的发展，使之更有研究价值。

金华的十一月是气候宜人的时节，“国培计划（2012）”——培训国队研修班项目浙江师范大学物理班就在此时举行。恰逢十八大刚刚胜利闭幕，我们又有了新的期待！

2012 年 11 月 14 日于浙江金华

陈信余

（广州市教育局教学研究室，中学物理高级教师）

前言：教学行动的结构分析视角

教学行动是一个很宽泛的问题，行动即为达到某种目的而进行的活动。所有涉及教学的或者说达到教学目的的活动都是教学行动。教学行动的结构分析应该是从教学研究者的视角去审视教学过程现象的一种方法。德国教育学家底特利希·本纳（Dietrich Benner）在《普通教育学——教育思想和行动基本结构的系统的问题和问题史的引论》中论述“实践”和“教育实践”概念的时候，特别强调了人的“不完善性”或“未完成性”。他说，人不同于动植物，“人是唯一未‘完成’和不‘完善’的生物”[①]。显然，要追求物理教学行动的“完善”，同样是一件不容易的事。

本研究试图从物理教学行动结构的角度，对学习者和教师两个维度进行系统分析。第一至四章以“适应性”为主线，考察学习者、学习内容和内部图式等因素，探讨其对物理教学行动的影响。第一章对学生的学习适应性进行调查，探析学生物理学习适应问题的类型和特点，这也是本研究的起点；第二章从影响学生自主学习能力的内部因素进行分析，探讨中学生物理自主学习能力培养的途径和方法；第三章研究中学生物理“问题解决”中对信息识别、转化和应用的认知特征，寻找促进中学生问题解决的方法与途径；第四章从知识分类学去看学习内容的结构分析。通过对教学目标分类学产生和发展线索的梳理，客观地看待“教学目标”发展脉络，有助于厘清教育目标在分类学上的一些错误认识。教学目标和教学活动的设计要基于知识分类学的视角去分析，这反映了人们对“目标教学”的反思和教学行为结构的重新建构。同时，对学习者内部“图式”的了解，有助于优化认知结构，促进学生的学习。

教师作为教学行动的主体，进行教学行动的结构分析也是很困难的。第五至八章以“适切性”为主线，探讨教师教学策略的优化和教学行为改进的

① ［德］Dietrich Benner. 普通教育学——教育思想和行动基本结构的系统的问题和问题史的引论［M］. 彭正梅等译. 上海：华东师范大学出版社，2006. 16.

途径和方法。第五章从物理教学策略的结构出发，建立中学物理教学策略适切性的项目指标体系，对教学设计和教学评价等策略优化进行探讨，侧重分析了教学资源的整合与重组、形成性评价等问题。第六章以“课例”为载体建构实践共同体的构想，是基于我国现有的独特教研环境下，通过实践共同体去实现“课例研究”，使合作和学习成为可能。第七章从课堂观察的视角，审视物理课堂。“校本”的教学案例研究要突破方法论上的困境，借鉴已有的案例研究和质性研究的成果，建立实用有效的分析框架。从物理教学行动分析结构上来说，有必要建构“课例”分析的框架，便于教师操作与分析，本章给出的“同课异构”课例研究框架就是一种尝试。第八章是“变式”教学的研究。“变式”是物理教学中运用最多的一种教学策略，但对物理问题的构造仍没有现成的研究成果可直接运用，本书通过变易理论去分析物理课堂教学中的“变式”问题的策略，思考如何实现“变式”结构与功能的统一。

本书的研究方法采用定量分析，也有质性的研究方法，并结合案例的研究方法去分析和思考物理教学问题。本书主要是近几年课题研究的成果，也有二十多年从事教学、学习和研究的一些思考。教学是一个繁杂的系统，教学行动的结构分析视角可能会因人而异，因此，我们对教学行动的结构分析视角也会是开放的、动态的和发展的。

著　者

2012 年 10 月 16 日于广州

目 录

学习适应性：调查及其对策研究

第一节　概念的界定及研究现状

“适应”在心理学上一般指个体调整自己的机体和心理状态，使之与环境条件的要求相符合，是个体与各种环境因素连续不断相互作用的过程。“适应性”是个体表现在为取得自身与环境相互协调的某种身心活动或学习活动中较为稳定的能力特征。“学习适应性”则是指学生在学习过程中调整自身、适应学习环境的能力倾向。学习适应问题亦称学习适应不良，是指学生在学习过程中因不能根据学习条件的变化积极、主动、有效地进行身心调整，从而导致学习成绩和身心健康达不到应有发展水平的学习干扰现象。学习适应性问题是物理学习中常见的学生学习心理现象，是制约中学物理教学质量的重要因素之一。如何提高中学生的物理学习适应性，切实解决中学物理“难学难教”问题，是新课程实施背景下中学物理教育中亟待解决的重要课题。

20 世纪 90 年代以来，国内研究者们围绕学习适应性的概念和功能、学生学习适应性的发展现状、学习适应性培养等方面的问题展开了大量的理论和实践研究。特别关注学习适应性比较研究中的差异性研究与相关研究，以及有关学习适应性的指导实验研究。

在差异性比较研究方面，如聂衍刚等所著的《中学生学习适应性状况的研究》，研究的是基于调查基础上有关适应性项目的比较，根据比较结果说明影响适应性的因素，差异性研究涉及性别差异、学段差异、学校差异等方面内容。王惠萍在《农村初中生学习适应性发展的研究》中指出，中学生的学习适应性发展水平具有随年龄增长、年级升高而明显下降的趋势。戴育红的调查数据表明，中年级学生在学习适应性各因素发展水平上多为一般，各因素的平均等级略超过中等，但与高年级学生的薄弱环节有所不同。中年级学

生的听课方法、独立性和毅力两个因素相对较差，仅处于中等偏下水平，而高年级学生独立性和毅力最高，身心健康最低。高年级学生的问题主要体现在学习计划、独立性和毅力三个方面，考查其9个内容量表的不良表现，学习技术的不良率最低。

相关研究中发现学习适应性与自我控制、人格特征、心理健康等方面有关。宋广文的《中学生的学习适应性与其人格特片、心理健康的相关研究》认为，学习适应性强的学生具有高稳定性、高有恒性、高独立性、高自律性、低紧张性、低怀疑性和低忧虑性的人格特征。鞠红霞的《关于中学生人格特质、学习适应性的研究》认为，中学生在人格特质方面，男生的有恒性、独立性和次元人格因素怯懦与果断等方面强于女生，而女生在合群性和敏感性方面要强于男生。王佩丹等研究发现，学习适应对学生语文、数学和平均分成绩显著相关，生活适应与数学成绩显著相关。戴育红发现，305 名学生的学习适应性的等级水平与学习成绩的等级有非常显著的正相关。其中分量表学习态度、学习方法技术、学习环境与学习成绩的相关均达到非常显著的水平，身心健康与学习成绩的相关程度也达到显著水平。

总的来说，国内外学者对中小学生总体的学习适应性研究较多；我国学者还对农村初中和职业中学的学习适应性方面开展过研究；但缺少对物理学科性的适应性相关研究，而且在不同地区、不同类型学校所得出的结论，因学生的结构不同，表现出相同和不同的特点。目前通用的学习适应性量表，对物理学科针对性不强，对实践中进行有针对性学习适应性的指导较为不便。本研究根据物理学科实际研制《中学生物理学习适应性问卷调查表》，并对问卷信度、效度进行检验，抽取初中、高中不同生源类型的学校进行调查，使样本具有一定的代表性。作为新课程背景下对中学物理学习适应性的调查结果分析，对物理教师在课堂教学中进行有效的教学干预具有一定的参考价值。

第二节 研究方法

一、调查问卷制定的依据

本研究针对物理学科实际研制《中学生物理学习适应性问卷调查表》①，问卷参考华东师范大学周步成教授修订的《学习适应性测试》量表，根据中学物理学科的特点编制而成。测试题编制过程中还征求了物理教育学专家、有经验的中学物理教师的意见，经过了两轮试用和修订后最终确定。

二、调查问卷的结构

物理学习适应性问卷由 4 个分量表和 12 个内容量表构成。整个量表共 50 个题目，每个题目有 3 个可供选项，只能选择一个合适答案，如果认为没有合适的答案，可以选择比较接近的答案。表 1－1 为问卷的具体结构。

表 1－1　中学生物理学习适应性问卷的结构

分量表	内容量表	问题卷编号
学习态度	①学习兴趣	1 ~5
	②学习计划	7 ~10
	③学习状态	11 ~12
学习策略	①读书和笔记方法	13 ~18
	②学习技术	19 ~28
	③应试方法	29 ~32
学习环境	①家庭环境	33 ~36
	②班级环境	37 ~40
	③朋友关系	41 ~42

① 见附录 1“中学生物理学习适应性问卷调查表”，该测量由 4 个分量表、12 个内容量表构成。

（续上表）

分量表	内容量表	问题卷编号
身心健康	①毅力	43 ~46
	②独立性	47 ~48、6
	③健康状态	49 ~50

三、被试选取和项目筛选的依据

问卷采用团体测试的方式进行，回答没有时间限制，但要求不需过分考虑。发放问卷 2 054 份，回收有效问卷 1 735 份。被试取自广州市初中 2 所，高中 6 所。高中选择了不同生源学校，一类学校（相当省一级）2 所，二类学校（相当市一级）2 所，三类学校（普通高中）2 所。初中八年级 183 人，九年级 207 人，高一 656 人，高二 353 人，高三 336 人。高二只对理科学物理的学生进行调查。用全体样本对问卷信度求分半信度和内部一致性信度，用 Cronbach's Alpha 方法，对信度不良题进行删除，使整体信度和分量表信度达到要求。同时采集初三、高二、高三上学期期末考试数据，用于关联效度的检验。

四、问卷信度、效度分析

通过对问卷的奇数题总分和偶数题总分的相关系数获得问卷的分半信度，通过计算全部 50 个题目的系数获得一致性信度。根据 Alpha if Item Deleted 关系，删去 α 值较低的题，进行修正后，各分量表信度情况见表 1 - 2。

表 1 - 2　中学生物理学习适应性问卷的分半信度、内部一致性信度分析

年级	分半信度 Guttman Coefficient	内部一致性信度 Cronbach's Alpha
学习态度（1 ~ 12）	0. 773***	0. 710***
学习策略（13 ~ 32）	0. 808***	0. 814***
学习环境（33 ~ 42，去掉 33、40）	0. 639***	0. 612***
身心健康（43 - 50、6，去掉 49）	0. 616***	0. 659***
全体被试	0. 830***	0. 900***

注：* 表示 $P<0.05$，* * 表示 $P<0.01$，* * * 表示 $P<0.001$。

根据 Alpha if Item Deleted 关系，删去原表中的 33、40、49 题，使总量表分半信度达到 0.830，α 值达 0.900，而分量表的信度系数均超过 0.60，达到较理想的状态。由 33、40、49 题，说明中学阶段，特别是高中阶段，随着学生的自主意识加强，学习的适应性与父母的学历对学习的指导已无很大关系。同时，对考试的失败心理影响因人而异，太强或没有感觉都不是好的现象。我们在某中等水平的高中学校抽取 41 名学生，对前测和后测成绩进行了配对样本 t 检验。结果发现，后测总分 52.9 略高于前测总分 50.61，差异不显著，$t = -1.43$，$P > 0.157$，没有观测到练习效应。以上数据表明，问卷测试具有良好的信度。

以初三、高二和高三上学期期末考试成绩作为关联效标，考查问卷的关系效度（见表 1－3）。数据分析表明，物理学习适应性分数与学生学业成绩显著相关，整卷表现出良好的效度。

表 1－3　中学生物理学习适应性问卷的关系效度分析表

年级	人数	相关系数	P 值
初三	207	0.77**	0.000
高二	404	0.75**	0.000
高三	286	0.62**	0.000
全体被试	979	0.61**	0.000

注：**表示在 0.01 水平显著相关（2 尾）。

以下对中学生进行物理学习适应性调查，有效题为 47 题。其中带*题目为反向计分题，带※为采用 Alpha if Item Deleted 方法通过信度检验后删除的题目。本研究所有数据用 SPSS 13.0 for Windows 进行处理。

第三节　研究结果与分析

一、中学生物理学习适应性总体特征

根据各维度的总分占该维度满分的百分比，将该维度下学生的适应性分为很适应（≥80%）、适应（<80%，≥60%）、不适应（<60%，≥40%）、

很不适应（<40%）四个层次。并从各维度的描述性统计情况，以及与物理学习适应性的积差相关性比较，可得出中学生的物理学习适应性总体特征。

表1-4　学习态度、学习策略、学习环境、身心健康与学习适应性的相关分析表

项目	学习态度	学习策略	学习环境	身心健康
Pearson Correlation	0.868（**）	0.92（**）	682（**）	0.756（**）
P 值	0.01	0.01	0.01	0.01
N	1 735	1 735	1 735	1 735

注：**表示在0.01水平显著相关（2尾）。

表1-5　各维度描述性分析表

项目	题数	最小值	最大值	平均数	题平均分	标准差
学习态度	11	3	40	22.65	1.20	6.09
学习策略	20	0	16	10.43	1.13	2.56
学习环境	8	2	16	10.77	1.30	2.46
身心健康	8	1	22	13.24	1.35	3.58
总分	47	16	92	57.09	1.21	12.3

表1-6　不同适应性者所占比例（%）

适应状态	很适应	适应	不适应	很不适应
学习态度	6.63%	48.18%	38.96%	6.22%
学习策略	11.70%	34.87%	44.091%	9.36%
学习环境	7.49%	38.04%	42.31%	14.99%
身心健康	21.50%	44.32%	26.97%	7.20%
总分	6.63%	48.18%	38.96%	6.22%

表1-4表明，中学生物理学习的学习态度、学习策略、学习环境和身心健康等因素与适应性总体有比较高的相关性。从表1-5各维度的题目平均值来看，学习态度、学习环境和身心健康三个因素达到基本适应的状态，身心健康平均值较高，各题平均分达1.38，占满分值的67.5%。由表1-6可看出，从不同适应者所占的比例来看，总体不适应和很不适应者所占比例仍较

高（45.18%），其中学习环境的不适应与很不适应者高达57.3%，其他依次是学习策略（53.45%）、学习态度（45.18%）和身心健康（34.17%）。由此可知，总体上大多数中学生有良好的学习态度，心理上的独立性、毅力和身体方面也有一定的适应性，而学习策略、对学习环境的适应性则相对较弱。

二、各子因素差异的总体特征

表1-7 各子因素的总体描述

	初二		初三		高一		高二		高三	
	平均	标准差	平均	标准差	平均	标准差	平均	标准差	平均	标准差
学习兴趣	1.34	0.36	1.20	0.39	1.17	0.39	1.18	0.36	1.26	0.40
学习计划	1.25	0.44	1.10	0.45	1.12	0.42	1.12	0.37	1.16	0.42
上课状态	1.56	0.45	1.30	0.48	1.27	0.45	1.28	0.46	1.27	0.47
读书笔记	1.29	0.36	1.14	0.42	1.22	0.36	1.18	0.36	1.21	0.38
学习技术	1.19	0.39	1.02	0.40	1.09	0.38	1.08	0.31	1.15	0.36
应试方法	1.13	0.38	1.05	0.40	1.11	0.38	1.08	0.35	1.04	0.35
家庭环境	1.33	0.38	1.14	0.42	1.25	0.39	1.20	0.40	1.20	0.41
班级环境	1.50	0.45	1.34	0.43	1.18	0.49	1.33	0.49	1.33	0.50
朋友环境	1.46	0.51	1.41	0.53	1.48	0.47	1.43	0.47	1.39	0.49
毅力	1.51	0.37	1.29	0.39	1.30	0.38	1.32	0.34	1.28	0.36
独立性	1.41	0.41	1.27	0.43	1.35	0.41	1.39	0.37	1.38	0.40
健康状况	1.56	0.66	1.43	0.74	1.37	0.70	1.43	0.66	1.33	0.64
每项平均	1.35	0.28	1.25	0.26	1.22	0.24	1.34	0.21	1.20	0.24
N	183		207		656		353		336	

从表1-7可以看出，学习技术、应试方法分值各年级都比较低，各子因素中健康状况、毅力、朋友环境、上课状态各题平均值较高，说明个体对环

境有一定的适应性，家庭影响已小于班级和朋友影响，而独立性的提高与身心的发展有一定的联系。初二到高三适应性有一些起伏变化，初二到初三学生的总体适应性降低，高一与初三年级总体适应性相差不大，高二分科后，高二的学习适应性总体提高，而高三阶段的适应性低于高二。初二的适应性较初三各因素的平均分都较高，而高二学习适应性较高一和高三都高，这说明新课程背景下，初中的学习台阶有所下降。高二文理分科后，总体上中学生物理学习适应性的比例亦有所提高。

表 1－8　初、高中学生各子因素的方差分析表

项目	平均分	*SS*	*MS*	*F* 值	*P* 值
学习兴趣	1.26/1.19	1.499	1.499	10.027	0.002
学习计划	1.17/1.13	0.489	0.489	2.833	0.093
上课状态	1.42/1.27	6.591	6.591	30.714	0.000
读书笔记	1.20/1.20	0.000	0.000	0.000	0.988
学习技术	1.10/1.11	0.041	0.041	0.298	0.585
应试方法	1.08/1.07	0.057	0.057	0.414	0.520
家庭环境	1.22/1.22	0.000	0.000	0.002	0.961
班级环境	1.41/1.25	7.639	7.639	32.333	0.000
朋友环境	1.43/1.44	0.026	0.026	0.109	0.742
毅力	1.39/1.30	2.612	2.612	18.716	0.000
独立性	1.33/1.36	0.240	0.240	1.472	0.225
健康状况	1.48/1.37	3.665	3.665	7.900	0.005
总分	58.3/56.7	789.574	789.574	5.192	0.023

从表 1－8 可以看出，从初、高中总体来说，物理学习的适应性没有显著的差异。在各子因素中，学习态度方面存在较大差异，特别是学习兴趣、上课状态差异显著；学习环境子因素中家庭环境、朋友环境没有显著差异，而班级环境差异显著，初中学生对班级环境的适应性较高中强；身心健康子因素中毅力、健康状况差异显著。另外，学习技术的各子因素没有显著差异。

三、不同学段、不同年级物理学习适应性的性别差异

表1-9　初中、高中物理学习适应性性别差异分析表

项目		性别	人数	平均数	标准差	t 值	P 值
初中组	学习态度	男	196	13.586 7	4.3462 5	-1.425	0.155
		女	194	14.144 3	3.307 99	-1.427	0.155
	学习策略	男	196	22.229 6	7.590 37	-1.146	0.252
		女	194	23.000 0	5.506 47	-1.148	0.252
	学习环境	男	196	10.280 6	2.737 74	-4.001	0.000
		女	194	11.299 0	2.263 31	-4.005	0.000
	身心健康	男	196	10.755 1	2.945 87	-2.448	0.015
		女	194	11.412 4	2.315 76	-2.451	0.015
高中组	学习态度	男	621	13.433 2	3.445 54	5.921	0.000
		女	412	12.162 6	3.270 49	5.984	0.000
	学习策略	男	621	23.080 5	5.815 44	5.824	0.000
		女	412	20.970 9	5.522 71	5.885	0.000
	学习环境	男	621	10.194 8	2.717 16	-0.843	0.399
		女	412	10.335 0	2.454 34	-0.860	0.390
	身心健康	男	621	10.853 5	2.417 57	4.108	0.000
		女	412	10.245 1	2.192 80	4.190	0.000

从表1-9可知，初中学生学习适应性总体来说性别上有一定的差异，适应性各项分值中，女生分值高于男生；从各因素来看，在学习环境和身心健康方面存在显著差异，而在学习态度和学习策略的适应性上没有显著差异。高中学生学习适应性总体来说性别上存在显著差异；与初中不同，在适应性各项分值中，男生分值高于女生。从各因素看，除学习环境子因素上不存在显著差异外，其他子因素都有显著差异。

表1－10　不同年级物理学习适应性的性别差异分析表

项目	年级	平均分（男/女）	标准差（男/女）	t 值	P 值
学习态度	初二	14.35/15.34	4.15/2.93	－1.859	0.06
	初三	12.87/13.15	4.43/3.29	－0.52	0.61
	高一	12.85/11.92	3.62/3.29	2.51	0.01
	高二	13.43/12.38	2.99/3.26	3.17	0.00
	高三	13.81/12.30	3.61/3.24	3.29	0.00
学习策略	初二	24.13/24.27	6.86/5.76	－0.156	0.88
	初三	20.45/21.94	7.84/5.08	－1.64	0.10
	高一	22.20/20.98	6.44/5.85	1.85	0.06
	高二	23.19/21.00	4.85/5.57	3.95	0.00
	高三	23.56/20.90	6.02/4.64	3.57	0.00
学习环境	初二	11.04/11.78	2.53/2.32	－2.064	0.04
	初三	9.56/10.90	2.75/2.14	－3.90	0.00
	高一	9.78/10.14	2.90/2.42	－1.24	0.21
	高二	10.24/10.68	2.69/2.36	－1.62	0.11
	高三	10.42/10.08	2.60/2.67	1.02	0.31
身心健康	初二	11.59/12.09	2.72/2.13	－1.383	0.17
	初三	9.97/10.85	2.95/2.32	－2.39	0.02
	高一	10.63/10.07	2.60/2.29	2.12	0.03
	高二	11.13/10.61	2.27/2.07	2.23	0.03
	高三	10.79/9.91	2.39/2.13	2.90	0.00
总分	初二	61.11/63.49	14.21/10.92	－1.265	0.21
	初三	52.85/56.84	15.85/10.42	－2.15	0.03
	高一	55.46/53.10	13.34/11.43	1.77	0.08
	高二	58.00/54.67	9.64/10.49	3.10	0.00
	高三	58.58/53.18	12.39/10.11	3.49	0.00

从表1－10可以看出，总体上初二、高一在性别方面没有显著的差异；其他年级在性别方面有显著的差异。从各因素来看，学习态度上高中各年级在性别方面有显著的差异；学习策略上高二、高三年级在性别方面有显著的差异；学习环境的适应方面，初中年级在性别方面有显著的差异；身心健康方面，初三、高二和高三在性别方面有显著的差异。

四、不同类型（高中）学校学生物理学习适应性差异

表 1－11　不同类型级学校学生学习适应性差异多重比较（LSD 检验）

	等级（I）	等级（J）	Mean Difference（I－J）	Std. Error	p 值
学习态度	1 类	2 类	1.19*	0.22	0.000
		3 类	1.23*	0.24	0.000
	2 类	1 类	－1.19*	0.22	0.000
		3 类	0.04	0.26	0.880
	3 类	1 类	－1.23*	0.24	0.000
		2 类	－0.04	0.26	0.880
学习策略	1 类	2 类	1.87*	0.38	0.000
		3 类	1.95*	0.40	0.000
	2 类	1 类	－1.87*	0.38	0.000
		3 类	0.07	0.44	0.869
	3 类	1 类	－1.95*	0.40	0.000
		2 类	－0.07	0.44	0.869
学习环境	1 类	2 类	0.82*	0.16	0.000
		3 类	0.76*	0.17	0.000
	2 类	1 类	－0.82*	0.16	0.000
		3 类	－0.06	0.19	0.751
	3 类	1 类	－0.76*	0.17	0.000
		2 类	0.06	0.19	0.751
身心健康	1 类	2 类	0.74*	0.15	0.000
		3 类	1.11*	0.16	0.000
	2 类	1 类	－0.74*	0.15	0.000
		3 类	0.37*	0.18	0.037
	3 类	1 类	－1.11*	0.16	0.000
		2 类	－0.37	0.18	0.037
总分	1 类	2 类	4.63*	0.75	0.000
		3 类	5.05*	0.80	0.000
	2 类	1 类	－4.63*	0.75	0.000
		3 类	0.42	0.88	0.632
	3 类	1 类	－5.05*	0.80	0.000
		2 类	－0.42	0.88	0.632

注：*表示平均数差异显著的 0.05 水平。

从表1－11可以看出，一类学校与二类、三类学校在物理学习适应性方面有显著差异；二类学校与一类学校有显著差异，与三类学校没有显著差异；三类学校与二类学校相比，在身心健康方面有显著差异，在学习态度、学习策略、学习环境方面没有显著差异。

第四节　研究结论

一、中学生物理学习适应性的总体特征

中学生物理学习的学习态度、学习策略、学习环境以及身心健康等因素与适应性总体有比较高的相关性。中学生物理学习适应性方面仍存在一定问题，存在适应性问题的学生超过1/3（达38.96%），严重不适应者达6.22%。从不同适应者所占的比例来看，总体不适应和很不适应者比例仍比较高（45.18%），其中学习环境的不适应与很不适应者高达57.3%，其他依次是学习策略（53.45%）、学习态度（45.18%）和身心健康（34.17%）。总体来说，大多数中学生有良好的学习态度，心理上的独立性、毅力和身体方面也有一定的适应性，而学习策略、对学习环境的适应性相对比较弱。

二、物理学习适应性诸子因素的差异的总体特征

各子因素中，健康状况、毅力、朋友环境、上课状态题平均值很高，学习技术、应试方法分值各年级都比较低。说明个体对环境有一定的适应性，家庭影响已小于班级和朋友影响，而独立性的提高与身心的发展有一定的联系。从学段比较，物理学习的适应性总体上没有显著差异，只是初中学生对班级环境的适应性较高中好些。从初中到高中各年级的比较中可看出，初二到高三适应性有一些起伏变化，初二到初三学生的总体适应性降低，高一与初三总体适应性差不多。高二分科后，高二的学习适应性总体提高，而高三阶段的适应性低于高二。初二的适应性较初三各因素的平均分都较高，而高二学习适应性较高一和高三都高，这说明新课程背景下，初中的学习台阶有所下降。而高二文理分科后，学生对物理学习适应的比例亦有所提高。另外，初三和高三面临比较大的升学压力；而初中到高中学习仍存在一定的台阶，使得高一学生物理学习的适应性并不高。

三、中学生物理学习适应性的性别差异

中学生物理学习适应性的性别差异，初中与高中学段出现不同的特征。初中学生适应性的各项分值女生高于男生；从各因素来看，在学习环境和身心健康方面存在显著差异，而在学习态度和学习策略的适应上没有显著差异。与初中不同，高中适应性各项分值男生均高于女生，从各因素来看，除学习环境适应上不存在显著差异外，其他因素都有显著差异。不同年级，学习适应性差异性不同，初二和高一在性别方面没有显著的差异；其他年级在性别方面有显著的差异。从各因素来看，学习态度方面高中各年级在性别方面有显著的差异；学习策略方面高二、高三年级在性别方面有显著的差异；学习环境的适应方面初中年级在性别方面有显著的差异；身心健康方面初三、高二和高三在性别方面有显著的差异。

四、不同类型学校学生物理学习适应性差异

一类学校与二类、三类学校在物理学习适应性方面有显著的差异；二类学校与一类学校有显著差异，与三类学校没有显著差异；三类学校与二类学校相比，在身心健康方面有显著差异，在学习态度、学习策略、学习环境方面没有显著差异。

第五节　教学对策

一、培养中学生物理学习的兴趣，增强学好物理的自信心

中学物理“难学难教”似乎已成为物理教师和学生的共识，特别是高中学生感到物理比初中更难学。本次调查也说明了这个问题。爱因斯坦说过：“兴趣是最好的老师。”当学生对事物有了浓厚的兴趣时，就会主动去求知、探索、实践，并在求知、探索、实践中产生愉快的情绪和体验。调查表明，中学生物理学习的态度与对学科的兴趣有显著相关性。因此，要培养中学生物理学习的兴趣，就得遵循兴趣发展的规律，采取相应的对策。物理教学上不能脱离学生的经验，要采用学生能接受的方式，帮助学生建立科学的物理

概念。为了培养学生学习物理的兴趣，教师可以采用多种多样的教学组织形式，保证物理教学广泛联系日常生活，但又不仅是日常生活中的经验，而是经验的抽象和概括，这样就更能激发学生探索科学的兴趣和树立学好它的信心。另外，在教学中创设各种条件，使每个学生都能通过自己的努力获得成功。例如，对成绩较差的学生要经常肯定其进步，这样既及时反馈了教学情况，又给学生创造了体验成功的机会。学习中的成功体验使学生获得良好的自我感觉，而良好的自我感觉产生的自信心又使学习获得了巨大的动力。另外，也要重视学生的自我调节。有的学生厌烦计算题，有的学生厌烦实验。遇到这种问题时，教师要强调计算、实验是物理学的重要内容，给予学生及时的指导。通过自己动手、动脑，使他们体会到成功的乐趣，从而消除畏惧和厌烦心理，增强信心。

二、加强学习策略的指导，培养学生自主学习能力

本次调查表明，学习计划以及学习策略分值最低，反映出大多数中学生不适应物理学习的主要原因。学习方法与学习策略不同，学习方法是针对具体的学习而言的，是指学习者在某次具体的学习活动中为了达到一定的学习目标而运用的手段或采取的措施，是具体的方法。学习策略离不开学习方法，它要通过学习方法体现出来。学生掌握知识，有一个科学的学习方法，包括预习、听课、复习、作业、小结等环节。物理学习不适应的学生往往在这几个环节上做得不好。要重视课前预习，另外通过课前阅读了解知识重难点和疑点，以便上课时有目的性，从而提高学习效率。通过课前预习，还可以培养学生的自学能力和自学习惯。上课时要调动学生积极参与，指导学生分析问题、解决问题的思路和方法。上课记笔记也要讲求方法，知识结构、思路和方法、听不太懂的地方等都要记下来。课后要整理笔记，一方面是为了"消化"知识，另一方面还要对笔记作好补充。考试中或平常练习中做错的题目也要整理。要及时复习巩固所学知识，对课堂上刚学过的新知识，课后一定要对引入、分析、概括、结论、应用等全过程进行回顾，并与已有的相近的旧知识进行对比，巩固所学的知识。教学过程要以"问题"为主线，教学内容呈现探究性。教师在教学中要创设问题情景，提出问题，以问题引入教学内容，可引起学生的好奇心和求知欲，激发学生的兴趣，让学生主动进入到自主学习的状态。有了问题，就有了学习的目标，学生就会积极地考虑解决方案，提出问题的"解"，经过学生的思考，他们就能决定该做什么，怎样做能找到问题的答案，使得教学程序明了清晰。找到了问题的"解"，就要对

这个“解”作进一步的探讨，进行更深入的学习。同时，学生的自主学习能力也会不断发展。在这种教学过程中，教师成为学生潜能的发现者、挖掘者，学生自主学习的组织者，让学生在获取知识的同时，继续发现问题，作为新知识的起点。要实现学生自主学习，就需要教师组织好课堂，优化教学结构，让学生在元认知的作用下，对学习任务进行判断，选择恰当的学习方法，在与同学合作、交流的氛围中解决问题，获得新知识，从而发展自主学习能力，提高学习策略水平。

三、重视差异，分层、分类进行教学指导

调查表明，物理学习适应性存在性别差异、年级差异和不同生源学校类型的差异。作为教育工作者要正视这些差异，在施教时采取灵活的教育、教学方式。例如，高中男女学生在物理学习上的差异明显。初二物理教材较简单，理论要求不高，女生利用其在语言发展上的优势和较强的机械记忆能力，靠背诵可取得优异成绩，从而忽视了思维能力的发展。而到了高年级，物理课程越来越要求有较强的抽象思维能力，女生靠这种死记硬背、不求甚解的学习方式已不能适应。而男生精力充沛，灵活好动，生活经验较丰富，在小学阶段不愿下工夫默写、背诵，偏于灵活记忆，不自觉地发展了归纳、分析能力。他们很感兴趣的汽车、武器、足球、机械之类的物品，正是物理教科书中常用来说明物理概念、规律的例子，所以他们比女生更易于理解物理概念，形成物理图像，了解物理过程。这也是造成男、女生物理学习成绩分化的原因之一。女生由于心理特征方面的原因，在学习物理学科上比男生要困难一些，但这不是绝对的，只要我们因材施教，以思维品质的优化为目标、非智力因素的培养为手段，满腔热情地帮助女生学好物理，并辅以必要的学习方法指导，提高女生的思维品质和对学习物理的兴趣，使得每个女生都爱学物理，并学好物理。此外，教师在教学过程中，从教学要求、教学内容、教学方法、教学时间、教学步骤到实验装备、备课等都要与学生的实际相适应，根据不同层次学生的实际情况，在课堂容量上有不同要求，在课堂提问、练习、作业布置上有区别，保证既面向全体，又兼顾物理学习困难的学生。在课堂练习上，教师要设计出梯度题，让不同层次的学生完成不同梯度的题目。通过练习检查学习有困难的学生的理解情况，及时给予辅导，查缺补漏，帮助他们进一步理解知识。在研究新课标的基础上，采用“分层教学、分类指导”的方法，对学习物理困难的学生，开始要求低一些，使他们感到比较容易掌握知识，从而提高学习物理的兴趣，待其增强学习信心后，继而再提

出一些较高的要求。对于练习中的一些综合性较强、难度较大的习题也暂时不作要求，随着学习的深入和应用的增多再慢慢提高要求。这种循序渐进学生容易接受，在达到学习目标的同时又获得了成功的体验，从而增强了学习的自信心。

四、重视初高中的“台阶”，抓好高中起始年级的教学

初中物理是入门学习，教材的编制结合学生的认知发展特点，初中生的思维处于具体运算阶段，此时他们能进行初步的逻辑思维，但一般离不开具体事物的支持。教师在不同知识内容的教学过程中常运用类比，实现新知识的同化，教学效果明显。但高中物理研究对象大多数是理想模型，要求学生更多地运用抽象思维来获得物理知识。它要求学生在头脑中把形式和内容分开，可以离开具体事物，根据假设来进行逻辑推演。高中物理对学生的思维能力提出了更高的要求，而且高中教师上课节奏快，有时上课重在点拨，部分学习内容要求学生自学完成，这一要求的突变，令不少高一学生无所适从。由此可见，高一学生物理学习的困难具有一定的普遍性，重视和解决这个问题是物理教育工作者极为迫切的客观需要。高一刚开始的教学要放慢速度，降低教学难度。对一些问题，开始时尽量进行直观形象的教学，多做练习和复习，逐步向抽象化过渡。给学生的探究、思考、讨论类的问题，开始时可以分解成若干小块，后逐渐增大问题的综合性程度。教师的教学方法，要由初中特点逐渐向高中特点过渡，逐渐增大学生自主管理自己空间的能力。另外，进入高一的学生，在初中学习成绩一般都不错，但大家在新的较高的起跑线上起步，竞争更加激烈。环境、课程、学习方式的变化，使一些学生不能很快适应，容易产生自卑感。因此，教师需要教给学生自我激励的方法，增强学生的自信心，让学生用积极主动的态度与班级同学交往，同时让学生做好吃苦的准备。高中学习要面对的是高考，压力特别大，要做好承受压力、经受挫折、忍耐寂寞的心理准备，尽快适应新的环境，重新给自己定位，摆正自己的位置，使自己有一个良好的心态面对高中学习生活。

五、掌握学习策略，反思学习过程，促进认知发展

学习策略是指学习者为达到一定的学习目标，有意识地进行自我认知、反馈、调控和优化学习方法等活动的总和。它对学习效果将产生直接影响，也是促进学生学习适应性的前提条件。因此，要让学生学会学习，真正成为

学习活动的主体，就必须让学生掌握必要的学习策略，以激发学生学习物理的内在动力。要教给学生学习策略的知识，教师要让学生明白什么时候用什么策略解决问题更有效，在什么情景下使用什么策略最恰当。如在物理概念的教学中，教师应指导学生弄清概念的外延与内涵；在物理规律的应用中，教师应指导学生把握物理规律应用的相关条件；在问题解决的教学中，告诉学生应用策略的步骤和解决问题的方法，并使策略知识成为学生知识学习和能力训练的组成部分，使学生不断改进自己的认知过程。通过不同的教学任务或专项练习，让学生了解如何运用各种策略完成不同的学习任务，以提高学生实际应用各种策略的能力。在物理教学中，教师要引导学生对自己的学习过程进行自我反思，促进物理学习水平的不断提高。学生对学习过程的反思可从以下几个方面进行：一是反思自己所学的知识内容、学习风格、兴趣爱好、思维方式和特征。二是反思学习中运用了哪些学习策略和方法，是如何发现这些策略和方法的，哪些是可以总结的经验，哪些是可以吸取的教训，自己在哪些方面还要多下功夫。三是反思学习后的实际效果与预期设想之间的差距，对自己的整体学习情况作出正确的评价，找出存在的问题并及时采取补救措施。总之，自我反思有利于促进认知的发展，有利于学生学习适应性水平的提高，从而提高学习的效率和质量。

自主学习：因素分析与培养实验

第一节　概念的界定

自主学习是学习的重要品质之一，也是合作学习的重要基础。以合作学习为基础的课堂教学改革，对学生自主学习能力的培养提出了更高的要求。自主学习不仅有利于学生提高学习成绩，而且是个体终身学习和终身发展的基础。它被看成是一种高水平的学习方式，通过提高学生的学习自我调节水平来改善他们的学习成绩，使其成长为有效的学习者（皮连生，2003）。

相对于被动学习、机械学习和他动学习，自主学习是一种学习的内在品质。目前，在国外较有影响力的自主学习的定义是由美国自主学习研究的著名专家、纽约城市大学的齐莫曼（Zimmerman）教授提出的。不过不同的研究在自主学习的界定问题上存在分歧，这主要是因为他们的理论立场和视角不同，通常只关注学习的一两个方面。齐莫曼教授对自主学习的有关定义作了系统的总结，共归纳出以下三个特征：

（1）强调元认知、动机和行为等方面的自我调节策略的运用。

（2）强调自主学习是一种自我定向的反馈循环过程，认为自主学习者能够监控自己的学习方法或策略的效果，并根据这些反馈反复调整自己的学习活动。

（3）强调自主学习者指导何时、如何使用某种特定的学习策略，或者作出合适的反应（齐莫曼，1989、1990）。

我国学者庞维国把自主学习总结为：建立在自我意识发展上的“能学”，建立在学生具有内在学习动机基础上的“想学”，建立在学生掌握了学习策略上的“会学”，建立在意志努力上的“坚持学”。具有自主学习能力是学生进行自主学习的基础。

从心理学的角度看，能力是人们顺利解决问题时稳定的心理特征。能力特点之一是它的实践性，它与实践活动有着紧密联系。不同的实践活动，对人提出了不同的要求，从而导致多种能力产生。任何一种能力，都是各种心理品质的复合，都具有自身结构，因此能力培养有一定的规律。

关于学习能力的结构至今流派众多、观点不一，但也有不少共识。在学习方面的研究实践和理论中，心理学家们越来越重视综合考虑各方面的因素对学习的影响机制。尽管他们所采用的术语不完全一致，但其思想脉络却多是基本一致的。其中很重要的一点就是，他们在建立的学习过程模型中都基本涉及了智力因素（如感知、记忆和思维）、非智力因素（如动机、兴趣等）和策略因素（如组织策略、监控策略）等。

物理学习能力是学生在物理学习过程中领会知识、掌握科学方法、形成技能的心理特征。而自主学习是在物理教学中发挥学生自主性的学习方式，是以学生为主体的学习过程。其中，学习者本身的自主学习能力将在物理教学中起重要作用，它将影响到自主学习的质量。换言之，要提高自主学习的质量，就必须在物理教学中提高学习者自主学习的能力。从在进行物理教学中进行影响学生学习能力的结构上来说，除了社会、家庭、教育等外部因素外，自主学习能力的关键因素在于学习者这个内因。对于学习者的主要内在因素包括学习者的智力水平、学习动机、学习策略等。

20 世纪 90 年代，有关自主学习的实验研究开始向纵深方向发展，都不再局限于学生某一方面的发展，而是以全面发展学生自主性、全面提高学生自主学习能力为目标。21 世纪以来，自主学习教学实验不断发展，其中以“先学后教，当堂训练”和“自主—引导”两项课堂自主学习模式最具代表性。特别是“先学后教，当堂训练”引起了学界巨大的反响。这预示着我国“自主学习”实践研究进入了深化阶段。在学术界，自主学习一直受到关注，自主学习的重要性引起了我国教育理论界的重视，在借鉴国外学习理论的基础上，明确提出了自主学习的概念，并对自主学习进行了深入系统的研究。其中董奇、庞维国等人对影响自主学习的内在心理因素、自主学习条件等方面进行了研究。庞维国于 2003 年发表的论著《自主学习——学与教的原理和策略》，系统论述了自主学习理论和有关自主学习的教学模式，有很强的可操作性，有具体地指导学生自主学习的策略和技术。

第二节　影响学生自主学习能力的内部因素分析

一、智力与学生自主学习能力

长期以来，智力一直是教育者津津乐道的话题。教师往往认为智力与认知能力是直接对应的。但就在人们坚信学生的智力是学生学业成就的决定因素时，有关研究发现智商测验得分不高的学生，有时也能获得很好的学业成就；另外，智力水平相似的学生，获得的学业成就往往不同。这说明对智力的传统定义是有局限性的。

近年来，越来越多的心理学家在认识到这种定义方式的不全面性后，提出了新的智力理论。如斯腾伯格（R. J. Stemberg）提出的三元理论，加德纳提出的多元智能理论等，对智力的传统认识观念正在逐渐改变。多元智能理论认为，个体的智力结构包括：言语—语言智力、逻辑—数理智力、视觉—空间智力、音乐—节奏智力、身体—运动智力、人际交往智力、自我反省智力、自然智力和存在智力等九种智力领域。

除了以认知能力为核心的智力因素外，还包括意志力、动机、兴趣、情绪、意志等，它们都在影响着学生的学业成就。

二、学习动机与学生自主学习能力

学习动机是指发动并维持学习活动的倾向和意向，它是学生物理学习行为的基本动力，也是自主学习的基本前提。如何激发学习动机是心理学家和教育学家长期关注的焦点问题。有关学习动机内部因素的理论有“自我效能论”、“归因倾向论”、“目标理论”等。

自我效能感的概念是由心理学家班杜拉（A. Bandura，1977）提出的。自我效能感是指个体相信自己有能力完成某种或某类任务，是个体的能力自信心在某些活动中的具体表现。具有不同自我效能感的学习者在任务定向、努力、紧张和焦虑等方面存在差异，而且在意志控制、学业信念、策略运用等方面也有明显不同。总的来看，高自我效能感的学生在上述方面更加积极，更有利于取得好成绩。

归因倾向的概念是由社会心理学家海德（F. Heider，1977）提出的。归因倾向是指个体对自己或他人的社会行为结果进行推断和解释原因的过程。如果学习者将学习进步归因为努力，目标设置相对具体易见，元认知发展水平较高，控制意志较强，都能表现出较强的自主学习能力和学习效果。

期望目标是学生对其学习结果的预期，它有多种分类方式，可以从目标本身的特性来分类，也可以通过目标获得方式来分类。密执安大学的宾特里奇（Pintrich）将学生的学习目标根据定向（掌握或表现）和倾向（追求或回避）分为四种类型。

三、学习策略与学生自主学习能力

自主学习过程包含内在动机激发、认知策略应用、元认知调节以及资源利用等子过程。这些子过程的核心是自主学习的学习策略的合理运用，这些学习策略可以分为认知策略、元认知策略和资源利用策略三类 。

认知策略是学习者将外部信息转换为内部认可的信息的方式方法，比如精加工策略、组织策略、问题解决策略等，对认知策略的正确运用能够显著提高短时间内学习者的学习效率。

元认知策略体现在学习者对学习活动的监控上，它是使学习活动能够持续下去、及时调整学习策略的基本保证，对于长期的学习过程尤其发挥重要的作用。自主学习能力的一个重要体现就是有效的管理和利用好这些学习资源。常见的策略有：学习时间管理策略、努力管理策略、学业求助策略。其中，后两种资源利用策略很容易被众多学习者忽略。

努力管理策略包括意志控制和自我强化。学习者有意识地控制并强化自己的意志可以对努力起到维持和促进作用。

学业求助策略必须通过与他人的互动完成，它是在学习过程中遇到自己不能解决的困难时采取的一种求助策略。对于他人的帮助，我们要注意：正确地看待学业求助，它不是自身缺乏能力的标志而是获取知识的一种正常途径；采取适应性的学业求助，而不是别人包办解决问题；应当注意营造一种良好和谐的社会性学习环境。

第三节　物理自主学习能力培养实验的研究

一、研究的目的和意义

自主学习是当今教育研究的重要课题。国外有关的研究成果相当丰富，而且与实践联系紧密，在该领域比较著名的专家有纽约城市大学的莫默曼，密执安大学的宾特里奇、温内（Winne）等，他们对自主学习都提出了较系统的相关理论，对自主学习的策略、心理特征及教学方法都有较深入的研究。这些理论各具特色，对我国的中小学教育起着相当重要的推动作用。

在学生自主学习能力提高的途径方面，国外的重要流派如操作主义学派、人本主义学派、信息加工学派、社会认知学派、意志学派、认知建构主义学派等，均从自主学习的激励动机、自我意识过程、学习过程、影响因素等几个方面作出了回答。我国自主学习理论研究突出表现为缺乏坚实的学习心理学基础。20 世纪 80 年代以来，基于实践的教学模式层出不穷，如段力佩的“八字教学法”、邱学华的“尝试教学法”，但推广效果都不理想 。自主学习的相关理论研究不够系统，导致了实践方面的诸多不足。本实验研究诣在在研究影响中学生自主学习能力因素的基础上，把课堂教学作为切入点，探讨课堂教学中培养自主学习能力的方法和途径，进一步促进中学物理教育教学质量的提高。

二、实验的研究方法

课题的研究方法以自然实验法和行动研究为主，辅之以文献法和调查法等教育研究方法。整个研究过程关注如何运用教学理论解决教学中的实际问题，重视教师广泛参与研究。

三、研究结果

1. 研究对象

以广州市白云区一所初中和一所高中为抽样调查的学校。初中的实验班 109 人，其中男生 54 人，女生 55 人；对比班 104 人，其中男生 48 人，女生

56 人。实验班接受自变量处理，对照班不接受自变量处理，由于实验班和对照班是随机挑选的，故此二组可视为等组。对不同年级分组的学生自主学习能力的差异比较随机选取两所学校的初、高中学生，接受测量的学生，初二100 人、初三 104 人、高一 47 人、高二 46 人，共 297 人进行统计分析。

2. 测量与数据处理的方法

（1）工具：心理测量主要采用《中学物理教学过程中学生自主能力评价量表（学生用表）》①、《中学物理教学过程中对学生自主学习的评定（教师用表）》②。主要参考华东师范大学庞维国的量表，并结合物理学科的特点作了一定的修订。问卷共有 12 个问题，每项评价指标分为四个等级，然后按自我效能感、归因倾向、目标期望、认知策略、元认知策略、资源管理策略等因素进行归因。

（2）所有数据均利用 SPSS11.0 for Windows 进行统计处理。

四、实验结果与分析

1. 实验组与对照组自主学习能力的比较

通过对实验学校物理教学过程中学生自主学习能力的调查表明，实验班的学生自主学习能力显著提高。

表 2-1 实验组与对照组自主学习能力前测的比较

因素	实验组	对照组	F 值	P 值
自我效能感	2.60	2.52	0.22	0.638
归因倾向	2.68	2.48	4.14	0.044
目标期望	2.61	2.34	6.55	0.011
认知策略	2.63	2.40	7.78	0.006*
元认知策略	2.65	2.62	0.11	0.744
资源管理策略	2.80	2.56	7.10	0.008*
总体	15.96	14.92	4.84	0.029

注：*表示在 0.05 水平上显著的差异。

① 见附录 2“中学物理教学过程中学生自主能力评价量表（学生用表）”。

② 见附录 3“中学物理教学过程中对学生自主学习的评定（教师用表）”。

表2－1显示，实验班与对照班前测在自我效能感、归因倾向、目标期望、元认知策略等方面没有显著差异，在认知策略和资源管理策略等方面有一定差异。

表2－2　实验组与对照组自主学习能力后测的比较

因素	实验组	对照组	*F*值	*P*值
自我效能感	3.13	2.63	32.13	0.000**
归因倾向	3.20	2.65	47.00	0.000**
目标期望	3.23	2.56	46.51	0.000**
认知策略	3.21	2.47	100.39	0.000**
元认知策略	3.20	2.72	33.75	0.000**
资源管理策略	3.27	2.89	23.14	0.000**
总体	19.23	15.92	63.70	0.000**

注：**表示在0.01水平上显著的差异。

表2－2显示，实验班经过自变量的处理后，实验班与对照班后测在自我效能感、归因倾向、目标期望、认知策略、元认知策略和资源管理策略等方面都表现出极显著的差异。说明通过有效的教学干预，能够提高学生的自主学习能力。

2. 不同年级组学生自主学习能力的差异比较

表2－3　不同年级组学生自主学习能力的差异比较

	初中组				高中组			
因素	初二	初三	*F*值	*P*值	高一	高二	*P*值	*F*值
总体	15.93	19.226 5	46.016	0.000**	16.386 2	17.638 3	7.775	0.006*

注：**表示在0.01水平上显著的差异；*表示在0.05水平上显著的差异。

表2－3表明，不同年级组的学生自主学习能力存在一定差异。随着年龄的增长，高年级学生自我效能感、目标期望、认知策略和资源管理策略等能力都有一定程度的提高。初中组学生的自主学习能力的提高比高中组的要大。这说明从基础年级开始抓，学生自主学习能力的培养会有更好的教学效果。

3. 教师和学生对自主学习能力评价的相关性比较

表 2－4 教师和学生对自主学习能力评价的相关性比较

		教师 39.477 1	学生 38.568 8
教师 39.477 1	Pearson Correlation	1	0.719**
	Sig.（2－tailed）		0.000
	N	109	109
学生 38.568 8	Pearson Correlation	0.719**	1
	Sig.（2－tailed）	0.000	
	N	109	109

注：**表示相关性在 0.01 水平上极显著。

由上面的结果可知，教师和学生对自主学习能力评价的 Pearson 相关系数为 0.719，P 值（双侧）<0.01，说明教师和学生对自主学习能力评价的相关性显著，也说明在量表的制作以及教师和学生的评价结果有很好的可信度。学生在自主学习的过程中发挥评价的发展性功能，可以促进学生自主学习能力的提高。

五、实验结论

实验研究表明：

（1）影响中学生自主学习能力的诸多因素除智力之外，自我效能感、归因倾向、目标期望、认知策略、元认知策略和资源管理策略等因素直接影响学生自主学习的效果。

（2）不同年级组的学生自主学习能力存在一定的差异，而初中组学生的自主学习能力的提高比高中组的要大。这说明从基础年级开始抓，学生自主学习能力的培养会有更好的教学效果。

（3）学生在自主学习的过程中发挥评价的发展性功能，可以促进学生自主学习能力的提高；有效的教学干预能够提高学生的自主学习能力。

（4）通过对实验学校物理教学过程中自主学习能力的调查表明，实验班的学生自主学习能力显著提高。

第四节　教学对策

一、建立新型的师生关系，营造学生自主学习的氛围

创设民主、平等、生动、活泼的课堂教学气氛，是实施学生自主学习的前提。良好的师生关系在自主学习中引起了很好的效应①，主要体现在以下四个方面：

（1）移情效应。良好的师生关系，会产生“爱屋及乌”，爱其学科的效果；

（2）信任效应。学生对教师的信任度高，会产生“亲其师，信其道”的效果，教师输出的各种信息就会在学生头脑里出现一种易接受的心理优势，从而取得教学的最佳效果；

（3）期待效应。教师对每个学生充满信任和期待，会在学生中产生一种暗示的期待，使学生从中得到鼓舞和力量；

（4）感染效应。学生崇师度高，教师的模范言行、治学精神都给学生以感染。

二、诱发学生学习物理的内驱力，激发自主学习的良好动机

兴趣是学生主动学习的催化剂，在物理教学中注意从日常生活中的物理现象入手，容易激发学生的学习动机和兴趣。

创设引人入胜的问题情景。问题情景可以从生活中来，也可以是教师预设的物理实验。教师创设的问题情景要有趣味性，还要有知识性和思考性，能引发学生提出问题，产生探究的愿望，同时要注意恰当的新异度和难度。

用信息的观点对教学内容进行筛选，去除学生厌烦的旧信息，留下学生感兴趣的新异信息，从而最大限度地激发学生的学习热情和兴趣。

---

① 周秋勤．自主学习在物理课堂的探究［A］．郑飞卡．主体性教育的实践与探索优秀论文集［C］．北京：中国经济出版社，2006. 265 ~ 272.

问题情景的难度要符合学生的可接受性，把握住学生的“最近发展区”[①]。只有具有难度、坡度的教学内容，才具有挑战性，对学生的学习才能够形成一定的吸引力和激励性，学生才能从困难和“爬坡”中去享受成功的快乐。

三、建立自主学习的课堂教学模式，促进学生自主学习能力的提高

自主学习重视学习者的主动性和探究性学习，同时强调教师要创造性地教学。广州市白云区参与实验的教师对此作了有益的探索，体现了新课标的理念。

广州市第80中学教师提出“创设情景—提出问题—自主探究—归纳小结—巩固提高”[②] 的教学模式，构建自主学习研究的课堂模式，指导学生自主探究，培养学生的自主学习能力。

广州市石井中学针对教材的特点，结合课堂学习目标，提出采用灵活多变的教学方式，把大部分时间留给学生去思考、讨论、实验、发现。教师的教学设计体现在对学生“如何学”上下工夫。他们常采用引导探究式、问题讨论式、自学指导式、网络整理式、分层教学式等有针对性的教学方法。

广州市石井中学张耀佳老师提出“启发—引导—运用—提高”的复习教学模式[③]。在教学中先引导学生将知识归纳和划分，形成系统知识结构和网络；然后要求学生记忆，在理解中记忆；最后启发学生运用知识，培养和提高分析解决问题的能力、创造能力，从而形成自主学习的习惯，实现最终的教学目的。

---

① 最近发展区理论是由苏联教育家维果茨基提出来的。维果茨基的研究表明：教育对儿童的发展能起到主导作用和促进作用，但需要确定儿童发展的两种水平：一种是已经达到的发展水平；另一种是儿童可能达到的发展水平，表现为“儿童还不能独立地完成任务，但在成人的帮助下，在集体活动中，通过模仿，却能够完成这些任务”。这两种水平之间的距离，就是“最近发展区”。把握“最近发展区”，能加速学生的发展。

② 李永胜：例谈高中物理教学的几种策略［J］．广州教学研究，2010（11）．

③ 张耀佳：充分利用复习教学培养自主学习能力［A］．郑飞卡．主体性教育的实践与探索优秀论文集［C］．北京：中国经济出版社，2006. 256 ~ 264.

四、重视探究性实验，提高学生在自主学习中对实验的调控能力

新课程教学重视科学探究，改变传统教学中过于注重“知识传授”的影响，使学生获得知识的过程同时成为学会学习的过程。科学探究过程包括：提出问题、猜想与假设、制订计划和设计实验、进行实验和搜集证据、分析与论证、评估、交流与合作等。在这个过程中学生的观察能力、推理想象能力、实验能力、分析与归纳能力等都得到培养。

在探究过程中，学生要通过对实验因素的控制，进行实验现象的观察和数据的收集。经过实验探究，对数据进行分析、比较、概括，进行思维的加工，从而得出初步结论，然后对初步结论进行质疑，检查和思考探究方案的严密性和所获结论的科学性，再得出可靠的结论，并用文字、图像、公式等方式表达出来。这样能使学生感受到自己也能像科学家“搞科研”一样“发现”科学规律，从而获得成就感，激发学生自主学习、合作学习的兴趣和热情，同时增强学生的自我效能感。

五、有效地运用学习资源和学习策略，提高学生自主学习的效率

在课堂教学中渗透学习策略，使学生掌握学习的方法比传授知识更重要。学习策略的教学应该成为课堂教学的内容之一，学习策略的教学是培养学生能力的一条重要途径，教学中我们不但要制定知识学习目标，也应该制定学习策略目标。通过对学习策略的研究，我们领悟到：教给学生的方法越具体，对学生的思维限制越大。有些方法可操作性强，但不适用于一般情况。开发学生思维的方法要靠学习策略的研究，使学生掌握解决问题的一般方法和途径，让学生自己去发挥，使学生在掌握知识的同时，更能掌握解决问题的能力。

对学习进行自我调节和控制是学习策略的本质属性之一。在实际的学习过程中，指导学生明确的学习过程，使学生自觉地进行学习，运用自主学习原则，有效地进行学习。掌握良好的学习习惯，提高学习效率。熟练运用元认知策略，其中包括学习目标管理、学习时间管理、学习环境资源管理及运用、学习情绪调节等。

六、拓展学生自主学习的空间，培养解决实际问题的能力

自主学习强调培养学生主动自愿地学习，有针对性地指导学生获取有关学习资源的方法和途径。利用有效的学习策略提高自主学习的效率。学生的自主学习可以突破常规课堂的狭小天地，开展物理课外活动是促使学生自主学习的一种很好的活动形式。物理课外活动可以使学生的自主学习不受内容、时间和空间的限制，能拓展学生视野、扩大学生的知识面和培养学生的实践能力。

新市中学在开展学生的物理课外活动方面取得了突出的成绩，并积累了宝贵的经验。刚开始组织时，吸收学生人数较少，随着活动的深入开展，同学们看到物理课外活动有意义、有学头，产生兴趣并愿意参加活动的人越来越多。开展活动的方式是每隔一周集中活动一次，时间约一小时，其余是自由安排时间（主要是利用寒暑假）分散活动。集中活动时讨论和制订计划，落实各阶段（一般为一个月）活动的具体内容和明确要求，指导读书的方法，指导怎样观察和分析自然现象，提出一些小制作和小论文的参考课题，并讨论如何去完成，解答疑难问题，进行阶段小结等等。

通过活动使学生提高了学习兴趣，增强了学好物理的信心，培养和提高了自主学习的能力，同时培养了学生的观察、实验能力以及将理论联系实际的能力。

问题解决：学习者对信息的理解及其教学干预

第一节　问题的提出

高中生在物理学习中对所给予信息的理解是指学生在学习过程中给予物理信息的识别、转化和表达等认知操作的过程，它对分析问题和解决问题有直接影响。

教学实践表明，高中生在物理学习中对所给予信息的理解的困惑是物理学习的严重障碍之一。一方面，它在一定程度上制约了学生在物理学习方面的进步，导致学业不良，甚至使学生失去学习信心；另一方面，它严重制约学生整体心理素质的健全发展。遗憾的是，无论是在教育理论界还是实践界均未给予足够的重视。不少高中教师无视学生物理学习的认知特点，盲目进行“题海战术”的教学策略，加重了学生的学业负担。在理论界，传统的物理教学论也少见对这一问题进行深入系统的研究。近年来随着认知心理学研究的兴起，人们开始认识到，培养高中生分析问题和解决问题的能力必须以学生的心理活动为基础。

高中生对所给予信息的理解是物理问题解决的一个重要方面。一个具体的物理问题，有着客观的物理情景，解决问题的人从自己的认知水平和已有经验出发，对问题的言语表述、附图所包含的外部表征信息进行搜索、选择、分析和组织，产生主观理解，建立关于问题情景的内部表征。如果主观的内部表征与问题的真实情景相适应，则为顺利解决问题提供了先决条件；反之，则会影响解决问题的实效和速度，甚至导致问题无法解决。但近年来研究发现，问题的呈现方式、问题情景的成分和结构也对问题解决行为具有独立的指导、约束或决定作用。

对给予物理信息的理解关注，也反映了人们对高考出现的“信息给予题”的讨论。试题是以日常生活、生产及现代科技中的某个事件、问题为情景提供一些信息，让学生通过阅读、理解、思考和分析从中筛选出相关的信息，把题中所涉及的实际问题抽象为一种物理过程，并据此物理过程建立起相关的物理模型，然后应用题干中的相关信息去解决问题。

从信息论的角度看信息“是传输和处理的对象”，有着“具体的内容和意义”。现代认知心理学家认为，人类的学习过程与机器处理过程相似。他们把人类对知识、技能的掌握在人脑中的流程比作信息流程①。在物理问题解决中给予学生信息的呈现方式是多种多样的，而信息的载体亦具有多样化，可以是数学方程、文本陈述、图形、表格等。这里仅对文本陈述、图形和表格三种外部表征形式呈现给予的信息进行探讨。

本节是对物理问题给予的信息用文本陈述、表格和图形三种呈现方式的研究。在理论上，探析高中生物理问题解决中对所给予信息的理解水平基本类型和特点，揭示渗透性教育干预模式的可行性和有效性，为高中生进行有效性的辅导、预防和矫正在解决物理问题时对所给予信息理解困难提供理论依据。在实践上，探索促进学生解决物理问题时对所给予信息进行正确理解的教育干预策略，为开展科学有效性的教学辅导提供了一些具体的途径和方法。

一、研究现状

（一）西方关于问题解决的研究

通过查阅文献资料，我们发现，在国内外直接针对高中生对物理问题解决中对所给予信息的理解的研究并不多，研究者们更多地把目光投向问题解决及表征的研究。但如果对给予物理信息的理解的目的是为了问题的解决，国内外关于问题解决及物理问题表征的研究资料对我们研究物理问题解决中给予信息的理解仍具有一定的借鉴和参考价值。

1. 问题解决的界定

在讨论问题解决时，我们需要对问题解决进行界定。齐等人

① 加涅提出了知识学习的信息模式，他认为一个学习过程就是一个信息的流程，即信息的输入—编码—加工—储存—译码—输出过程。梅耶（Mayer，1987）提出科学学习的信息加工模式，认为有意义的学习涉及“信息—感觉记忆—短时记忆—长时记忆—输出反应”等基本过程（参见：王磊．科学学习与教学心理学基础［M］．西安：陕西师范大学出版社，2002. 48）

（Chi&Glaser，1985）认为：“问题是一个情景，在这种情景中个体试图达到某个目标并且必须发现达到目标的手段。”

在20世纪60年代认知心理学再度兴起时，问题解决的研究便已成为当时认知心理学家关注的重点。问题解决最著名的早期研究当属德国心理学家苛勒（Kohler，1927）对黑猩猩的问题解决行为所作的经典研究，苛勒用“顿误（insight）”这一术语表示黑猩猩找到问题解决关键时的心理状态。安德森（Anderson，1990）在此基础上指出：“所谓问题解决，当有以下三个基本特征：

①目的的指向性：这种行为显然是为了达到某一目的而组织起来的，在这里是为了取得食物。

②子目标的分解：如果黑猩猩伸手就可够着香蕉，那么这只是原始意义上的问题解决；然而问题解决的实质在于，黑猩猩必须将原先的目的分解为一些子任务或子目标，比如说要找一些棍子，并把它们拼接起来。

③算子的选择：将总的目标分解为一些子目标，比如将棍子拼接起来之所以管用，是因为黑猩猩知道这些子目标的算子（operators）。算子这一术语意指将问题的一种状态转换到另一种状态的行动，而整个问题解决便是有序地使用这些已知的算子。”

梅耶（Mayei，1990）认为，问题解决是“人在没有明显的解决方法的情况下，将给定情景转化为目标情景的认知加工过程”。因此，问题解决是一种有目的的认知活动，而非自动化的加工过程。Newell 和 Simon 把问题的解决看作是对问题空间的搜索过程。

瑞特曼（Reitman，1964）根据问题表述的确定性将其分为清楚问题与含糊问题，后者其实就是我们所说的开放性问题。格瑞诺（Greeno，1980）从问题的结构将其分为三类：归纳结构问题、转换问题和排列问题。约翰斯通（Johnston，1993）根据问题给予的数据信息的特点（给定或不完整）、处理的方法（熟悉或不熟悉）、给定的目标（给定或开放的）的特点（给定或开放）以及不同技能要求（回忆、分析、搜索知识等）分为八种类型问题。在学校环境中经常遇到的问题总是数据给定、结果或目标是给定的。而给定目标是开放的问题对学生的能力要求会更高。

2. 物理问题解决中专家和新手的分析

20世纪六七十年代对问题解决的信息加工研究人们关注于“知识含量低”的任务，在这类任务中，人们的问题解决的能力通常只需经历较短的学习和体验时间便可获得。70年代末至80年代末，越来越多的研究工作者开始将自己的注意力转向个人的专长问题，着重研究特定的学科或技术领域内须经历成千上万学时才能表现出来的特长和专长的“专门领域”的任务。到1988年已有格拉泽等人（Glaser & Chi）的专著《专长的性质》（*The Nature of Expertise*）问世；1990年，安德森再版的《认知心理学及含义》（*Congnitive Psycholoy and its Implication*）还特地增设了《专长的发展》。鉴于物理学在自然科学中的特殊地位，物理学习者的研究自然成为研究者关注的一个焦点。通过对物理问题解决中专家和新手等的研究发现专长的若干特征：

（1）知识的程序化：由陈述性知识向程序性知识的转化。安德森指出，相对新手向相对专家转变过程中陈述性知识与程序性知识的依赖程度有显著的变化。斯韦勒等人（Sweller，Mawer & Word，1983）在研究力和运动问题解决专长发展时，发现被试最初要把有关速度（v）、时间（t）与加速度（a）的公式（如 $v = at$）写下，以便提醒自己找到相应的变量；经过一定的练习后，被试会根据问题中的常量直接写出，也就是说，这一公式已直接体现在解决问题的行为之中，无须再作逐字逐句的回忆。

（2）学会使用知识：由战术学习向策略学习的转变。通过练习，新手将代表某一规则的言语陈述转变为指导自己解决某个局部问题的程序。

拉金（Larkin，1981）曾对相对新手与相对专家在解决动力学时的决策行为作比较研究。拉金给被试呈现的有待解答的物理问题是：一木块沿一斜面下滑，斜面长度为 l，斜面与水平面的夹角为 θ，摩擦因数为 μ，求木块到达底部的速度。拉金收集到的相对新手与相对专家在解决该典型题的决策步骤，结果发现：相对新手的解题决策典型地属于逆推法，直接从所要求的求知量 v 入手，先找到一个含有 v 并可求的方程。但使用该公式来求解必须先求出 a，于是再找到一个含有 a 的方程。这样，新手在找到足以求出问题解的一系列方程前，须连续地后退。反之，专家使用了与新手相似的方程，但使用的顺序则完全相反。相对专家从可以求到的重力开始，然后直接求出速度。

（3）对问题的表征：深层与抽象。专家的另一个特征是他们对问题的表征方式能帮助他们更有效地解决问题。例如齐等人（Chi，Feltovich & Glaser，1988）曾对物理学专业的资深者与新手作过比较研究。研究者给被试提供了一批问题要求进行分类，并请被试就自己的分类进行解释。结果显示，新手以旋转或斜面这些表面特征分类依据，专家归为同类的问题并不存在表面的相似性，但他们都可以通过诸如牛顿第二定律等同一个物理学原理的关联进行分类。也就是说新手受问题的表面——其表层结构的影响，而专家则能更好地从问题中抽取实质意义——深层结构。

（二）国内关于问题解决的研究

近年来，国内研究者们围绕物理问题解决中表征的分类、我国大中学生物理学习中问题表征的特点进行了一些理论和实践研究。高考物理中近年来出现信息给予题更是强调了学生对给予物理信息的理解与考查，同样也受到研究者和教师的极大关注。

1. 我国大中学生物理问题解决中表征的差异及其特征分析

傅小兰和何海东（1995）从问题表征过程进行考查，研究表明问题表征差异性表现在以下几个方面：①问题信息的搜索和提取；②问题信息的理解和内化；③问题的约束条件。

廖元锡和龙志明（2001）认为可以从表征的层次或方式进行考查。物理问题表征按表征的深入层次可以分为：①字面表征；②真实情景表征；③物理表征。按照表征的方式，则可分为：①言语表征；②图像表征；③方法表征；④原理表征。

他们认为方法表征是用程序性的知识来表达对问题的求解，物理表征和原理表征类似，都是用与问题情景紧密相连的物理规律来表征问题。

国内研究者针对我国的实际情况对大中学生物理学习中表征的结构进行了研究。尽管优生与差生在学校接受物理教育的时间与环境相似，且知识背景也大致相同，但优、差生的差异与新手专家的差异还是有一定的区别：

（1）对问题的表征，不同基础的学生层次不同。廖伯琴和黄希庭（1997）通过对大学生解决物理问题的表征层次进行了实验研究，结果表明：大学生解决物理问题的表征层次，大学物理学习的优生侧重于科学理论表征，表现为以物理原理分类，在科学理论层次上多为正向推理；而差生受初始表征的影响，以表面特征分类，在科学理论的表征上多为逆向推理。石燕飞和肖崇好（2001）则是针对中学教学中优、差生解决物理问题的特点，对中学生解决物理问题表征层次进行了实验研究。实验结果表明中学生中优、差生在解决物理问题的表征层次上存在差异。优生侧重于科学理论表征，表现为以物理原理分类，在科学理论表征层次上聚合思维和发散思维相互依存、相互渗透；而差生则受初始表征的影响，以表面特征分类，在科学理论层次上聚合思维和发散思维相互独立，相互脱离，难以取得思维成果。

（2）解决物理问题表征过程特点不同。刘晓晴和魏杰（2000）以非重点高中的物理学习优良者和物理学习不适者为被试，研究一般高中学生解决物理问题的表征过程，他们指出三点：一是建立良好的问题表征，有赖于学生对问题信息的选择性提取。容易被搜索提取的问题信息是那些与学生知识背景相近的问题信息，其知识背景包括结构性知识体系和未纳入知识结构的零散记忆，还包括大量的非结构性经验。二是含有结构组织的物理规律，对陌生情景的问题解决具有较强的搜索指引功能，有助于问题空间的构造。三是问题情景中具有较强约束的信息，如果未能产生适宜表征，对问题空间的构造就不完整，不能实现问题的解决。

（3）复杂的物理问题的表征一般是不同的表征方式的综合运用。廖元锡和龙志明（2001）认为物理问题解决过程的两种思维方式——问题表征和图式。对物理问题的表征和物理问题图式形成是实现主体参与问题解决过程的两种主要方式，也是影响物理问题解决能力的两大关键要素。优秀的学生在建立字面表征的同时便明显地开始建立真实情景表征，以至于题目刚一读完就能得到物理表征，最后通过数学计算得到问题结果。差生根据表面现象表征问题，而优生则使用物理原理规律表征问题。差生和优生所具有的知识形态也不一样，优生的知识具有简约性、结构性，往往以知识组块的形式提取知识，差生的知识往往是零乱的。另外，优生的知识结构中还包含了应用知识的程序性知识和策略性知识。

（4）对问题中的信息有不同的编码和加工程序。梁建宁（1997）进行研究发现，专家能熟练地运用手段—目的分析策略，利用问题中的信息向前解释；新手在解决问题时则较多地进行盲目的搜索，一般根据问题中的提问往回解。在解决问题中与给予的信息相关的问题时，研究者发现问题中求知的问题的难度对解决问题有较大的影响：问题的求知参量越多，解题难度越大；当问题中的中间求知参量不予提示时，问题难度显著增加；问题的参数排列方式越乱，问题的难度越大；当可供解决问题选择的操作越多，问题的难度就越大；当可供问题解决的选择的操作越多，问题解决的难度越大；当可供问题解决的选择的操作的相似性越强，问题解决的难度越大。而对过去题目中某些特征的抽象与概括性水平越高，解决问题越容易迁移，从而影响当前问题的难度，使问题解决的难度有所降低。

2. 中学生物理问题解决中学习困难的认知因素分析

中学生在物理问题解决时遇到困难是学习中常见的现象，直接制约着中学物理教育教学的质量。“学习困难”目前已经成为心理学、教育学和医学都很感兴趣的问题。不同的学科从不同的角度揭示了学习困难的原因的规律。学习困难学生最典型、最显著的表现是学习成绩不良，被称为“学困生”。中学生在物理问题解决中对给予信息的理解困难与学生的认知水平和心理过程有关。

何乐晓认为学生解题时遇到困难，是教学中的常见现象，过去常常把产生这种情况归咎于学生没认真学习、脑子不灵、审题不清等，这种泛泛而论的形式化的总结不能对教学提供行之有效的具体指导。为了尽可能有效地解决学生遇到的困难，必须从理论上分析成因。孟昭辉等认为对学生这种困难的研究必然涉及物理学习的心理过程。当代认知心理学认为认知因素是决定学习结果和学习效率最直接的因素。

首先，学生对物理问题的理解受个体认知发展水平的制约。

皮亚杰的发生认识论以运算作为儿童思维发展的标志，可划分为四大阶段：感觉运算阶段、前运算阶段、具体运算阶段和形式运算阶段。中学生的认知水平主要集中在具体运算和形式运算阶段①。

尽管根据皮亚杰的认知发展阶段理论，中学生已处于以“形式运算”为主的阶段。白学军（2000）对 2 240 名中小学生认知发展水平的测验显示：高一、高二和高三学生达到形式运算较高水平的占 71.6%、73.0% 和 75.86%，而处在具体运算水平的高一、高二学生仍有 6.0% 和 3.2%。而物理学科与其他学科相比具有不同的特点。孟昭辉等指出，大量研究表明初中阶段的学生，甚至相当一大部分高中生，在对物理现象和物理概念的认知过程中，他们的思维尚处于由具体运算阶段向形式运算阶段的过渡时期。邢红军（1997）采用模糊判别的方法对参加第七届全国物理竞赛江西赛区的学生进行认知发展水平检验。49 名被试者有 59.18% 达到了形式运算阶段，有 36.73% 达到了具体运算阶段。因此，如果就高中学生这一群体的认知水平进行评估的话，达到了形式运算阶段的人数还是不乐观的。

其次，学生的认知过程和认知方式对物理问题的理解有重要的影响。学生对问题的认知反映了他对信息和知识经验进行组织加工的过程。在物理问

---

① “具体运算”阶段出现的标志是“守恒”概念的形成，即指儿童认识到客体尽管在外形上发生了变化，但其特有的属性不变。该阶段的儿童已能进行逻辑推理，相对于前运算的阶段儿童，其思维具有多维性、可逆性和动态性。在语言方面，尽管这一阶段儿童已能通过下定义的方式获得概念，但在获得和使用此类概念时，需要实际经验或借助具体形象的支持。“形式运算”指对抽象的假设或命题进行逻辑转换。这一阶段儿童或青少年已完全具备进行以下思维的能力：假设—演绎思维，即不仅在逻辑上考虑现实的情景，而且根据可能的情景（假设的情景）进行思维；抽象思维，即能运用符号进行思维；系统思维，即在解决问题时，能够在心理上控制若干变量，同时还能考虑到其他几个变量。在此阶段，认知趋于成熟的儿童逐渐摆脱了具体实际经验的支柱，能够理解并使用相互关联的抽象概念。大量研究表明，皮亚杰所揭示的认知发展的阶段性是普遍存在的。思维、语言等的发展由低一级水平向高一级水平过渡，这种顺序是不可改变的（参见：皮亚杰《发生认识论原理》［M］. 北京：商务印书馆，1985. 21 ~51）。

题解决中必然涉及对物理材料的认知。物理材料包括利用实物、口头、书面语言和图表的方式对物理现象、物理过程或物理变化过程的描述，对物理材料的知觉能力表现在对问题的理解、还原成物理图景等方面。段金梅、武建时（1998）把学生对给予物理材料的知觉水平分为四级水平。

一级水平：对物理材料的感知是完整、形象的。

二级水平：对物理材料的感知能有比较完整的和主动的体验。

三级水平：对物理材料的感知能有比较完整的体会，对于空间的相对关系感知不确切。

四级水平：对物理材料的感知比较迟钝，只能原封不动地复述材料的某些语言，不能形成完整形象化的图景。

段金梅、武建时的调查结果表明：普通中学中只有10%左右的学生达到一级水平。而有30%的学生处于四级水平。因此，对物理材料的感知是对进一步思维活动的一种定向，它对思维能力来讲是非常重要的。

认知方式的差异也影响学生对给予物理问题的理解。认知方式又称为认知风格，反映学生对问题的认知，反映了他对信息和知识经验进行组织加工的过程的一种认识倾向性。认知风格可分为场独立型和场依存型两种。场独立型者倾向以内部参照知觉事物，对事物独立作出判断，不易受到外界因素的影响和干扰；场依存者倾向以外部参照知觉事物，对事物独立作出判断，难以摆脱外界因素的影响和干扰。王立君等（2001）研究表明：学生在力学应用题解答中，场独立型学生占优势，优势水平随题目难度增加和场独立型的增加而提高，主要表现在场独立型的学生较容易排除干扰，把握给予的关键信息形成正确的物理情景。

另外学生头脑中物理认知结构的缺陷是导致解决物理问题困难的重要原因。孟昭辉等（2003）认为认知结构的缺陷表现在三个方面：①物理知识储量严重不足；②物理知识的组织程度低；③物理知识表征的不完善。

认知建构主义认为学生建构知识的基本方式是同化和顺应。同化是指学习者把外在的信息纳入已有的认知结构；顺应是指学习者已有的知识结构与新的外在信息产生的冲突，引发原有认知结构的重组和调整。何乐晓认为学生知识的“断链”，通常称的“忘记”，其实质知识之间没有形成连通的网络，从而影响正确的运用和迁移。学习者观念中对知识的表征与知识意义必须建立一种合理或合乎逻辑的关系，否则，必然会出现“断链”。

物理知识的表征常见的形式有概念、命题、图式和表象。图式是指围绕某主题组织起来的知识结构。物理学习困难学生头脑中的物理知识多是罗列式的、堆积的，显然缺乏组织程度高的图式。而物理认知结构中是否足够多、足够清晰的物理图景的表象是反映一个人分析和解决物理问题能力高低的重要标志。孟昭辉等人调查表明，在进行物理表象活动的自觉性上，高分组比低分组强得多。低分组由于缺少表象形式的物理知识表征，学生在物理问题解决中不能形成正确的物理图景，从而造成物理问题理解的困难。

在运用物理问题解决中，常常要求学生能够分析给予的信息，并通过建立物理模型来解决问题。乔际平、邢红军（2002）研究学生讨论地球自转，静止在地面上的物体的向心加速度大小和方向时，发现有不少学生头脑中未能对物体做圆周运动形成清晰的图景，也未通过画示意图来帮助自己分析，所以不能正确判断物体做圆周运动的平面，确定运动的圆心。有55.4%的人断定向心力加速度的大小随纬度的增加而减小的错误看法；33.24%的人认为向心力加速度的大小随高度的增加而减小；36.10%的人判定向心加速度方向总是指向地心。

乔际平、邢红军认为随着中学物理教学改革的逐步深入，人们愈来愈清楚地认识到，教育改革的成败关键在于能否落实到学生身上，而要做到这一点，就需认真研究学生的心理特点和心理规律。国内外近20年的教学实践一再证明：物理教学的成功必须以学生的心理活动为基础。

3. 对高考“信息给予题”的关注

高考重视学生解决实际问题的能力，高考考试大纲要求学生“读懂自然科学方面的资料，看懂图表所包含的信息，能从文字、图表中提取所需的信息能力”。

高考考试大纲还明确指出：“人们对自然界的各种现象和规律通常用文字、图、表来描述的。与文字相比，图、表描述自然科学的研究成果具有直观形象的特点，因此读懂自然科学方面的资料，看懂图、表所包含的信息，能从文字、图、表中提取所需的信息，并从中找出规律是一个非常重要的能力。”

传统的物理习题中早就涉及对给予信息的理解，只是近年的高考题更是突出了要求对给予物理信息的理解。解题的关键是要求学生对给予的新情景所包含的信息的理解。这种试题被称为“信息给予题”。

较早出现的并受到普遍关注的“信息给予题”是1999年高考上海试题的第16题：天文观测表明，几乎所有远处的恒星（或星系）都在以各自的速度背离我们而运动，离我们越远的星体，背离我们运动的速度（称为退行速度）越大，也就是说宇宙在膨胀。不同星体的退行速度 v 和它们离我们的距离 r 成正比，即 $v = \mathrm{H}r$，式中 H 为一常量，称为哈勃常数，已由天文观察测定。为解释上述现象，有人提出一种理论，认为宇宙是从一个爆炸的火球开始形成的。假设大爆炸后各星体即以不同的速度向外匀速运动，并设想我们就位于其中心，则速度越大的星体现在离我们越远，这一结果与上述天文观察一致。由上述理论和天文观测结果，可估算宇宙的年龄 T，其计算式为 $T=r/v$。根据近期观测，哈勃常数 $\mathrm{H}=3\times10^{-2}$ 米/秒·光年，其中光年是光在一年中行进的距离，由此估算宇宙的年龄约为 1/H 年。

此题作为科普或科幻来阅读颇富奇趣，却要求算出宇宙的年龄，的确又有点深奥了。但仔细想来，只要你顺应这些新知，这些不同点，改造更新原来“宇宙”、“天体”的知识，使旧知上一个台阶，构建一个动态的“生长”的宇宙，即认同宇宙起源于“大爆炸”，爆炸后立即以各不相同的速度“匀速”飞出。“匀速”却是个新旧知的共同点，原来有公式 $s=vt$，当然速度大的飞得远，速度小的飞得近，以至于形成目前的宇宙，从而理解认同 $v=\mathrm{H}r$ 这个从未谋面的速度公式，即在原有速度公式群中新增一个模式拿来使用即可。那么，本题已知哈勃常数 H，而要求初始爆炸至今的时间 T，当然可任选现在的一个恒星为对象，代入匀速公式 $t=s/v$，即 $T=r/v=r/\mathrm{H}r=1/\mathrm{H}$，不就轻而易举求得了吗？这样看来，可能很多初中生都能做出的题目，为什么难倒了那么多高考学生呢？

这种给予信息与以往出题方式不同的题目，被研究者称为“信息给予题”。“信息给予题”得到教学实践第一线的教师的关注和研究。

通过对“信息给予题”特点以及学生理解上存在的实际困难的探讨，必须重视培育学生的信息素养：

（1）信息给予题是一种新情景（或背景）试题。马廷华认为：它的题干以日常生活、生产及现代科技中的某个事件、问题为情景提供一些信息，让学生通过阅读、理解、思考和分析从中筛选出相关的信息，把题干所涉及的实际问题抽象为一种物理过程，并据此物理过程建立起相关的物理模型，然后应用题干中的相关信息去解决问题。而信息的载体具有多样化，可以是公式、文字、图样、表格和函数图像等。李正斌认为信息题就是提供一段文字材料，具体内容一般是中学课本上所没有的，然后由材料提供的信息，回答一些问题，或对某种陈述给出判断，或是进行一些具体计算，或给出某个结论、规律的论证过程。

（2）信息给予题只是形式、内容有其不同的特征。穆武红认为形式上的特点有：①在结构上，信息题一般由三部分构成：首先介绍题目的物理背景；其次给出一些相关信息；最后提出问题。②信息题的题干普遍较长，信息量也较大。内容上的特点有：①信息题设置的物理情景很新，通常选取近代物理知识，紧扣物理学前沿，与新科技密切相连，并且紧密联系实际生活、社会热点，时代气息浓厚。②信息题给予的众多信息中有显性信息，也有隐性信息；有有效信息，也有辅助信息，甚至还有无用的干扰信息。③信息题中有些信息对学生来说，可能是比较熟悉的，也有一些信息对学生来说，可能是完全陌生的。④信息题中有较多的专业术语，如宇宙大爆炸、热辐射和黑洞等概念。⑤信息题的综合性强，和其他学科的联系较多。⑥信息题往往是只“纸老虎”，深奥复杂的物理问题通过简化或理想化的处理后，可以用一个简单的物理过程来等效，以浅显易懂的物理规律来描述。所以，信息题从知识的灵活运用来说，是有相当的难度；但就其所涉及的物理知识来说，难度并不大。

(3) 信息给予题的出现对教学第一线的物理教师教学方法和教学理念也产生了一定的冲击。马廷华认为信息给予题靠“题海战术”解决不了问题，因为它立足于被试对物理知识的系统掌握及具备多种能力的基础上，它特别能反映出被试的素质。信息给予题的最大特点是具有相关性、隐蔽性和迁移性，即试题中的问题与那些物理知识发生联系，应该应用什么物理规律，采用什么物理模型解决问题，不是一目了然的。因此，信息给予题要求被试能够深化、活化对物理概念、规律的理解，具有比较完整的有机的物理知识体系，并了解解题的一般方法。除了具备这些一般的能力外，被试还应具备阅读分析能力、一定的洞察力及迁移应用能力。

学生在物理问题解决中对给予信息的理解可以说越来越值得研究者的重视。高考中“信息给予题”的出现只是反映出人们对于学生对给予信息理解更为关注，更深层地反映培养学生分析问题和解决问题能力的迫切要求，这也是我们的教育面向二十一世纪为培养适应信息社会竞争和具有创新意识的优秀人才的需要。

(三) 已有研究的特点、存在的问题及今后的研究方向

通过文献分析，我们认为，国内外关于中学生对物理问题解决及学生问题解决的困难等方面的研究主要有下列特点：

(1) 从研究对象和内容上看，通过对物理专家和新手、关于大中学生、中学优生和学困生的差异性研究，不同程度揭示问题表征的不同层次和特征，表征过程涉及对信息的收集、提取同样存在着差异性；而学生对给予的学习材料的识别也涉及对有用物理信息的理解。有的研究从学生的感知觉特点去分析学生对给予物理学习材料的理解，对于认识学生对给予信息理解的学习心理有很重要的意义。

(2) 从实践方面来看，高中生在物理学习中对给予信息的理解，是教师

在教学工作中关注的问题。一些教师和研究者通过对高考“信息给予题”进行探讨，提出了一些促进学生对给予信息理解的有效方法和措施。

纵观已有研究，它们对揭示高中学生物理问题解决中对给予信息理解的内涵和机制，对阐明给予信息的理解和学业成绩的关系，以及对了解我国高中学生对给予信息理解的发展特点和现状都有重要的启发。但从总体上看，已有研究主要存在如下局限性：①许多研究只停留在对于学生对给予问题的表征特征的研究，而表征过程首先就涉及对给予信息的识别和转化，已有的研究较少涉及并进行深入的分析；还有的研究涉及学生解决问题困难的认知因素分析，只是对学习困难的总体上的分析，也未从给予信息理解困难的角度作进一步深入分析。②不少一线教师虽然关注学生对给予信息理解水平的教育和培养，但仅将信息的理解作为知识学习的一个维度引入干预范畴，缺乏对学习理解水平的整体培养的教学干预，致使实际效果还不够理想，同时研究的结果多是教师经验的总结，很难揭示学生对给予信息理解的本质规律。

因此，从高中学生解决物理问题的实际需要出发，针对现有研究的局限，我们认为，今后应着重围绕以下方向展开系统研究：

（1）探讨高中生在解决物理问题中对给予信息理解的本质和机制；

（2）探索我国高中生在解决物理问题中对给予信息理解的发展水平和特点；

（3）科学开展对给予信息理解的培养方面的实验研究，系统探讨提高高中生物理问题解决中对给予信息的理解能力的有效模式。

二、本研究的理论与实践价值

本研究将在借鉴国内外已有研究经验和成果的基础上，深入系统地探析高中生物理问题解决中对给予信息理解的类型和特点；并在有关物理问题解决的认知心理学研究成果的基础上，探讨渗透性教育干预模式对促进高中生对给予信息理解水平提高的有效性和可行性，进而探索改善高中生物理问题解决中对给予信息理解的途径和方法，促进其问题解决能力的发展。这对全面提高高中物理教育教学质量和学生整体心理素质的水平具有理论与现实的重要意义。

在理论上，探析高中生物理问题解决中对给予信息理解的类型和特点，揭示渗透性教育干预模式的可行性和效果，为高中教师开展学习辅导、预防和矫正学生在物理学习中对给予信息理解问题提供理论依据。

在实践上，探索高中生物理问题解决中对给予信息不良理解的教育干预策略，为教师开展科学有效的教学辅导和提高学生分析问题与解决问题的能力，提供具体的途径和方法。

三、本研究的创新之处

（1）通过测试和访谈调查，在探讨高中生物理问题解决中对给予信息理解水平和特点的基础上概括分析高中生对给予信息理解的基本类型。

（2）系统探讨针对高中生在物理问题解决中对给予信息理解水平的有效教育干预的途径、原则、策略及其操作程序，初步构建并用实验验证提高学生物理问题解决中对给予信息理解的渗透性教育干预模式的有效性和可行性。

第二节　调查研究

一、调查的目的

本研究采用分年级随机取样的方法，采取定性和定量相结合的方法，客观分析我国高中生在物理问题解决中提高对给予信息理解水平的基本类型和特征。

二、检测的工具

运用自编的《高中生物理问题解决中对给予信息的理解水平测试题》①为检测工具。以依据高考信息题的题型和出题样式进行自编的物理习题为样本，测试题还征求了物理教育学专家、经验丰富的高中物理教师的意见，并进行必要的修订。正式测试前进行预测验，以保证试题的适用性和可行性。

测试物理信息的识别包括文本陈述、表格和图形三种呈现方式。不同实际情景下对给予的物理模型的识别反映学生对给予综合信息的识别和理解。有些题的知识点学生可能在教学中还没学过（包括高三学生），但题目给予的

① 见附录4、附录5“高中生物理问题解决中对给予信息的理解水平测试题（A卷）”以及B卷复本。

信息有助于学生对测试题的理解。测试题从以下几方面进行：

（1）对给予文本信息的识别测试题：要求根据题目要求，找出解答试题所需要的关键信息或通过隐蔽信息找出解题的有用信息。

（2）对给予图形信息的识别测试题：要求通过所给予的图形直接识别有用信息，并通过信息的转化，获得解题所需的正确结论。

（3）对给予表格信息的识别测试题：要求通过所给予的表格数据，归纳和总结出有用的结论。

（4）给予信息的转换测试题：用物理语言来表征实际问题，用数学语言来表征物理问题。

（5）对物理模型的识别和转化试题：给出 5 个不同的实际情景，要求找出与物理模型完全相同的问题。对物理模型的识别和转化反映被试对给予物理信息的综合识别和转化水平的差异性。

测试题采用应答题的形式，采用折半法计算信度系数，选择置信水平 0.05 以上（自由度 $df = 238$，显著性水准 0.05 临界值为 0.124，显著性水准 0.01 临界值为 0.162）的试题进行统计分析。

表 3－1　测试题的信度分析

	题 1	题 2	题 3	题 4	题 5
信度系数	0.521 6**	0.603 8**	0.652**	0.105 7	0.127 6*

注：**表示 $P<0.01$，*表示 $P<0.05$。

三、调查的对象和调查的时间

本研究从某省重点高中 56 个教学班中随机抽取 9 个班的学生进行调查，高一、高二和高三年级学生 388 名（男生 229 人，女生 159 人）。其中高一年级 178 人（男 106，女 72），高二年级 79 人（男 45，女 34），高三年级 131 名（男 78，女 53）。本次调查选择在高一年级的上学期期中考试后进行，给学生测试的内容仅限直线运动、牛顿运动定律，统计时删除不合格的被试，进行统计。

四、调查的程序

（一）测试

以班级为单位团体施测。每班由一名物理教师主持测试。由老师宣读指导语，并讲解实例指导学生做答，正式作答时间为45分钟。

（二）记分和统计处理

将测题分成各个子项目，各子项实施2级记分，分别记0分、1分；总得分累积越高，标志学生对给予信息的理解水平越高。在统计时，先将每个学生的原始分转换成标准分并据此确定其理解水平的高低。依据学生对给予信息的内在关系（包括识别或转换）的理解程度，确定高中生对给予物理信息的识别的三种认知水平标准（表3－2）。从表3－2可知，成分水平是指被试能够考查所给予信息的个别要素；整体水平是指对给予信息的所有要素作为一个整体来考查；成分和整体水平是指介于前两者之间。

所有数据均利用SPSS11.0 for Windows进行统计处理。

表3－2　高中生对给予物理信息的识别的三种认知水平

	文本表述	图形表述	表格表述
成分水平	能识别表述中部分要素的物理意义	知道图形表达的部分要素的物理意义	知道表格表达部分数据的物理意义
成分与整体水平	识别部分要素的物理意义或部分关键信息	知道图形表达的部分要素的物理意义或部分关键信息	知道表格表达的数据部分物理意义或部分关键信息
整体水平	能把握全部的关键信息	能把握全部的关键信息	能把握数据全部的关键信息

五、调查的结果分析

（一）高中学生物理问题解决中对给予信息的理解水平总体特点

经统计分析，接受调查的高一、高二、高三学生在物理问题解决中对给予信息的理解水平总体的差异比较见表 3－3。

表 3－3　高中不同年级学生对物理信息给予的理解水平的总体特点

年级	N	总分		标准分		等级	
		M	SD	M	SD	M	SD
高一	80	6.05	3.60	－1.08	2.09	1.53	0.49
高二	80	8.17	3.11	0.133	1.84	1.78	0.43
高三	80	9.29	3.04	0.95	1.83	2.01	0.39

表 3－3 显示，高一年级学生测试的平均总分为 6.05（满分为 15 分），标准分为－1.08，平均等级为 1.53；高二年级学生测试的平均总分为 8.17（满分为 15 分），标准分为 0.133，平均等级为 1.78；高三年级学生测试的平均总分为 9.29（满分为 15 分），标准分为 0.95，平均等级为 2.01。可见，被调查的学生对物理问题中信息给予的理解水平为一般，为中等“2 级”偏下。

表 3－4　各年级总体平均分之间差异显著性 q 检验表

		高三	高二
	平均分	9.29	8.17
高一	6.06	（3）2.75**	（2）2.10**
高二	8.17	（2）1.218*	

注：**表示 $P<0.01$，*表示 $P<0.05$。

从表 3－4 可以看出，不同年级的差异性不同，高三与高二显著性差异在 0.05 水平上，而高一与高二、高三显著性水平差异均在 0.01 水平上。

（二）高中学生物理问题解决中对给予文本表述信息的理解水平差异

表3-5　各年级学生对文本表述信息特征的认知人数百分比及同年级学生在不同水平上的人数百分比差异

年级	成分水平	成分与整体水平	整体水平	χ^2
高一	（18）22.5%	（51）63.8%	（11）13.8%	33.09**
高二	（8）10.0%	（53）66.3%	（19）23.8%	41.27**
高三	（3）3.70%	（28）35.0%	（49）61.3%	39.77**
χ^2	12.07**	8.77*	30.48**	66.32**

表3-5显示，高一、高二学生对文本信息特征的认识处于成分与整体水平，即对文本的认识与理解及表征受客观对象的局部特征限制；对隐含的物理信息不能很好地进行转化。高三大多数学生对一般文本信息特征的识别好于高一、高二，处于整体水平的人数远多于高一、高二。高三学生除了对明显的物理信息进行识别，还能很好地理解隐含的物理信息，能从多角度、综合、全面、整体分析给予的材料，比较好地建构物理模型或物理情景。可见，被调查的学生对给予文本信息的理解水平随年级和知识面的加深明显增加。

（三）高中学生物理问题解决中对给予图形表述信息的理解水平差异

表3-6　各年级学生对图形表述信息特征的认知人数百分比及同年级学生在不同水平上的人数百分比差异

年级	成分水平	成分与整体水平	整体水平	χ^2
高一	（70）87.5%	（2）2.5%	（8）10.0%	106.3**
高二	（58）71.3%	（5）6.3%	（17）21.2%	57.9**
高三	（49）61.3%	（13）16.3%	（18）22.5%	28.9**
χ^2	3.76	9.70**	4.23	179.73**

表3-6显示，高一、高二和高三学生对图形信息特征的认识大多数在成分水平，即对图形的认识与理解及表征受客观对象的个别特征限制；对隐含的物理信息不能很好地进行转化。在图形表述的信息的理解方面同一年级学生在不同水平上的人数都有显著的差异性，而不同年级学生成分水平和整体

水平所占人数比例的差异性并不显著，说明在各年级的教学中都应强化对图形、图线等的物理意义的理解。

（四）高中学生物理问题解决中对给予表格表述信息的理解水平差异

表 3-7 各年级学生对表格表述信息特征的认知人数百分比及同年级学生在不同水平上的人数百分比差异

年级	成分水平	成分与整体水平	整体水平	χ^2
高一	（45）56.3%	（33）41.3%	（2）2.5%	36.9**
高二	（27）33.8%	（45）56.3%	（8）10.0%	25.7**
高三	（28）35.0%	（15）18.8%	（37）46.3%	9.3**
χ^2	6.14*	14.71**	44.72**	60.72**

表 3-7 显示，与文本和图形表述不同，高一、高二和高三学生对表格给予的数据特征的认识随年级的增长变化显著，高一成分水平占大多数，高二成分与整体水平较多，而高三整体水平明显增多。这表明对给定的特定数据的认识与理解及表征随年级有显著的提高，同时从表中也可看出同一年级学生不同水平所占比例的差异性显著。

（五）性别因素对高中学生物理问题解决中对给予信息的理解水平的影响

表 3-8 男生和女生对物理信息给予的理解水平的差异比较

内容	男生（$n=139$）	女生（$n=101$）	F 值	P 值
文本	3.61	3.24	4.64	0.132
图形	2.22	1.45	11.19	0.001**
表格	2.62	2.25	2.34	0.127

从不同性别的学生加以比较得到的 P 值分别为 0.132、0.001 和 0.127。可见，不同性别的学生除在图形表述的理解上存在显著的差异外，对文本和表格的表述的理解不存在大的差异。总体上讲与感知觉方面的性别差异一致。在感知觉方面男生具有较强的视觉空间能力，男生分析物体运动等空间想象能力优于女生。

表 3－9　不同性别学生对各种表述不同水平上的人数百分比差异

内容	性别	成分水平	成分与整体水平	整体水平	χ^2
文本	男生	（14）10.1%	（70）50.4%	（55）39.6%	36.273**
	女生	（15）14.9%	（62）61.4%	（24）23.8%	36.970**
图表	男生	（95）68.3%	（8）5.8%	（36）25.9%	85.137**
	女生	（82）81.2%	（12）11.9%	（7）6.9%	104.455**
表格	男生	（55）39.6%	（63）45.3%	（21）15.1%	21.470**
	女生	（45）44.6%	（52）51.5%	（4）4.0%	39.941**

从表 3－9 可知，不同性别学生对各种表述不同水平上的人数均存在显著差异。说明不同性别学生无论是在成分水平、成分与整体水平，还是在整体水平上发展都是不均衡的。在教学上，要注意根据不同个体的差异进行教学。

（六）不同年级、不同性别的学生对物理模型的识别比较

在运用物理规律解决问题时，常常要求学生能够分析物理过程，并通过建立物理模型来解决问题。因此，模型的识别和转化反映了学生对给予信息理解的综合能力水平反映。

表 3－10　不同年级、不同性别的学生对物理模型的识别的比较

	平均分	*SS*	*MS*	*F* 值	*P* 值
高一高二	1.69/2.00	2.75	2.75	1.120	0.292
高一高三	1.69/2.85	51.23	51.2	21.58	0.000**
高二高三	2.00/2.85	32.4	32.4	12.07	0.001**
男生女生	2.22/2.08	1.21	1.21	0.441	0.507

从表 3－10 可看出：在对物理模型的识别方面，高一、高二学生之间以及男女不同性别学生之间没有显著的差异；而高三与高一、高二学生之间存在显著的差异。说明在对给予信息的综合理解上性别方面没有较大的差异；而随着知识和经验的积累，高年级学生对物理模型的识别水平较高，他们更能把握关键的信息，比基础年级学生更能抓住物理过程或物理现象的本质。因此，在教学上要使学生学会对给予信息的分析和理解建立清晰的物理图景。不少学生往往在对物理概念和定律的来源、建立的过程及其意义还不太了解

的情况下，就用它们来解决问题，这必然导致死记“题型”，乱套公式。

六、讨论

（一）关于高中学生物理问题解决中对给予信息的理解水平

关于高中学生物理问题解决中对给予信息的理解水平我们的调查结果是：总体水平“中等水平偏下”，即高一年级学生的平均等级为1.53，高二年级学生的平均等级为1.78，高三年级学生的平均等级为2.01。笔者认为，高中学生物理问题解决中对给予信息的理解水平的高低在相当程度上取决于学校教育影响的强弱。不同历史时期、不同地区、不同类型学校甚至不同班级的教育教学水平存在差异，从而导致了我国高中学生物理问题解决中对给予信息的理解水平的地区和历史差异性。我们的调查是在江西省一所重点中学普通班学生中进行的，其结果大致能反映高中生这一群体的基本特征。

（二）关于高中学生物理问题解决中对给予信息的理解水平的性别差异

本调查研究结果显示，不同性别的学生除在图形表述的理解上存在显著的差异外，对文本和表格的表述的理解不存在大的差异。同时，不同性别的学生在对给予文本陈述、图形和表格表述的信息在各种不同水平上的人数均有显著差异。对物理模型的识别方面，男女不同性别的学生没有显著的差异。

（三）关于高中不同年级学生物理问题解决中对给予信息的理解的共性和差异性

本研究结果表明，不同年级学生物理问题解决中对给予信息的理解既有共性又有差异性。

共性：各年级学生对各种表述的信息中处于三种水平（成分水平、成分和整体水平、整体水平）的人数均存在显著的差异，而不同年级的学生在对图形的理解上存在的两极分化比较明显。比如，在用图形进行推理的测试题中，对图形的认知表现在能否整体地把握有用的信息。在本测试题中要求学生能基本上识别两种物理运动性质（匀速直线运动或匀加速直线运动），接着还需要运用运动学公式确定求解速度的方法，而在求解的过程中要从图形迅速识别可比较的物理量（如时间和运动的位移的大小）。测试结果表明：大部分学生对图形中包含的某些比较复杂的关系不能给予识别和转化。

差异：其一，不同年级学生对不同表述信息的理解差异显著性不同。其二，对同一表述信息理解水平的差异显著性也不同。比如，高一年级学生在图形表述在不同水平上的差异性最显著，而在文本表述的信息中各年级的学生处于成分水平所占该年级学生人数百分比没有显著的差异。

七、小结

根据调查分析，本项研究可得出如下结论：

（1）高中学生物理问题解决中对给予信息的理解水平为“中等水平偏下”，高年级较低年级学生水平高，高一年级学生的平均等级为1.53，高二年级学生的平均等级为1.78，高三年级学生的平均等级为2.01。

（2）高中生对给予文本、图形和表格信息的理解存在三级认知水平：①成分水平；②成分与整体水平；③整体水平。不同年级学生在给予不同信息理解上差异性不同，同一年级学生在给予不同信息理解在三种水平上都有显著的差异。说明这三级水平受到给予信息的不同呈现方式以及学生知识、经验的制约。

（3）高中学生物理问题解决中对给予信息的理解水平不同性别的学生除在图形表述的理解上存在显著的差异外，对文本和表格的表述的理解不存在大的差异。因此，在把握图形的特征、分析图形的物理意义方面男生好于女生，而在对数据特征以及对文本所含物理意义的理解方面总体上性别差异并不大。

（4）对物理模型的识别和转化反映了高中生综合信息的能力，高一与高二学生之间以及不同性别的学生之间没有显著的差异，高三与高一、高二学生之间存在显著差异。说明在对物理模型的识别方面随着知识的积累以及学生认知发展水平的提高而显著提高。

第三节　教学干预的实验研究

一、研究的目的和假设

（一）目的

长期以来物理教学的困难都是制约中学教育质量的重要问题。近些年，我国虽有不少研究者广泛探讨学生的物理学习困难的心理问题，但大都只涉及定性的分析，还未见有系统的教育干预实验研究。新的高中课程标准要求具有一定“信息收集和处理能力、分析解决问题能力”，由此可见，增强学生的信息意识，提高分析解决问题能力也是当前高中教育不可忽视的重要内容。

本研究拟针对高中生对物理信息给予理解水平存在问题的现状，运用渗透性教育干预模式进行教育干预实验，探讨该模式对提高高中生对物理信息给予的理解水平，促进高中学生分析问题和解决问题能力提高的有效性和可行性。

（二）基本假设

（1）高中学生对给予信息的理解能力是学生分析物理问题、解决问题能力的重要组成部分，它同学生的其他学习能力一样可以通过相应的教育干预而得以提高。

（2）渗透性教学模式适用于提高高中生对给予信息的理解水平。

（3）有针对性地对高中学生进行渗透性教学干预能促进其分析问题和解决问题能力的发展与学业成绩的提高。

二、研究的对象和方法

本研究采用心理测量、学业成绩测量和教育实验相结合的方法。心理测量主要是对物理信息给予理解水平的测试；学业成绩测量包括物理知识技能测量。渗透性教育干预以开设促进学生对信息给予理解水平提高的专题训练课，并以平时教学中渗透对给予信息理解的指导性教学为主，以个别咨询辅导为辅。

（一）研究对象

实验在某省级重点中学高一两个班上进行。实验班和对照班人数均为52人，分别有男生26人和25人，女生26人和27人。实验班接受自变量处理，对照班不接受自变量处理。由于实验班和对照班是随机挑选的，故此二组可视为等组。

（二）测量方法

（1）工具：理解水平测试题依据近年高考信息题的题型和出题样式进行自编物理习题为样本，测试题还征求物理教育学专家、有经验的高中物理教师的意见并进行必要的修订。学业成绩的前后测分别由高一年级上学期期中和上学期期末物理考试成绩代替。

（2）时间：理解水平前测安排在高一年级上学期期中考试后，后测安排在学期期末考试前一周。实验班和对照班每个班级约在45分钟内完成测试。

（三）实验处理和实验过程

1. 实验处理

本实验采用实验班和对照班前、后测的等组实验设计。实验处理详见表3-11。

表3-11　实验处理

分班	前测	实验处理	后测
实验班	A卷	①专题辅导课 ②渗透性教学 ③个别咨询指导	B卷
对照班	A卷	日常教学	B卷

2. 实验过程

实验分三个阶段进行：

（1）准备阶段。

①查找中外文献，制订和修改实验方案；

②确定实验学校和班级；

③选择教育内容，自编《提高中学生物理问题解决中对给予信息的理解

水平专题讲座》讲义、学生用书（包括同步辅导用书、课时卷各一册）。

④实施学业成绩前测。

（2）实施阶段。

①进行理解水平前测；

②在实验班利用每周一节的补课时间进行专题辅导课教学，按编写《提高中学生物理问题解决中对给予信息的理解水平专题讲座》讲义进行授课；

③实验班学生在上专题辅导课的过程中了解学生，统一进行辅导。

④在平时的教学过程中渗透对给予信息理解的指导；

⑤利用晚自习在实验班进行个别的咨询和指导；

⑥对实验班和对照班学生进行理解水平和学习成绩的后测。

（3）资料整体与数据处理阶段。

（四）自变量：渗透性教育干预

1. 渗透性教育干预的形式

本实验主要通过下列形式对实验班学生进行渗透性教育干预：

（1）开设专题辅导课。从高一学生练习册中，抽选与目的课题相关的典型题，编成《专题辅导》实验辅助资料。利用实验班每周一节的习题课，对学生集中进行专题讲解。实验班的授课教师从事多年的中学教育教学工作，并在参与课题研究中积累有一定的教育教学经验。

（2）开展个别咨询辅导活动。主要有下列操作形式：

①渗透在实验教师与学生的日常交谈和交往当中；

②鼓励学生在作业本中提出咨询问题，实验教师负责给予答复。

2. 教育干预原则

实验教师在实验过程中贯彻下列教育干预原则：

（1）全体全面原则：对全体学生的学习态度、学习策略和学习方法进行全面系统的指导，耐心解答每个学生提出的问题。

（2）重点关注原则：在落实全体全面原则的基础上贯彻干预实验的意图，在指导上以提高学生的信息意识为重点，对他们进行重点督导。

（3）民主和谐原则：在无条件尊重和理解学生的前提下，开设专题讨论课，开展个别咨询辅导，创设民主、和谐的师生互动交流氛围。

（4）实践探究原则：要求学生自我反思、积极探究、反复实践；教师重点考查学生对训练策略的接受、贯彻和运用程度。

（五）无关变量的控制

（1）合理确定实验班和对照班。保证实验班与对照班学生的学业成绩和理解水平起始大致对等。

（2）控制影响实验效果的其他因素。不对实验班教师、学生和家长刻意宣扬实验的目的；不人为制造实验班和对照班在实验前后的竞赛气氛，保证学生在实验过程中做到情绪稳定；实验教师保持心态平和。

（3）前、后测采用A、B复本，减少前测对后测的干扰，提高测试的信度。

三、实验结果与分析

（一）实验班与对照班学生理解水平前后测得分比较

实验班与对照班学生在前测得分的比较见表3－12。

表3－12　实验班与对照班学生理解水平前测得分比较

内容	实验班	对照班	V_b	V_w	F值	P值
文本	2.62	2.05	11.300	2.171	5.206	0.024
图形	0.79	0.91	0.436	1.757	0.248	0.619
表格	1.01	1.16	0.510	2.506	0.204	0.653
模型	1.45	1.44	0.020	2.357	0.009	0.926

表3－12说明实验班与对照班前测两组除对文本信息理解存在一定的差异外均无显著差异，并且组间变异（V_b）小于组内变异（V_w），说明自变量的作用小于其他干扰变量。

表3－13　实验班与对照班学生理解水平后测得分比较

内容	实验班	对照班	V_b	V_w	F值	P值
文本	3.05	2.19	21.898	3.876	5.64	0.019*
图形	3.31	1.64	81.206	4.556	17.82	0.000**
表格	1.50	0.83	13.109	0.929	14.12	0.000**
模型	2.64	1.39	45.560	2.847	16.00	0.000**

从表3－13很明显可以看出实验班的成绩优于对照班，实验班与对照班前测两组对文本、图形、表格信息的理解和物理模型的识别均有显著差异。组间变异（V_b）大于组内变异（V_w），说明自变量的作用大于其他干扰变量，文本信息的理解水平的差异在0.05上显著，其他方面的差异都在0.001上显著。

（二）实验班与对照班学生学业成绩前、后测比较

表3－14 实验班与对照班学业成绩前、后测得分比较

内容	实验班	对照班	V_b	V_w	F值	P值
前测	0.038 1	－0.122 1	0.758	0.926	0.818	0.369
后测	0.148 0	－0.092 4	1.733	0.785	2.209	0.141

从表3－14可看出前后两组成绩均有提高，但后测实验班比对照班有比较大的提高。同时，还可看出前测的组间变异（V_b）小于组内变异（V_w），说明自变量的作用小于其他干扰变量；而后测组间变异（V_b）大于组内变异（V_w），说明自变量对因变量的作用是主要的。因此，物理问题解决中对给予信息理解水平的提高在一定程度上能促进学生物理学业成绩的提高。

（三）实验班学生对专题辅导课的教学评价

为考查专题辅导课的实施效果，在实验结束前，我们利用自编的《专题讲座课学生评价调查问卷》①，让学生对实验教师的教学进行客观评价。该问卷涉及专题辅导的内容、方法及效果等3个方面，每一方面包含3个项目，分值为15分，每个项目实施3点记分，总分为45分。分值越高，表明学生对教师的教学评价越高。实验班学生对专题辅导课的评价见表3－15。

表3－15 学生对专题辅导课的教学评价

学生	讲座内容	教学方法	教学效果	总体评价
男生（$N=25$）	12.36	13.28	10.60	36.24
女生（$N=17$）	11.05	13.17	9.82	34.06
全体（$N=42$）	11.83	13.23	10.28	35.36

① 见附录6“专题讲座课学生评价调查问卷”。

从表3－15可看出，学生对辅导方法效果总体评价最高（87%），讲座内容（78%）、教学效果（69%）较好，同时男生的总体评价好于女生。专题讲座课学生反映总体来讲是比较好的，经调查学生认为教师的教学方法运用适应学生现有的理解水平，上课所举的例子比较恰当，训练与讲解相结合使学生学了能用，在平时的教学中渗透对学习方法的指导，达到了较好的教学效果。

四、讨论

（一）促进高中生物理问题解决中对给予信息理解水平提高教学干预的必要性

高中物理教学中关于如何提高学生分析问题和解决问题的能力，早就受到物理教育理论界和中学物理教师的关注，但一直没有找到促进能力提高的方法和途径。迄今为止，不少教师仍采用“题海战术”应对，从而加大了学生的学习负担。另外，“物理题型”的分析成为物理教学杂志选题的热点。近年来基于建构主义理论下提出的探究性学习的教育改革的新思路，为我们提供了可借鉴的理论基础。通过有效的教学干预，可以促进学生对信息理解水平的提高。

（二）促进高中生物理问题解决中对给予信息理解水平提高教学干预的可能性

学生对信息理解的能力结构是多要素的复杂系统，对它进行综合培养并不是一件易事。但我们的研究表明，在接受渗透性教育干预之后，实验班学生的后测物理问题解决中对给予信息理解水平显著性超过对照班后测，学生物理学业成绩也有一定的提高，实验效果显著。这说明以渗透性教学干预为基础，提高高中生物理问题解决中对给予信息理解水平是完全可行的。

在国外，学者们曾围绕学习困难问题相继提出过“神经心理过程训练”和“直接教学”干预模式。在国内，随着物理教育心理研究的深入，研究者们开始探讨促进物理学习心理教育的模式。渗透性教育干预模式旨在通过专题辅导课，在常规教学中渗透对信息识别和转化的意识，促进学生分析和处理物理问题的能力的提高。渗透性干预的“渗透性”体现在两个方面：①在教育思想观念上渗透对信息识别与转化的意识；②在教学方法上采用渗透性的教学，特别把分析问题解决问题的方法渗透在平时教学中，使学生逐步提高分析问题的能力。

五、小结

根据本实验的结果，得出如下结论：

（1）渗透性教育干预能显著提高高中生物理问题解决中对给予信息的理解水平。对图形、表格信息的理解水平的提高效果极其显著；对文本信息理解水平较为显著；对物理模型的转化和识别的能力有很大的提高。在本实验条件下，高中生物理问题解决中对给予信息理解水平的提高一定程度上促进了其物理成绩的提高，但显著性水平低于理解水平的提高。这也说明了理解水平的提高是一个长期累积的结果，不能一蹴而就。

（2）培养学生良好的信息理解能力是渗透性教育干预的基本目的。通过专题讲座使学生知道一个物理问题的解决是解题者对题目信息的发现、辨认、表征的过程，它是主体的一种有目的、有计划的知觉和思维活动。在解决问题时对给予信息的理解首先要对问题及其附图进行阅读，先从整体到局部，再从局部到整体，最后对问题的整体建立起清晰的图景。通过一系列的活动，分析判断物理问题中所描述的对象、现象、过程及其联系，弄清问题中所涉及的量及其相关因素，包括已知的、未知的、直接的、间接的、明显的、隐含的等因素，全面系统地把握有关信息，抓住问题的一些外部特征，厘清解决问题的一切有关信息。同时根据文本、图形、图表等各种信息表达形式，将问题中的对象、过程、现象及其联系形象化、具体化，在头脑中形成该问题的整体的、动态的、形象的、清晰的图景。这样才能有效解决物理问题。课堂教学中的渗透和对学生的个别化教育的目的使教学干预获得更好的教学效果。

（3）渗透性教育干预的途径和方式采用开设专题辅导课、常规教学中的渗透性教学和个别咨询辅导等三种基本的教育干预方式。其中，开设专题辅导课属于直接的团体性学校辅导，个别咨询主要是直接的个别化学校辅导。形成了团体化和个别化、直接性和间接性相结合的辅导形式。选准干预途径与方式只是解决问题的第一步，更关键的是如何科学设计和组织实施与这些途径和方式相匹配的教育策略。开设专题辅导课，这是教育干预的“课程模式”，要针对高中生在物理问题解决中对给予信息理解水平的现状和认知特点，设计专题讲座，对给予物理信息的识别、物理信息的转换、物理问题的表征和建模进行讲解与训练。

第四节　教学对策

一、高度重视在物理教学中促进学生对所给予信息的理解水平提高

重视在物理教学中促进学生对所给予信息的理解水平提高，无论对理论、教学实践还是学生整体素质的提高都有很重要的现实意义。

从认知心理学角度来看解决问题的过程首先就是要理解所给予的信息，面对问题情景要迅速而准确地确定问题空间，包括识别出已有的信息与问题的目标状态，把任务具体化为一些可操作的步骤，逐步缩小问题空间。对给予信息的理解深度直接影响到问题解决的进程。面对实际物理问题，学生往往要抽出关键的字句，把实际问题表征为一个理论问题，用科学的语言重新描述，然后用合适的物理规律进行求解。

再从物理教学的实践上可以看出对所给予信息的理解水平制约着学生对问题的解决。解决问题能力强的学生对给予信息的理解水平强，他们能很好地抓住物理本质，建立正确的物理模型。他们对复杂问题具有个性化的特点，不仅是简单任务分解，还有类比和迁移过程。理解水平强的学生往往能变换角度思考，把同一个问题空间表征为不同的形式，而不是按问题的呈现形式直接进行表征。从其表征的方式来看，也是多种多样的，比如可采用图表、曲线和数学方程等，不同的呈现方式也影响学生对给予信息的认知①。理解水平强的学生能抓住物理现象的数学本质，在头脑中形成正确的物理图景。理解水平差的学生容易受给予信息的形式影响，不能正确表征问题或使给予的

---

① 已有的研究发现：不同的呈现方式影响学生对给予信息的认知［参见：陶云，申继亮．不同呈现方式和难度影响图文课本的即时加工的研究［J］．心理学探新，2003，23（2）：26~29］笔者也曾用同一测试卷给高一学生提供同样的物理情景的问题（只是数据不同，但物理过程完全相同）：分别用文本陈述和运动图线表述了质点分别做匀加速度直线运动、匀速直线运动和匀减速直线运动。结果表明做运动图线表述题正确的同学，做文字表述题正确仅有60.3%；而文字表述题正确的同学，做图线题正确的有76%。这一方面说明不同呈现方式对于学生对物理信息理解存在影响，另一方面也说明在相同物理学习内容上不同的信息呈现方式也影响学生对问题的理解，如在运动学的学习中，用运动图线描述物体的运动可能比文字描述更容易在学生的头脑中形成正确的物理图景。

问题变得更为复杂。比如，运动的合成和分解是高中物理中的难点之一，在解决运动学问题时，若不能根据给予的信息选择恰当的参考系，列出恰当的方程，反而会把问题变得更为复杂。

通过对高中学生物理问题解决中对给予信息的理解水平的调查可以看出，学生对所给予信息的理解水平总体来讲不是很高。尽管高中学生在物理问题解决中对给予信息理解已经引起人们的关注，然而，在当前物理教学中普遍仍存在如下两种典型的错误认识：其一，学生理解水平的提高是一种很自然的过程，根本就不用着意培养，学生的学习困难也能自行消除。诚然，从理论上讲，随着学生自我意识的发展和自我教育能力的增强，学生的信息理解水平的提高也有一个自然发展和提高的过程。但事实上，在现实的教育背景下，学生学习知识累积速度远远超过其知识的理解能力自然提高的速度，学生信息的理解能力问题越往后拖其后果会越严重。本研究结果表明，对照班学生的信息理解水平因得不到培养而发展缓慢。这就从反面证明了学生的信息理解能力培养的必要性。其二，提高学生的信息理解水平只需要重复的做题，进行“题海战术”，没有必要着意进行培养。教育实践表明，当高中学生刚刚步入新的学校，面临新的学习环境和学习任务时，在起始年级关注学生对信息的理解水平，提高学生的信息意识，有助于全面实施新的课程标准，从实质上减轻学生的课业负担，同时提高学生分析问题和解决问题的能力。

促进学生在物理问题解决中对信息给予的理解的教学干预，不仅仅是提高物理教育、教学的质量的需要，也是全面提高学生整体素质，促进学生身心和谐、全面发展的需要。从人才培养的角度来看，信息的获取和处理能力是人才获取知识和取得能力的一项基本能力。现代社会竞争的实质是对信息资源的开发与信息的收集、处理、转化的能力的竞争。其中极为重要的是人才内在的信息观念和信息处理的能力。要提高信息收集、处理的能力，必须学会利用各种文献资料，以及其他辅助手段，同时还要有较高的信息筛选和转化能力。

二、多途径、多策略促进学生对给予信息的理解水平提高

《辞海》中对“理解”词条的解释是：“应用已有的知识揭露事物之间的联系，从而认识新事物的过程。”高中学生在物理问题解决中对所给予信息的理解的实质，就是面对问题情景时迅速而准确地识别或转化已有的信息，采取有效的方法达到问题的目标状态。针对学生对不同信息识别和转化的困难，在平时的教学中加强对物理过程或物理概念用不同文字、数学方程、函数图

像等不同呈现方式来表达，并能从不同角度去理解物理意义。从前面调查可知，高中学生对给予信息理解水平的差异是多种多样的。这就决定了促进学生对所给予信息的理解水平提高的教学干预也应该是多种途径和多种教学策略的灵活运用。

学生概念和规律理解的研究一直是发展心理学中的一个重要课题。皮亚杰曾对学生的认知发展作过一些重要的研究，包括学生对物质和社会因果性的认知。他主张学生理解某些概念的能力受学生一般的逻辑演绎发展水平所限，他认为教育实践的影响力是相当大的，特别强调并提倡运用恰当的方式来组织理科学习的做法。

学生信息的理解水平发展状况千差万别，理解水平在维度上构成的复合性以及教育途径和方法的多样化，决定了教师必须多途径、多策略灵活培养学生的信息理解水平。本实验结果表明，以开设专题辅导课、常规课堂教学中的渗透为主，以个别辅导为辅，遵循科学训练方法，能够有效提高学生对所给予信息的理解水平，促进学生分析问题和解决问题能力的提高。从高中生对给予信息理解水平的调查来看，不少学生在物理问题中不善于对给予图形或表格信息进行有效的分析。在教学中要提高学生用不同信息表达物理概念或物理现象的能力，训练学生用口头语表达、书面文字表达、用图示（或图线）表达和数学表达等多种途径培养学生物理问题的表达能力。

总之，在实际的教学中要根据不同学校、不同年级、不同班级、不同个体的差异以及性别等方面的差异进行教学，才能真正达到好的教学效果。笔者对高一学生进行的教学干预实验表明，对学生进行的教学干预越早效果越好。高一年级往往是学生物理成绩发生分化的关键时期，不少学生对物理学习感到困难，特别是在解决物理问题方面遇到不少困难。因此，在高一年级的物理教学中要提高学生对物理的学习兴趣，同时要指导学生学会分析问题的基本方法和步骤。教学中还可以通过实物模型、数学模型和计算机模拟等多种途径促进学生对抽象物理模型的理解，培养学生对物理情景的想象能力和空间想象能力。

三、关注学生对信息的理解水平，提高学生的建模能力

在常规教学中主要通过习题课中练习的讲解渗透对信息给予的理解的关注，使学生掌握分析和解决物理问题的方法。现代心理学的研究和对学生解题过程的分析，揭示了问题解决过程中信息加工的一般规律，促进学生问题解决能力发展的学习方法和自我监控的方法，通过教师的解题示范引导学生

掌握求解物理问题的一般方法。

1. 识别物理题目中给予的关键信息

采取逐字逐句的方式而不是浏览的方式认真读题，首先达到对问题表述的字面理解。若对题目中的个别字句产生理解困难时，可根据上下文的线索进行推测，提出对其意义理解的假设，并对此处的理解保持警觉，注意问题表征中，应用物理知识审查对这些文字的理解是否准确合理。

2. 分析题目中对物理问题有意义的信息

分析题中有意义的信息，提取相应的物理概念用标准的物理术语符号将其表示为已知量（或已知关系）和目标量（或目标要求）。如果某些问题的关键特征是隐蔽的，通常在题目特征分析阶段不容易识别出来，某些已提取的特征和对题目要求的理解也可能出现错误，这些都需要经过在问题表征中通过物理知识的指引才能发现它们。所以应注意在后面的解题过程中来检验它们，或发现新的特征。

3. 激活物理知识，理解题目的物理含义

以所提取的各个物理特征和目标要求为线索，与长时记忆中的各有关物理知识产生联想，激活这些知识。再从这些物理知识出发与题目的问题情景匹配，重新理解题目表述中有歧义的语句，审查所提出的物理知识的适用性，并发现题目中隐蔽的特征变量，或发现新的线索，激活新的物理知识。

在理解题意的过程中，应努力将问题情景与已学习过的物理知识建立联系，而不是脱离物理知识自己重新建立各物理量之间的关系；应防止熟悉的生活经验的干扰，检查对问题的表征是否有充分的物理学科知识的依据；注意严格审查物理知识的适用条件是否得到充分的满足，以免乱套公式。为使问题的表征直观化，减轻短时记忆的负担，可采用画示意图、建立坐标系、画函数图像等直观手段，辅助形成对问题的表征。

4. 要掌握信息的合理转化方法和策略

物理信息的转换包含两个层次的转化：其一是物理学的外部信息与物理学的内部信息，在解决实际问题中对识别后的信息进行加工，把有用的信息转换成所学物理规律或物理概念。把实际情景转化为物理模型就是通过这一转化达到的。其二是物理学的内部信息与物理学的内部信息，比如等效的方法就是一种物理学内部信息之间的转化。

一个具体的物理问题，有着客观的物理情景，解决问题的人从自己的认知水平和已有经验出发，对问题的言语表述、附图所包含的信息进行搜索、选择、分析和组织，产生主观理解，建立关于问题情景的内部表征。如果主观的内部表征与问题的真实情景相适应，则为顺利解决问题提供了先决条件，反之，则会影响解决问题的实效和速度，甚至导致问题无法解决。物理问题解决中对给予信息的理解认知操作的过程如图 3－1 所示：

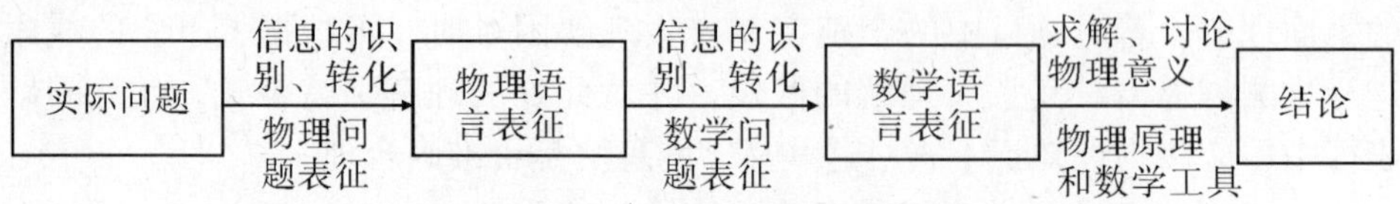

图 3－1　物理问题解决中对给予信息的理解认知操作的过程

运用物理语言来表征实际问题是解决问题的第一步。例如：在单杠上做引体向上时，甲同学两手距与肩同宽，乙同学两手距离大于肩宽，则以下说法正确的是：

A. 甲同学更省力　B. 乙同学更省力　C. 两同学一样费力　D. 无法比较。

学生要把握住关键信息：引体向上，两手距不同。可以这样分析：引体向上时，两手对身体的合力至少等于自身的重力，此题只要比较在两手对身体作用的合力一定的情况下，两手臂夹角不同时，两手的拉力不同。转化为物理语言的表征为：合力一定的情况下，大小相等的两分力的大小随夹角的变化关系是什么？转化后用力的图示法表征这一物理问题，很容易就得到结论。

用数学语言来表征物理问题是教学中的难点。例如：把一个可视为质点的金属块 A，轻轻放到一块在水平地面上向右匀速运动的薄木板上，刚放在木块上时，A 可视为速度为 0，且离左端距离 $d=0.64$ m，A 与木块的静摩擦系数 $\mu=0.2$，A 放上后木块在外力作用下仍做匀速直线运动，问木块的速度应满足什么条件，才可以把木块从金属板上抽出？

d　A

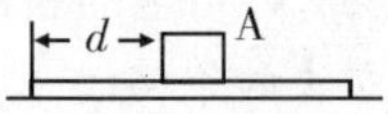

图 3－2

学生要把握关键信息：把木块从金属板上抽出，对这一信息的理解和表征是解决这一问题的关键：

表 3－16　物理信息的理解和表征举例

关键信息	用物理语言来表征问题	用数学语言来表征物理问题
把木块从金属板上抽出	当二者速度相等时，二者的相对位移超过 d	设 A 的速度为 v，运动时间为 t，加速度为 a，当 $v=at$ 时，则 $vt-at^2/2>d$
	当二者的相对位移为 d 时，A 的速度还小于木板	设 A 的速度为 v，运动时间为 t，加速度为 a，当 $vt-at^2/2=d$ 时，则 $v>at$

面对实际物理问题，学生往往要抽出关键的字句，把实际问题表征为一个理论问题，用科学的语言重新描述，然后用合适的物理规律进行求解。解决问题能力强的学生对给予信息的理解水平强，他们能很好地抓住物理本质，建立正确的物理模型，在头脑中形成正确的物理图景。通过调查可以看出，学生对所给予信息的理解水平总体来讲不是很高。尽管高中生物理问题解决中对给予信息理解已经引起人们的关注，然而，在当前物理教学中仍存在如下两种典型的错误认识：其一，学生理解水平的提高是一种很自然的过程，根本就不用着意培养，学生学习困难也能自行消除；其二，提高学生的对物理模型的建构水平只需要重复的做题，进行“题海战术”，没有必要着意进行培养。诚然，从理论上讲，随着学生自我意识的发展和自我教育能力的增强，其信息理解水平的提高也有一个自然发展和提高的过程。但事实上，在现实的教育背景下，学生学习知识的累积速度远远超过其知识理解能力自然提高的速度。在起始年级关注学生对信息的理解水平，提高学生的建模能力，有助于全面实施新的课程标准，从实质上减轻学生的课业负担，促进学生的全面发展。

第四章 知识分类：学习内容的结构分析

从知识分类的角度进行教学，是一种基于科学导向的教学论的视角。新课程实施几年来，教师的教学发生了很大变化。这是一次观课课例和评课之后所写的一篇博文①：

任教于北京某中学的王老师的《光的反射》课例，教授的点评讲了三个重点：第一，教学设计符合课标、学生的学习心理和掌握的资源；第二，教学目标的导向、导学、导教和导测评的作用；第三，科学的教育学理论的指导，基于学生学习心理的教学设计。例如：对物理概念的分析、具体的概念和定义性概念，王老师的课上入射光线、反射光射和法线的定义方法符合这两类概念的学习条件。另外，通过对折纸反映出对称性是认知策略的学习，符合程序性知识的学习特点……这位老师备课时，可能不自觉地运用了具体的概念和定义性概念的学习条件，但有一点可以肯定，有效教学一定是符合学生的学习心理的。新课程的实施需要理论指引和教师实践能力的提升，这样才能解决新课程的实施理念与实践之间脱节的问题。

——从教学学习内容的结构分析做起，确定教学目标、分析学习条件和选择教学策略是教学的重要任务。

① 摘自博文《新课程的实施需要理论指引和教师实践能力的提升——从〈光的反射〉课例想到的》（2012－09－21），见 http：//bywuli. blog. edu. cn。

第一节 知识分类学的理论评述

一、布卢姆教育目标分类学的认识

（一）认知层次的由浅到深

布卢姆教育目标分类学于1959年正式出版（中文版认知领域1986年9月出版）。在这个理论体系中，布卢姆等人将教学活动所要实现的整体目标分为认知、情感、心理运动等三大领域，并从实现各个领域的最终目标出发，确定了一系列目标序列。其中认知领域内的教学目标可分为六类：知识（Knowledge）、领会（Comprehension）、运用（Application）、分析（Analysis）、综合（Synthesis）和评价（Evaluation）。这六个类别的学习目标是按照从简单到复杂的顺序排列的，它们之间形成一个由浅到深的认知层次。其中，领会、运用、分析、综合和评价分别属于智慧技能的不同层次。这一目标分类在教学和考试中的具体含义是：

（1）知识：指对先前学习过的知识材料的回忆，包括具体事实、方法、过程、理论等的回忆，或是对一种模式、结构或环境的回忆，是知识目标最强调记忆的心理过程。知识目标包括“特定事物的知识”、“处理特定事物的方式和手段的知识”、“某一范围内的普遍事理和抽象概念”三个亚类。

（2）领会：指把握知识材料意义的能力。可以通过三种形式来表明对知识材料的领会，一是转换，即用自己的话或用与原先不同的方式来表达所学的内容。二是解释，即对一项信息（如图表、数据等）加以说明或概述。三是推断，即预测发展的趋势。领会超越了单纯的记忆，代表最低水平的理解。

（3）运用：指把学到的知识应用于新的情景。它包括概念、原理、方法和理论的应用。运用的能力以知道和领会为基础，是较高水平的理解。

（4）分析：指把复杂的知识整体分解为组成部分并理解各部分之间联系的能力。它包括部分的鉴别、部分之间关系的分析和认识其中的组织结构。例如，能区分因果关系，能识别史料中作者的观点或倾向等。分析代表了比运用更高的智力水平，因为它既要理解知识材料的内容，又要理解其结构。

（5）综合：是指将所学知识的各部分重新组合，形成一个新的知识整体。它包括发表一篇内容独特的演说或文章，拟订一项操作计划或概括出一套抽

象关系。它所强调的是创造能力，即形成新的模式或结构的能力。

（6）评价：是指对材料（如论文、观点、研究报告等）作价值判断的能力。它包括对材料的内在标准（如组织结构）或外在标准（如某种学术观点）进行价值判断。例如，判断实验结论是否有充分的数据支持，或评价某篇文章的水平与价值。这是最高水平的认知学习结果，因为它要求超越原先的学习内容，综合多方面的知识并要基于明确的标准才能作出评价。

布卢姆的教育目标分类理论所具有的主要特征：

第一，用学生外显的行为来陈述教育目标。制定教育目标是为了便于客观地评价，而不是表述理想的愿望。事实上，只有具体的、外显的行为目标，才是可测量的。比如，有的教师认为教学目的是为了培养学生的能力。这看上去代表了理想的学习结果，但这类目标太笼统了，要确定学生是否已形成能力的证据是极困难的。只有像"形成区别事实与假设的能力"或"培养学生领会课文中各个观念之间关系的能力"这类教育目标，才是可测量的。因此，在制定目标时，不仅要考虑欲达到的理想状态，而且还要考虑是否能对该目标作出客观的评价，否则，制定出来的教育目标是虚设的。

第二，教育目标是有层次结构的。认知领域目标分类包括六个主要类别：知识、领会、运用、分析、综合、评价。情感领域包括五个主要类别：接受、反应、评价、组织、性格化。每个主要类别都包括若干子类别，例如，认识领域中的"分析"包括三个子类别：要素分析、关系分析、组织原理分析。情感领域中的"评价"包括三个子类别：接受价值、偏好某种价值、信奉。

第三，教育目标分类是一种工具，是为教师进行教学和科研服务的。目标分类本身并不是目的，而是为评价教学结果提供测量的手段，同时有助于对教学过程和学生的变化作出各种假设，激发对教育问题的思考。此外，它还有助于消除教师恰当安排各类教学内容，为课程编制提供指导。

布卢姆目标分类从操作上很好地定义了知识和智慧能力，能较好地对学习结果进行测量与评价，有助于消除教学中偏重记忆的弊端。

（二）存在问题

布卢姆目标分类在教育测量和教学评价中发挥了重要的作用，但难以指导教学：

（1）目标的层级作为学习难度的递进关系，明显存在着不合理性；这种层次结构过于简单化、线性化。现实中，这种简单化的层次并不存在。

（2）目标设置的不合理性。如"知识"是一个名词，"知识"、"分析"和"综合"对应的是结果的等级，而"评价"对应的是作出判断的不同准则。

（3）把知识与认知过程混在一起，在教学过程中目标教学操作性存在困难。知识与理智能力是交融在一起的，把知识与理智能力割裂开来是错误的。脱离对知识的理解以及运用能力来谈论知识，是毫无意义的。

（4）这种分类适合较大单元的教育目标，而不适合课堂教学目标。

（三）原因分析

布卢姆的分类学出版后，人们进行了较为广泛的学习和实践，但很快发现这种分类学在基础及理论上存在一定的缺陷，主要有：

（1）未解决对知识的心理本质和如何转化为能力。

（2）这种分类缺乏真正意义上的分类学的理论根基，因而还称不上真正意义上的分类，而只是一教学过关手续详情表，即使算是分类，也只能是个粗略的开端。

（3）由于在布卢姆教育目标分类的研制期间，统治着心理学界的心理学理论是行为主义心理学，因此，这种分类不可避免地受到行为主义心理学的影响，而行为主义心理学已被证明不能完整地反映人的心理，而只能反映人的心理的低层次部分。

二、认知心理学理论的发展与突破

（一）两类知识分类

近40年的研究出现了新的研究成果。赖尔1949年提出陈述性知识和程序性知识，之后被证实。

（1）陈述性知识：是指个人有意识地提取线索，并能直接加以回忆和陈述的知识。陈述性知识主要以命题、图式表征、表象及线性序列为特征和功能。

（2）程序性知识：是指个人无意识地提取线索，只能借助某种作业形式间接推论其存在的知识。程序性知识是一套办事的操作步骤，是关于“怎么办”的知识。程序性知识可分为不同的类型。就用的范围来说，有一般领域与特殊领域的程序性知识；就自动化的程度来说，有自动化的与可控的程序性知识。程序性知识的表征的最小单位是产生式。产生式是所谓条件—行动的规则。

重要区别：陈述性知识是“是什么”的知识，以命题及其命题网络来表征；程序性知识是“怎样做”的知识，以产生式来表征。

（二）加涅学习结果分类

加涅在20世纪70年代中叶提出五大类学习结果的分类。分别从学习发生的途径、学习的形式将人类学习分成五类：言语信息、智慧技能、认知策略、动作技能和态度。这五种习的结果也称五种学习得的性能。这种学习结果分类主要包括认知、动作技能和态度三方面。认知方面包括智慧技能、认知策略和言语信息。

（1）言语信息：也就是信息加工心理学中的陈述性知识。包括名称、符号、事实和原则。考查言语信息是否掌握，必须对一些事实进行提问。

（2）智慧技能：运用概念和规则对外办事的能力，是程序性知识。由简单到复杂，包括四层次：辨别、概念、规则、高级规则。智慧技能的学习是通过呈现许多规则和例子以指导学习者找到正确的答案。可以通过要求学习者解决特定的问题来考查学习结果。

（3）认知策略：是一种特殊的智慧技能。对这种技能的教学方法是演示或说明策略后，学习者进行练习，一旦学习者熟悉了一个问题，新的问题要呈现，以帮助学习者将策略迁移，或者评价学习者对策略的掌握。

（4）动作技能：是概念和规则对人的行为控制，属于程序性知识。反复练习是掌握这种技能的关键。可以通过完成任务的时间或者精确性来测试对动作技能的掌握。

（5）态度：影响个人选择行动的内部状态。

这五类学习代表了个体所获得的所有学习结果。教学的设计和安排上的差异是由于学习结果的类型及其学习条件不同。加涅认为人类的学习活动受内部和外部两大类条件制约。内部条件是指以前习得的知识技能、动机和学习能力等。外部条件是指输入刺激的结构和形式，不同的学习才能和学习内容需要不同的外部条件。加涅认为教育是学习的一种外部条件，其成功与否是在于是否有效地适合和利用内部条件。学习的每个阶段都有其各自的内部心理过程和影响它的外部事件。教学就是遵循学习者学习过程的这些特点，安排适当的外部学习条件。例如物理学习中“功”的概念学习，“功＝力×距离”这一规则，必须先掌握什么是“力”和“距离”。只有先掌握了这两个概念，才能进一步掌握这两个概念构成的规则。因此，这两个概念的掌握乃是该规则学习的内部条件。而由“力”和“距离”到“功＝力×距离”这一规则运用，要有一套“操作步骤”提供给学习者，这就是外部条件。加涅揭示了五种学习结果的内部条件和外部条件（表4－1），可供我们教学设计时参考。

表 4－1 五种学习结果的必要条件和支持性条件

学习结果分类	内部条件	外部条件
言语信息	先前习得的言语信息—套“有意义组织”结构的信息	先前习得的言语信息与“有意义组织”结构的关联作用
智慧技能	技能的回忆 技能的构成成分（规则、概念、辨别）	言语指令方式，简单技能组合 操作步骤
认知策略	回忆与任务相关的智慧技能、言语信息	练习策略的机会
动作技能	回忆（或预学习）执行子程序 回忆组织整体的部分技能	练习技能的机会
态度	具备适合某种行为能力（智慧技能、言语信息等）对榜样的敬意	人类行为的榜样

教师是教学设计者和管理者，也是学生学习的评价者，他担负发动、激发、维持和提高学生的学习活动的教学任务。加涅的学习条件论提醒教师，提高教学质量要重视学习者的外部条件，并应创造良好的教学环境和条件。加涅认为不同的学习结果导致了教学在操作水平上的差异即教学技术的差异，表 4－2 是五种学习结果的差别教学案例。

表 4－2 五种学习结果的差别教学：通知学习者目标①

加涅学习结果分类	教学技术（通知学习者目标）
言语信息	说明学习者将阐明什么
智慧技能	说明活动的概念、规则或应用过程
认知策略	描述或说明这个策略
动作技能	说明所期待的操作
态度	学习者以后被告知

布卢姆的认知领域与加涅的认知领域在用词上和所涉及的范围上完全一

① R. M. 加涅．学习的条件和教学论［M］．皮连生等译．上海：华东师范大学出版社，1999. 248.

致，布卢姆讲的情感即加涅讲的态度。加涅在动作之后加“技能”两字也是意指此处的技能是后天的学习结果。

（1）两个分类系统都是对教育目标进行分析，加涅所说的学习结果，实际上就是布卢姆所说的教学目标。

（2）两个分类系统都包括了知、情、动作三个方面，体现了学生心理结构的全面发展。

（3）这两个分类系统都重视在认知领域进行较为深入的研究。从认知领域来看，它们都把知识与智慧技能区分为两类不同性质的学习结果，而且智慧技能均被排成由低到高的阶梯。

表 4－3　加涅与布卢姆教育目标分类的比较

加涅的分类系统	布卢姆的分类系统
（一）认知：1. 言语信息 2. 智慧技能 辨别 概念 规则 高级规则 3. 认知策略	（一）认知：1. 知识 2. 智慧技能与能力 了解 运用 分析 综合 评价
（二）动作技能	（二）动作技能
（三）态度	（三）情感

对加涅与布卢姆教育目标分类的比较可知，它们的不同之外是认知领域内容各亚类的划分标准和目的不同，故此对教学设计也有不同的意义。

（1）加涅重视对学习结果进行分类，即重视教育的终极目的，而布卢姆却重视动态的教学过程，并把教育目标视为动态的。布卢姆的教育目标分类理论对教学设计的意义首先表现在哲学层面，即教学设计不仅是客观的、外显的、可测的，而且是动态的，教学设计必须考虑教学过程的动态因素。其次，布卢姆的教育目标分类对教学设计的意义在于，教学设计不仅要考虑学生的心理结构，而且还要考虑教师的心理结构。比如，教师的期待对学生学习的影响等。

（2）加涅把学习的认知结果分为语言技能、智慧技能和认知策略三大类。

各类学习结果之间有区别，也有联系，但没有高低之分。加涅对语言技能和认知策略的论述虽然能给人某些启示，但这并非他的独创，甚至他也未讲得非常清楚。他的分类系统的独到之处是把智慧技能分成由多个层次组成的阶梯。加涅认为，智慧技能是人们利用符号处理环境或做事的能力。人们运用符号的能力水平是不同的。运用加涅的分类系统有助于分析教学目的。虽然布卢姆的分类系统便于指导教师全面描述教学目的和评定教学质量，但这个系统并未告诉教师认知和能力是怎样形成的。因此，它不能指导教师用什么方法，或创设什么条件帮助达到各种水平的智慧技能。加涅的系统恰好在这一方面弥补了布卢姆分类系统的不足。

（三）知识的定义

我们常说的“知识与技能”是什么？

传统教学论上经常讲的“知识与技能”可以认为：知识——陈述性知识即“言语信息”，技能包括三类：智慧技能、认知策略和动作技能。

我们常说的“知识与技能”＝“广义的知识”。

知识包含广义的知识和狭义的知识。

狭义的知识：与陈述性知识的概念一致。

广义的知识：包括了知识和技能（包括陈述性知识、程序性知识和认知策略），即加涅学习结果中的“广义的知识”＝“言语信息”＋“智慧技能”＋“认知策略”＋“动作技能”。

知识与技能是教育学中最常用的两个概念。但在加涅之前，这两个概念一直未得到科学解释。加涅所区分的五种学习结果实际上对知识和技能作了划分。这可以从当代信息加工心理学对知识和技能的分析中得到证明。我们常用的知识概念实际上是加涅讲的言语信息，也就是信息加工心理中的陈述性知识。在加涅看来，技能可分为三类：第一类是智慧技能，即运用概念和规则对外办事的能力；第二类是认知策略，即一种特殊的智慧技能；第三类为动作技能，即身体和肌肉协调的能力。三类技能的本质都是概念和规则对人的行为控制。信息加工心理学则用程序性知识来解释一切习得的技能。

表 4-4　加涅学习结果分类与信息加工心理学知识分类比较

加涅学习结果分类	信息加工心理学知识分类
言语信息	陈述性知识
智慧技能	程序性知识
认知策略	策略性知识
动作技能	程序性知识
态度	

由表 4-4 可见，加涅的言语信息就是信息加工心理学中的陈述性知识。加涅的智慧技能可以用信息加工心理学的程序性知识来解释。加涅认为，认知策略是一种特殊的智慧技能。一般的智慧技能是运用概念和规则对外办事的能力，认知策略这种特殊智慧技能则是运用概念和规则对内调控的能力。信息加工心理学认为，认知策略的本质是程序性知识支配了人的认知行为，可以用策略性知识来解释。也就是说，策略性知识是一种特殊的程序性知识。可见信息加工心理学的策略性知识概念与加涅的认知策略的概念是一致的。加涅认为，动作技能是一套规则支配了人的肌肉协调，信息加工心理学则用程序性知识来解释动作技能，两者没有实质性差异。

直到现在，我国教育学教科书中所使用的知识概念仍是哲学层面的，尽管哲学层面的知识概念并没有错误，但难以具体指导我们的教学实践。

（四）从广义的知识学习模型到课堂教学过程模式

对广义的知识学习的直接研究成果是广义的知识学习模型。加涅把人的学习过程等同于电脑对信息的加工处理过程。在他的学习理论中，要点是：注意、选择性知觉、复诵、语义编码、提取、反应组织、反馈（电脑加工信息的步骤环境—接收器—登记—编码—反应器执行监控—效应器—环境）。他提出九步教学法：

①引起注意；

②告知目标；

③刺激回忆先决条件；

④呈现刺激材料；

⑤提供学习指导；

⑥引出行为；

⑦提供反馈；

⑧评价行为；

⑨促进保持与迁移。

加涅认为学习这九个阶段可分为三个部分，即准备、操作和迁移。加涅认为学习的过程就是一个信息加工的过程，学习是学生与环境之间相互作用的结果。学习过程是由一系列事件构成的，主要表现为内部过程，而这种内部过程与构成教学的外部事件是紧密联系在一起的，通过教学和教学设计就能够有效地促进学习事件的发生、促进学生的内部过程。加涅把学习过程分为九个阶段，教学设计与之一一对应，如表4-5所示。

表4-5 内部过程及其相应的教学事件、行动例子①

内部过程	教学事件	行动例子
接收	引起注意	使用突然的刺激变化
预期	告知学习者目标	告诉学习者在学习之后，他们将能够做些什么
提取到工作记忆中	刺激回忆先前的学习	要求回忆先前习得的知识或技能
选择性知觉	呈现刺激	显示具有区别性特征的内容
语义编码	提供“学习指导”	提出一个有意义的组织
反应	引出行为	要求学生表现出行为
强化	提供反馈	给予信息反馈
提取和强化	评价行为	要求学习者另外再表现出行为并给予强化
提取并概括化	促进保持和迁移	提供变化了的练习及间时复习

加涅的课堂教学过程模式反映了这样一种思想：教师的教学是为了给学生的学习提供外部条件，因此研究学习便给教学理论提供了基础，而教学理论应为教师规划教学和开展教学活动提供指导。加涅首先分析了学习的信息加工模型，从而提出相应的学习过程；其次又根据学习过程的不同阶段提出了九个教学事件，使教师的教学过程“有法可依”。加涅的课堂教学过程模式科学地沟通了我国的课堂教学过程模式学习与教学之间的关系，改变了学生

① R. M. 加涅．学习的条件和教学论［M］．皮连生等译．上海：华东师范大学出版社，1999. 247.

难学、教师难教的状况。

教学事件是与学习者学习过程相对应，有效促进学习的一些外部教学活动，如引起注意、告知学习者目标、激活相关的原有知识、呈现刺激材料、提供学习指导、引发学习行为、提供反馈、评估学习行为、促进记忆与迁移等九类活动。加涅的课堂教学过程模式科学地沟通了学习与教学之间的关系。

我国学者皮连生教授应用“广义的知识学习模型”提出了相应的课堂教学过程模式。皮连生“六步三段两分支”课堂教学过程模式，见图 4－1。左侧是陈述性知识的教学过程，右侧是程序性知识的教学过程。

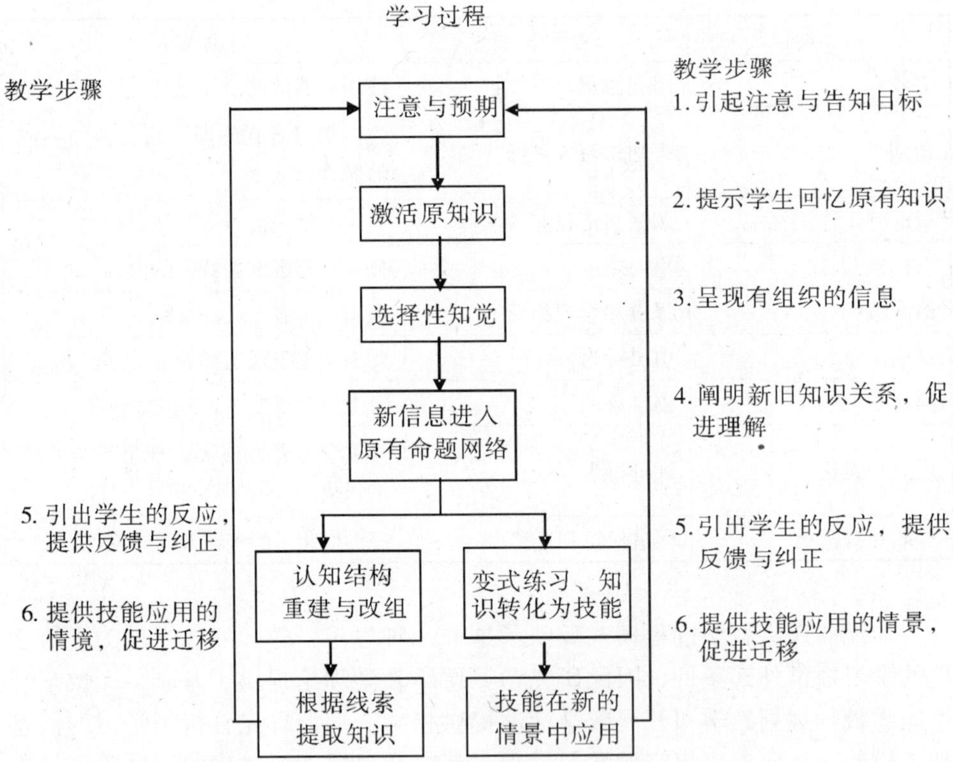

学习过程

教学步骤（左）：
5. 引出学生的反应，提供反馈与纠正
6. 提供技能应用的情境，促进迁移

学习过程：
注意与预期 → 激活原知识 → 选择性知觉 → 新信息进入原有命题网络
→ 认知结构重建与改组 → 根据线索提取知识
→ 变式练习、知识转化为技能 → 技能在新的情景中应用

教学步骤（右）：
1. 引起注意与告知目标
2. 提示学生回忆原有知识
3. 呈现有组织的信息
4. 阐明新旧知识关系，促进理解
5. 引出学生的反应，提供反馈与纠正
6. 提供技能应用的情景，促进迁移

图 4－1　“六步三段两分支”课堂教学过程模式

“六步三段两分支”课堂教学过程模式着眼于师生的双向互动，反映了知识分类学习的思想，并能清楚地解释基本课型的结构。

根据“六步三段两分支”课堂教学过程模式的教学过程模式和教学目标，我们可对现行的各种课型进行分类。

（1）根据广义知识的分类，我们可以区分三种不同类型的课：

①以陈述性知识为主要目标的课，如讲述物理学事件、物理数据和符号等，实际上中学物理少数课属于此类。课堂教学步骤可用一至四步加上五及六步。

②以程序性知识为主要目标的课，如物理概念和规律等，大多数教学内容属于此类。课堂教学步骤可用一至四步加上七及八步。

③以策略性知识为主要目标的课，如专题课或实验探究课。在目前的教学实践中，许多教师把以策略性知识为主要目标的物理课教成以陈述性知识为主的课，结果学生记忆了概念、公式，却不会应用概念、公式。由于策略性知识是程序性知识的特例，因此，以策略性知识为主要目标的课也是以概念和规则的教学为主，其课堂教学步骤也是用一至四步加上六及八步，不同的是要侧重第八步。

（2）根据知识掌握的阶段，我们可以划分以下三种类型的课：

①新授课，即以知识理解为主要目标的课。这类课在中小学所占的比例最大。这类课的教学步骤一般只要求一至四步。

②复习课，即以陈述性知识的巩固为主要目标的课。这类课的教学步骤一般只要求第一步和第五步。此类课以学生的活动为主。

③练习课，即以促进陈述性知识向程序性知识转化为主要目标的课。这类课的教学步骤一般也只要求第一步和右侧第六步。此类课以学生的活动为主。

④检测课，即以知识的应用或检测为主要目标的课。此类课一般是在一个大的教学单元之后或期中、期末进行的。不同类型的知识要求学生作出反应的性质不同。而且，同一类型的知识处于学习的不同阶段也要求学生作出不同反应。对于此类课，教师主要采取教学步骤中的第七、八步。根据学习类型和阶段，教师设计适当的测试形式和内容，以便检测是否达到教学目标。

三、安德森等对布卢姆教育目标分类学的修订

《学习、教学和评估的分类学》是安德森等学者对布卢姆认知领域教学目标的修订版，它是由教育心理学家、课程与教学专家、测量评价专家组成的专家组与中小学教师合作完成的。安德森等的《学习、教学和评估的分类学》是对布卢姆教育目标分类学的修订，吸收了加涅的学习结果分类思想，也吸收了信息加工学陈述性知识和程序性知识划分的思想，以及新近发展起来的反省认知知识理论。在目标分类体系上，由原来的一维分类体系，把学习内

容（名词）和学习行为（动词）区别开来，对认知领域的教学目标按知识维度和认知过程的两个维度进行了重新的梳理和整合。

二维体系：

（1）知识维度：事实性知识、概念性知识、程序性知识和反省认知知识。

（2）认知过程维度：记忆、理解、运用、分析、评价和创造。

表 4－6　安德森的框架与赖尔的两种知识分类和加涅的分类比较

<table>
<tr><th>信息加工心理学知识分类（以赖尔理论为基础）</th><th colspan="2">加涅学习结果分类</th><th>安德森知识分类</th></tr>
<tr><td>陈述性知识
个人有意识地提取线索，而能直接加以回忆和陈述的知识。陈述性知识主要以命题、图式表征、表象及线性序列为特征和功能</td><td colspan="2">言语信息
名称、符号、事实和原则</td><td>事实性知识
1. 术语知识
2. 具体细节和要素的知识</td></tr>
<tr><td rowspan="3">程序性知识
个人无意识地提取线索，只能借助某种作业形式间接推论其存在的知识。就使用的范围来说，有一般领域与特殊领域的程序性知识；就自动化的程度来说，有自动化的与可控的程序性知识。程序性知识的表征程序性知识的最小单位是产生式。产生式是所谓条件—行动的规则</td><td rowspan="3">智慧技能</td><td>辨别</td><td></td></tr>
<tr><td>概念
具体概念
定义性概念</td><td>概念性知识
1. 分类或类目的知识
2. 原理和概念的知识
3. 理论、模型和结构的知识</td></tr>
<tr><td>规则：运用符号（如语言符号和数学符号）的事情
高级规则（问题解决，一些较简单的规则结合在一起形成的较复杂的规则）</td><td>程序性知识
1. 具体学科的技能和算法的知识
2. 具体学科的技术和方法的知识
3. 决定何时运用适当程序的标准的知识</td></tr>
<tr><td>策略性知识</td><td colspan="2">认知策略
控制学习（保持和思维）过程的各种方法</td><td>反省认知知识
1. 策略性知识
2. 包括情景性的和条件性的知识在内的关于认知任务的知识
3. 自我知识</td></tr>
</table>

从表4－6的比较可以看出：在陈述性知识方面三者的意思基本相同，从心理机制来说是直接加以回忆和陈述的知识，体现为某种符号和具体细节。程序性知识在这三方面有较大的差别，加涅把“辨别”能力作为智慧技能的基础，根据其心理运算复杂性的次序依次是：辨别、概念、规则和高级规则。这些小类是相互关联的，较复杂的技能需要较简单的技能作为其学习前提。安德森把“概念性知识”从程序性知识中剥离，“程序性知识”专指学科“程序”的运用，从信息加工心理学知识分类来看特殊领域的程序性知识。可以看出，加涅和安德森两种分类的基础是相同的，都是以认知心理学两类知识分类为基础。安德森分类学的出发点是根据人的认知规律对学习目标分类，是从心理学的角度考虑在什么阶段向学生输入什么样的教学信息。加涅学习结果分类以学生学习会产生什么样的信息输出为出发点设计教学目标，更注重反馈的作用。因为学习结果本身就是信息反馈。在加涅看来，学习与记忆的信息加工过程是密切联系在一起的。原因是不断地反馈，使信息流在学习者与环境之间形成一个环路，两者不断地相互作用。反馈是学习的最后阶段，这是通过强化过程发生的。加涅说，一个学习活动为了它的完成，需要一种自动的或者设计造成的反馈。当反馈是由操作本身提供的时候，它是自动的。教师们的主要作用，是以信息反馈的形式，提供人为的强化物。虽然后两种分类系统出发点不同，但殊途同归，有异曲同工之妙，都有助于导学导教，是指导学习目标设计的很有实用价值的学说。

第二节 新课程“三维”目标的重新认识

一、“三维”目标是什么“目标”

新课程标准上写的是课程“具体目标”，是不是与通常说的教育目标、教学目标相同？目标水平分为总体的、教育的和教学的。

表 4－7　总体目标、教育目标和教学目标之间的关系

	目标水平		
	总体的	教育的	教学的
范围	宽泛	中等	狭窄（具体）
学习所需时间	一年或更长	几周或几个月	几个小时或几天
目的或功能	提供远景	设计课程	准备课时计划
适用的例子	计划多年课程	计划教学单元	计划日常教学

问题：那么“三维”是哪个目标水平？

目前“三维”目标已广泛运用于各种教学设计。而实际上教师往往把宽泛的“教育目标”用于课堂教学的“教学目标”，使目标的导向失效。另一方面，如何陈述目标也存在相当多的问题，其结果是使“目标”不具有可观察性、可测性。还有很多这样的问题有待我们去发现并解决。

二、新课标下教学目标陈述的问题

【例 1】竖直方向上的抛体运动（A 教师　单位：某中学）

★知识与技能

①知道什么是竖直下抛运动，能从运动的合成角度，知道竖直下抛运动可以看成在同一直线上哪两个分运动的合运动；

②知道什么是竖直上抛运动，能从运动的合成角度，知道竖直上抛运动可以看成在同一直线上哪两个分运动的合运动；

③理解处理上抛运动的两种思路和方法。

★过程与方法

通过对物体做竖直上抛和竖直下抛运动的研究，提高学生用合成思想分析运动的能力。

★情感、态度与价值观

使学生学会在日常生活中善于总结和发现问题。

【例 2】竖直上抛运动（B 实习生　单位：某师范大学）

★知识与技能

①理解竖直上抛运动的概念；

②掌握并能运用竖直上抛运动的特点及规律。

★过程与方法

运用匀变速直线运动规律分析竖直上抛运动。

★情感、态度与价值观

通过与自由落体运动类比，体会如何从现象认清事物的本质。

★存在的问题

①把三维目标严重割裂；

②目标不具操作性、可测性；

③目标不明确：哪些是知识的？哪些是反映技能的？

④用词不准确。

【分析】

例1，目标1、2教学目标定位在“知道”，也就是“识记”，这样会导致教学活动设计出现误区，从分类学角度是属于“事实性知识”的学习，用回忆和再认为主要的学习手段，考查这种信息是否掌握，必须对一些事实进行提问。这在教学上是错误的，甚至是有害的。

目标3“理解……的思路和方法”，对程序性知识来说，认知过程的定位是不准确的。一般来说，教学的目标至少是“应用”才行。

目标4把程序性知识独立在过程目标中，而不是知识和能力维度。

目标5中“类比”是“理解”的子类，而“善于总结和发现问题”作为情感目标太空泛，没有实际的意义。

例2大体上与例1类似，“三维”目标很完整，但同样缺乏可操作性。

教学目标的陈述要求内容具体，并具有可操作性和可测性。如教学目标表述时，尽量用分类学规范的语言进行陈述。例如：

《声音的特性》教学设计

教学目标分析

1. 学生能用自己的语言说出什么是频率。(解释概念性知识目标)

2. 学生能列举相关事实，说出发声音的音调跟发声体的频率有关。(解释事实性知识目标，说出声体的频率变化时，频率如何变化)

3. 学生能用自己的语言说出什么是响度。(解释概念性知识目标)

4. 学生能列举相关事实，解释声音的响度跟发声体的振幅有关。(解释事实性知识目标，说出发声体的振幅变化时，响度如何变化)

5. 学生能根据不同声音的波形图，解释发出声音的音色不同。或从不同乐器的音乐中，感觉声音的音色不同。(执行程序性知识，能根据规则进行判断)

6. 学生能选择器材，设计“音调与频率有关”的探究实验，并执行控制

变量法进行实验。（反省认知知识目标和程序性目标，能设计实验，实验方法的运用）

这里的“说出”、“列举”和“解释”表示理解的行为动词，“设计”是表示创造的行为动词，“执行”是运用的行为动词，教学评价和检测的目标也很明确。有关教学目标和教学活动设计的重构将在本章第三节进一步讨论。

三、“三维”目标的异化

从教学层面，教师脱离具体的内容和特定情景，孤立地、人为地、机械地把知识和技能、过程与方法、情感态度价值观目标割裂开作为一节教学目标。这种教学目标往往是空洞无力的，因而也是低效或无效的。教师或像讲解知识一样，把情感、态度、价值观直接教给学生，这种教育不会成为有效的教育，对学生的发展也不可能产生积极的作用。

要正确理解三维目标的内涵，认清三维目标之间的关系。过程与方法、态度情感与价值观不是游离于知识之外的，也不是凌驾于知识之上的。教学应该从“知识与技能、过程与方法、态度情感与价值观”三方面综合考虑。态度、情感与价值观不只是每一节课刻意追求的，而是整个课程设计的总体价值观、课程改革的终极价值观。所以我们不能也不应该用知识与技能、过程与方法、态度、情感与价值观的要求来衡量每一节课，教学过程中，这三个目标应该整合起来。

从技术层面看“三维”目标的形式化，最终将成为虚无化，严重误导教学活动设计。原因可能是：

第一，布卢姆原理论的操作性存在问题，没有相应的理论与新课标的“三维”目标相配套。其中，安德森修订版中文版晚于原著，2008 年 9 月才出版，国内一线教师（包括学者、教研员）学习和认识明显不足。

第二，在操作上，加涅的理论相对较早地介绍到国内，但理论有一定深度，使得一线教师不易掌握。

对于“三维”目标异化，需要在理想目标和现实教学中找到一个结合点。因此，有必要从国家课程标准教育目标分类学体系，重新理解“三维”目标的落实，如何根据物理教学内容，确定一节课的教学目标，甚至是中学阶段的物理教育目标。

四、国家课程标准教育目标分类学体系的重新认识

在新课标实施过程中，一线教师普遍存在一些困惑：

第一，“三维”目标“知识与技能”、“过程与方法”、“情感、态度与价值观”的描述过于笼统，没有细化。教师实际难以根据“三维”目标制定教学目标，即使制定出了，对教学实际作用也不大。

第二，“知识与技能”、“过程与方法”、“情感、态度与价值观”存在什么样的关系，是不是每堂课教学都要完成对应的“三维”目标。

为了解决目前国家课程标准教育目标分类的问题，有学者在考查已有的分类学成果的基础上，继承布卢姆教育目标分类学的精华，并吸取其他分类学的优秀成分和元素，形成我国国家课程标准教育目标分类学三维体系。

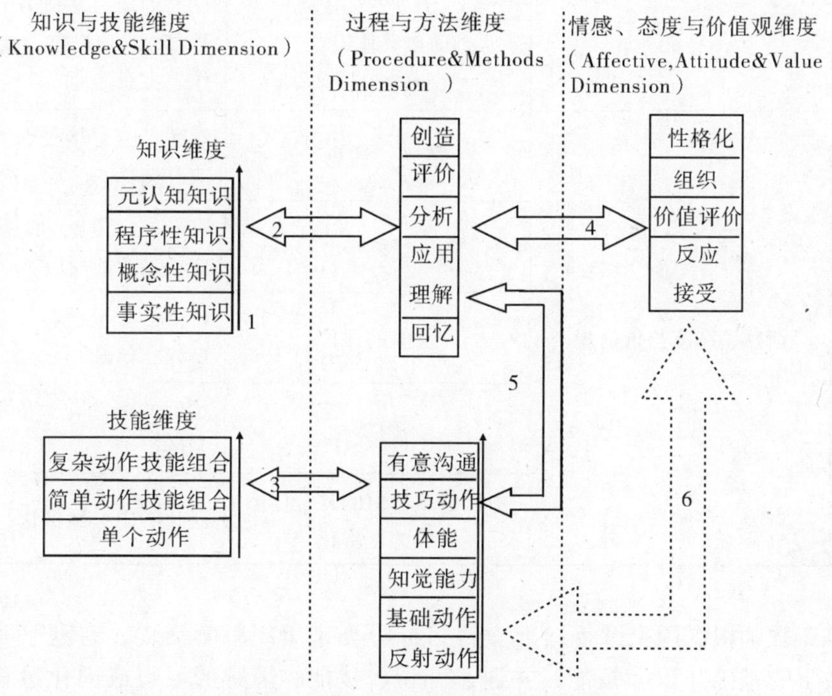

图4－2 国家课程标准教育目标分类体系初探①

① 黎加厚．新教育目标分类学概论［M］．上海：上海教育出版社，2010. 195.

黎加厚等国家课程标准教育目标分类学体系，把“知识与技能”中的“技能”仅指动作技能，而把智慧技能与知识合并，在操作上也是可行的。三个维度中“过程与方法”作为连接“知识与技能”、“情感、态度与价值观”的桥梁。实际上是通过“过程与方法”落实“知识与技能”、“情感、态度与价值观”，其教育目标的框架如表4-8所示。

表4-8　国家课程标准教育目标分类一览表

维度	类别	过程与方法
知识	事实性知识	回忆、理解、应用、分析、评价和创造
	概念性知识	
	程序性知识	
	反省认知知识	
技能	单个的动作	反射动作、基础动作、知觉能力、体能、技巧动作、有意沟通
	简单动作组合	
	复杂动作组合	
情感、态度与价值观	接受（注意）	觉察、愿意接受、有控制或有选择的注意
	反应	默认的反应、愿意的反应、满意的反应
	价值的评价	价值的接受、某一价值的偏好、信奉
	组织	价值的概念化、价值的体系的组织
	由价值或价值的复合体形成的性格化	泛化心向、性格化

教师根据国家课程标准教育目标分类来组织教学活动，有利于明确学科教学的基础知识和技能，并通过知识、技能、情感的习得或内化过程，培养学生分析问题、解决问题的方法，发展理智技能的身体技能，促进学生情感和价值观的培养。

第三节 教学目标的分类学视角与教学活动设计的重构

一、知识分类理论教学价值

在教育目标分类学领域，影响范围最大的当数布卢姆教育目标分类学。自1959年《教育目标分类学（认知领域）》出版以来，至今仍有很大的影响。近年来，随着脑科学和学习本质的进一步研究，世界范围的教育改革迅猛发展，教育目标分类学领域的理论处于不断创新和完善之中。2001年，马扎诺（Robert J. Marzano）等发表了新的教育目标分类学。同时，针对布卢姆教育目标分类学存在的局限性，2001年安德森等学者对布卢姆教育目标分类学进行了修订。

安德森等学者对布卢姆认知领域教学目标的修订版、对认知领域的教学目标按知识维度和认知过程的两个维度进行了重新的梳理和整合，具有很强的操作性，解决了长期困扰我们的有关知识与教学内容区别、教学目标陈述等问题。分类框架中，知识维度包含：事实性知识、概念性知识、程序性知识和反省性知识；认知过程维度包含：记忆、理解、运用、分析、评价和创造。表4-9、表4-10采用物理学科举例，分别对知识维度与认知过程维度进行说明。

表4-9 知识维度

维度	解释	二级分类	物理学科例子
事实性知识	学生掌握一门学科或解决其中的问题所必须知道的基本要素	术语知识	物理量的符号、单位
		具体细节和要素的知识	分子大小数量级、物理常数的数值等；光电效应的实验结果

（续上表）

维度	解释	二级分类	物理学科例子
概念性知识	能使各成分共同作用的较大结构中的基本成分之间的关系	分类或类目的知识	运动的分类、核反应方程的类型
		原理和概念的知识	牛顿运动定理、法拉第电磁感应定律；功的概念
		理论、模型和结构的知识	质点、单摆模型、匀变速直线运动规律
程序性知识	如何做什么，研究方法和运用技能、算法、技术和方法的标准	具体学科的技能和算法的知识	矢量的合成与分解法则
		具体学科的技术和方法的知识	受力分析的方法
		决定何时运用适当程序的标准的知识	用于确定何时运用涉及牛顿第一定律的程序的标准
反省认知知识	一般认知知识和有关自己的认知的意识和知识	策略性知识	把画出运动过程、受力情况草图作为解题的手段的知识，运用启发式方法的知识
		包括情景性的和条件性的知识在内的关于认知任务的知识	测验类型的知识，不同任务有不同认知需要的知识
		自我知识	知道自己解决物理问题的长处和短处；对自己知识水平的意识

表 4－10　认知过程维度

维度	解释	行为动词	替代名称
记忆	从长时记忆系统中提取有关信息	再认、回忆	识别、提取
理解	从口头、书面和图片传播的教学信息中建构意义	解释、举例、分类、概要、推论、比较、说明	澄清、释义、描述、转换表达、概括结论、外推、内推、预测、对比、建模等

（续上表）

维度	解释	行为动词	替代名称
运用	给定的情境中执行或使用某程序	执行、实施	贯彻、使用
分析	把材料分解为它的组成部分并确定各部分之间如何相互联系以形成总体结构或达到目的	区分、组织、归属	辨别、区别、集中、选择、连贯、概述、列提纲、画草图，结构化、解构
评价	依据标准或规格作出判断	核查、评判	协调、探测、监测、检测、判断
创造	将要素加以组合以形成一致的或功能性的整体；将要素重新组织成为新的模式或结构	生成、计划、建构	假设、设计、建构

运用修订后的教学目标分类框架，能很好地帮助教师、学习者和评价者。教学目标作为教学活动的目的时，通常包括“要学什么”和“要做什么”两方面的内容。认知领域教学目标的知识维度表述为所教物理知识的类别，认知过程维度，表述物理的教学行为。当教师在运用这个框架进行教学活动设计时，以二维矩阵的形式，将知识和认知目标维度填入表格，每个交叉的结合点就是教育目标指导实践的应用之地。教师通过确定所教知识的类别及其认知的目标，通过教学活动的设计达到相应的教学目标。

一般情况下，教师往往会认为对于相同的教学内容，所学知识类别总是确定的。但通过具体的案例分析，我们发现，即使相同的教学内容，使用相同教材、相同章节内容进行教学，往往效果是不一样的，原因之一就是教师对教学内容中所教知识类型的认知存在差异。运用教育目标分类学能很好解释，由于教师对教学内容认知的差异，使教学目标的确定存在偏差，根据教学目标来设计教学活动等存在问题。

二、教学目标和教学活动设计的分析与重构案例研究

（一）《竖直上抛运动》课例

以下案例真实反映出教师对所教知识类型的理解，对教学效果的不同影

响。这里介绍的三位老师的课题都是《竖直上抛运动》，使用相同教材（《物理（必修2）》，粤教版，2010年7月版，第10～13页），W是从教20多年的教师；L是刚评上中学高级职称的中年教师；Z教龄不长，是中学一级教师。研究者观课后与教师座谈，了解教师是如何确定教学目标的，通过观课记录下教师的教学过程。显然，对相同教材不同教师看法会有不同，但对知识的分类不同是难以令人相信的；每位老师对于学生在要学习什么知识方面也有不同的观点（也就是学习期望不同），但从中不难发现，教师所强调的教学目标怎样，会直接影响教师所采取的教学策略。三位老师观点如下：

W老师认为本节课要学生知道什么是竖直上抛体运动（竖直上抛体运动具有向上的初速度，加速度是重力加速度），知道竖直上抛体运动是一种匀变速直线运动，知道竖直上抛运动规律，知道可分解成竖直方向上的匀速直线运动和竖直方向的自由落体运动。在分析处理上可以用分步法和整体法去解决，特别强调整体法是把整个过程当作匀变速运动，以竖直向上为正方向，以抛出点为参考系（的原点）。教学重点是匀变速直线运动的概念和规律，难点是整体法。这节课，教师确实“完成”了教学目标，但基本上整节课都只是由教师进行讲授。

L老师先从竖直下抛运动出发，与自由落体运动进行比较，共同特点是只有重力作用，加速度为g，让学生比较写出初速度、速度公式、位移公式和$v-t$图像。然后，分析竖直上抛运动，比较上升阶段和下降阶段的关系，运用匀减速运动和自由落体运动公式计算最大高度、上升时间和下降的时间。讨论后，认为运动有对称性，指出加速度没变，可用整体法，教师直接写出运用整体法的速度和位移公式。最后，教师让学生做书上的例2（已知高度和上抛的初速度，求落地速度和时间），做完后教师问学生是分步法好用，还是整体法好用，学生自然说是分步法，教师大失所望。快下课时，教师对教学内容进行小结，板书了竖直上抛运动的几个特征量：上升最大高度、上升和下降的时间以及同一位置的对称性（时间和速度）。

Z老师认为主要让学生参与教学过程。她拿粉笔演示竖直上抛运动，观察和分析得出竖直上抛运动的运动性质，具有向上初速度，加速度为重力加速度的匀变速直线运动。在处理方法上先讲采用分步法，教师指导学生运用匀变速直线运动规律求出上升高度、上升时间和下落时间。然后，让学生看课本上的例1（已知初速度，求上升高度和时间、下落时间和落回的速度），比较与讨论，分析上升时间和下落时间，落回的速度与上抛的速度，得出相应的结论。然后，教师口述训练题，给定物体一个初速度为20m/s抛出，计算物体运动 1 s、3s 、5s 末的速度和位移。让三位同学上讲台板书，写出解题步骤，教师集中进行点评，马上发现了物理量的符号代错，计算出时间为负值等。还没有讲到整体法，就已下课了。

W 老师教学经验相当丰富，认为教学的重点和难点是教学最为关注的问题。但教师个人的讲解太多，整节课老师把板书写了满黑板，包括竖直上抛运动概念、规律和处理方法等，学生缺少相应的训练。L 老师教学的关注点比较散，教学的重点把握不准，从教学过程和小结看出，似乎教学的重点是讨论竖直上抛运动的几个特征量；另外，前面对竖直下抛与自由落体的规律讨论，与后续的内容好像没有直接的联系，没有很好地运用已学的知识进行迁移。Z 老师计划性不强，没有完成教学内容（整体法），原因是教师与学生共同分析得出上升高度、上升时间和下落时间后，又让学生重复做情景几乎一样的练习题，使教学时间没得到充分利用，教学效率不高。教师在教材的使用上不能与自己整体的教学思路整合起来考虑。

（二）教学目标的分析

W 老师认为本节课教学的知识是概念性知识（竖直上抛运动的概念、竖直上抛运动规律），故在教学方法上采用以教师讲授为主，忽略学生认知过程的理解，我们知道要通过概念的理解和规律的应用，才能使学生掌握所学的知识。L 老师认为本节课教学的知识是对事实性知识，通过教学学生掌握了竖直上抛运动的几个特征量：上升最大高度、上升和下降的时间以及同一位置的对称性（时间和速度）。Z 老师认为本节课教学的知识是程序性知识，重点是让学生学会运用匀变速直线运动规律，在教学方法上，通过运动过程的演示和分析，得出竖直上抛是匀变速直线运动，然后，运用匀变速直线运动规律去解决竖直上抛运动的问题，学生运用规律过程中遇到物理量的符号出错，教师能及时指出。另外，教师口述训练题的情景设置相当好，$t=1$s、3s 、5s 对应于上升阶段、下落阶段抛出点上方和下落阶段抛出点下方的三个典型位置，数据便于计算，能突出学生解决物理问题的过程和方法（降低了数学计算的难度）。尽管教学内容没有完成，但教师对知识教学的策略是正确的。

（三）教学目标和教学活动设计重构案例

以上三个教学案例中，教学的内容是相同的，三位教师中以自己的理解，指向不同的目标，从而强调了不同的知识类型。显然，我们使用的教材都是由不同内容构成，但教师根据自己的教学经验，产生对教学内容的认知。在组织教学的过程中，应强调不同类型的知识。因此，教师在确定教学目标、组织教学，甚至评估学生是不是掌握这些目标时，都会产生不同的结果。从三个教师的教学可以看出，教师对所教知识的理解不同，导致采用教学方法的运用不同，显然，教学效果也不会相同。

从课例中，三位教师只有 W 老师完成了教学内容，好像使教学内容、目标与教学过程达到了一致，但对目标本身的认知，使教师在系统地讲授过程中，没有考虑对于运用规律解决实际问题是程序性知识，在理解规律和运用规律来解决问题的基础上，才能掌握所学的知识；Z 老师在目标分析和教学过程的确定方面是可取的，只是设计的例子与教材例题没有很好整合，使教学效率不高。从上面三个案例的教学结构进行分析后不难看到：①教学内容、教学目标和教学活动设计是相互联系的，教学活动的设计实际上是围绕教学目标的达成进行的；②在教学活动的设计过程中，要合理地使用教材，运用系统观去重组教学活动，使教学有序、有效；③通过分类学的方法，从知识类型出发对教学内容进行分析，能较好解释教学有效性等方面的困惑。表 4－11是研究者与三位老师一同分析案例后，重新整合的目标和教学活动设计。

表 4－11　教学目标和教学活动设计重构案例

活动	教师	学生	目标
活动 1	用粉笔演示竖直上抛运动	观察运动特点	1. 解释事实的知识目标：学生能用自己的话说出什么是竖直上抛运动
活动 2	思考：竖直上抛运动的运动性质	比较：初速度、加速度，与匀变速直线运动的条件对比	2. 说明概念性知识目标：学生能说明竖直上抛运动是匀变速直线运动
活动 3	例 1：给定初速度 v_0、加速度 g，求上升时间、下落时间和最大高度	在教师指导下运用匀变速直线运动公式分段求解	3. 执行程序性知识的目标：能用匀变速直线运动规律公式，计算上升时间、下落时间和最大高度 4. 比较概念性知识的目标：学生能说明落回同一点，速度、运动时间等对称性问题。
	讨论：从某一地点上抛至落回，上升时间、落回速度、第二阶段的路程、位移有什么特点	思考，根据描述的过程和例 1 结论得出答案	

（续上表）

活动	教师	学生	目标
活动 4	例 2：给定物体以初速度为 20m/s 抛出，计算物体运动 1s、3s 、5s 末的速度和位移	学生训练，三位学生上讲台板书	5. 核查程序性知识的目标：学生将能在涉及竖直上抛运动公式解决的问题时，解答是否有效 6. 评判反省认知知识的目标：学生将能选择用分步法还是整体法，解决竖直上抛运动问题，且选择与学生的理解水平相一致
	教师点评：发现物理量加速度符号出错（以初速度为正），第二阶段的时间应从下落点算起	纠正作业中错误	
	提问：如果 $t=5s$，直接带入速度公式和位移公式。计算结果与分步法比较	学生训练，发现结论与分步法相同，但方法简便	

表 4－11 目标表述中“解释”、“说明”、“执行”、“比较”等就是表示认知过程的动词。整合后，通过教学目标来进行教学过程的设计，体现了目标与教学过程的一致性。同时，教师还可以通过目标对教学的成果进行评估。运用安德森对教学目标理论的修订后的知识和认知过程二维目标框架，能很好地陈述教学目标，并运用这个框架对教学进行科学的分析，这的确对教师是很有效用的。如表 4－9 所示，我们可以将所教学的目标置于分类表的单元格中，确定所教知识的类别及其认知的目标，通过教学活动的设计达到相应的教学目标。

表 4－12 《竖直上抛运动》教学目标举例

知识维度	认知过程维度					
	1. 记忆	2. 理解	3. 运用	4. 分析	5. 评价	6. 创造
A. 事实性知识		目标 1（活动 1）				
B. 概念性知识		目标 2（活动 2）				

（续上表）

知识维度	认知过程维度					
	1. 记忆	2. 理解	3. 运用	4. 分析	5. 评价	6. 创造
C. 程序性知识		目标4（活动3）	目标3（活动3）		目标5（活动4）	
D. 反省认知知识	目标6（活动4）					

从表4－12可以看出，教学活动的设计应围绕着教学目标进行。本例中“活动3”的设计针对“目标3”、“目标4”，同样，某个教学目标的达成，有可能需要几个活动的设计。另外，教学过程中，反馈题和巩固题也要针对教学目标进行设计。最终要达到目标、教学和评估的一致性，真正提高教学的针对性和有效性。

在物理教学课堂观察时，我们往往会看到不少教师有一定的教学经验，但仍存在教学目标方面的问题。一方面，目标的陈述存在困难，或用千篇一律的文字套用课标中的“三维目标”，使目标过大、过泛，在实际教学中操作性差；另一方面，对教学内容的认知存在偏差，教学目标不合理，会让学生的学习走很多的弯路。教学本身是一个复杂的结构，进行分析的视角也可以不同。美国教育心理学家加涅认为教学目标就是学生在教师指导下的学习结果，具体表现为言语信息、智力技能、认知策略、动作技能和态度等。安德森等修订后的布卢姆认知领域教学目标，运用分类学方法，有很好的操作性。运用教学目标分析的框架，有助于教师教学过程的设计合理和科学；对教学研究和教学评估者来说，运用教学目标分析的框架，能更准确地对教学结构进行分析，有效帮助教师对自己的教学进行反思，或在“反思性教学”实践中，对自己的教学目标和教学活动设计进行重构。

第四节 学习者内部图式对知识建构的影响[①]

20 世纪 70 年代兴起的认知心理学开始意识到学习者知识意义的建构问题。现代建构主义与其他学习理论相比更有独到之处，注意到学习环境是由自然、社会文化以及经过精心设计学习者的教学情景三者相互影响所构成的系统。把影响学习者知识建构的因素，如学习者内部图式、社会文化观念和学习环境等加以考虑。本文仅讨论学习者内部图式对知识建构的影响并给中学物理教学提出一点看法。

一、学习者内部图式对知识建构的影响

所谓图式（schemes）是皮亚杰用于解释认知结构的术语，是人们为了应付某一些特定情景而产生的认知结构。人们最初的图式来源于先天的遗传，表现为一些简单的反射，如抓握反射、吸吮反射等。为了应付周围的世界，个体逐渐地丰富完善着自己的认知结构，形成一系列的图式。皮亚杰认为心理发展就是个体通过同化和顺应日益复杂的环境而达到平衡的过程。个体也正是在平衡与不平衡的交替中不断建构和完善其认知结构，实现认知的发展。

图式是一种能构成学习者认知能力的知识结构。图式所表征的不是定义而是知识，即表征抽象水平上的知识。由于图式中有层次、有变量，所以，它的活动是一种互动的过程，同时，人们借助图式这种认知单元就能评价所加工材料的匹配程度。学习者对知识意义建构要经过“模糊”到“精确”，而后又达到更高层的“模糊”，也就是说，学习者的理解是一种“接近”而不能是“穷尽”。图式表征抽象水平的知识包括由较低层次向较高层次发展，以及如何通过引入新的处于较低层次的概念从而为较高层次的概念提供具体的“实例”。从这个意义上讲，学习者知识的建构即图式建构可以被看成是上述抽象化（概念）和具体化（实例）的一种综合。

图式在知识建构中有重要的作用。第一是预期作用。在现实生活中无须去经历每一件事，我们就能够有信心地指出很多事情的结果，即图式可以使

① 本节是一篇学习随笔，内容本身不涉及对知识内容的结构，但从学习者的内部图式来看，教学如何促进学生对所学知识的“同化”或“顺应”，是教学工作者必须思考的问题。

我们预测到输入信息中某些尚未观察到的东西，这就是图式的预期作用。第二是图式在知识建构中的选择作用。这是指在知识建构时学习者对输入信息加工有所选择。一方面对图式所产生的预期作印证性选择，当预期得不到印证时，学习者就要去寻找新的图式，去发现那些能够使用图式活动起来的线索或词语；另一方面对输入信息加工重点选择。第三是图式在知识建构中的组织作用。一般来说，理解了的知识比较容易记忆或者记得好的知识通常是好理解的信息。建构主义认为，所谓知识理解或知识建构是指人们根据自己已有的图式对信息作了重新的组织，这时的信息组织包括新信息的组织和对新旧信息的组织。从这个意义上讲，知识理解是受到记忆中已有知识系统所支撑的，准确地说，是在图式所提供的知识框架之中，人们才能获得对当前信息的理解。根据图式理论，新信息的表层意义随时间的推移会逐渐被遗忘，而深层意义已经融进了原有的图式。

二、对中学生物理学习中内部图式的认识

长期以来，学生学习模式是以教师为中心，教科书为对象，记忆为手段，再配以大量习题，经过模仿、重复练习达到熟练的过程，忽视了学习者在知识建构中的积极作用，没有注意到图式在知识建构中的重要性。这些主要表现在：学习者在知识建构中，没有对所学知识意义进行理解和主动地建构自己的认识结构。

在中学物理认知结构中，对教材的概念的理解处于较低层次。对知识的逻辑结构体系认识不清，对物理概念是如何建立的以及怎样应用显得模糊不清，头脑中觉得物理内容多、概念多、原理和定律多，“理不成线”，缺乏系统认识和完整的物理图式。

在中学物理教学中，通常教师细讲，课后配以大量习题训练，这样教学过程形成一定的思维定式和习惯，阻碍学习者内部图式的建构。学生过多依赖于教师讲授，不会自学，不善于阅读教科书，不善于提问题，死记硬背物理概念和定律，习惯“堆砌式”学习，不习惯“渗透式”学习，在这里没有很好地发挥图式在建构中的组织作用。知识理解是受记忆中已有知识系统支撑的，准确地说是在图式所提供的知识框架之中，学生才能获得当前知识的理解。

三、几点启示

通过对认知心理学的学习和对当前中学物理教学现状的反思，我们进一步认识到学习者的学习过程是学习者对所学知识的意义的建构过程。在影响学习者知识建构的诸因素中，学习者内部图式对知识建构有重要的影响。作为中学物理教师，在课堂教学中，不仅要使学生具备适当的图式，而且当学生不具备适当的图式出现错误时也要认真分析。有时学生虽然具有一定的图式，但输入信息不够充分，以致恰当图式不足以填充。随着信息的不断增加，恰当图式的应位被逐个填充，到了一定程度学习者就会恍然大悟。作为教师不能只是进行知识的“灌输”，而要引导学生逐步掌握所学的知识。让学习者认识到图式对知识建构的影响，结合本学科的教学有特别重要的意义。在物理学科方面，学生的内部图式对教学过程的影响是值得进一步探讨的课题。只有了解学生内部图式，才能在物理教学过程中建立起真正有意义的“知识的建构”。

教学策略：适切性调查与研究

第一节　教学策略的构成及其选择

一、教学策略的结构分析

教师教学的水平高低体现在教学中问题的解决效率和质量上，而教学问题属于结构不良领域的问题，这类问题的解决过程和答案都是不确定的，没有一个固定的模式，因而对教师的要求比较高。它要求教师把握好知识的复杂联系，能够广泛而灵活地提取相关认知结构与认知经验，并且有效地运用到具体的情景之中，因而对这种领域的问题的判断和解决需要教师具备良好的策略性知识。国外学者 Freiberg 等指出，教学策略的不同会直接影响着教师教学效果的好坏，最终影响到学生学习策略的获得及知识的掌握与能力的形成。我国学者王国英、沃建中的研究表明，优秀教师的教学策略显著地高于一般教师。可见高水平的教学策略是有效解决教学问题的核心所在，它已成为衡量现代教师教学质量和效率的重要指标。

策略是指在不同的教学条件下，为达到不同的教学结果所采用的方式、方法、媒体的总和。关于教学策略的含义，各个研究者的阐述各不相同。邵瑞珍认为，教学策略是教师在教学过程中，为达到一定教学目标而采取的一系列相对系统的行为。由此看出，她强调教学策略的目的性及其整体结构。

黄高庆、申继亮等认为，教学策略是关于有效地解决教学问题的方法、技术的操作原则与程序的知识，主要包括三个方面的内容：一是解决教学问题的方法、技术；二是这些方法技术的操作；三是操作中的要求和有目的有计划的操作程序。这是从教学策略的使用角度来阐述的。

李晓文、王莹则认为，教学策略具有动态的教学活动维度和静态的内容构成维度，并且指出在动态的教学活动维度上，它是指教师为提高教学效率而有意识地选择筹划的教学方式方法与灵活处理的过程。这个观点把静态的和动态的角度综合起来考虑，但仍然偏重教学策略在教学过程中的实施技术。

总之，教学策略是以一定的教育思想为指导，在特定的教学情景中，为实现教学目标而制定并在实施过程中不断调适、优化，以使教学效果趋于最佳的系统决策。教学策略是指在教学过程中，为完成特定的目标，依据教学的主客观条件，特别是学生的实际，对所选用的教学顺序、教学活动程序、教学组织形式、教学方法和教学媒体等的总体考虑。也就是说教学策略是在教学的过程中，各个环节中使用的指导思想和方法。包含几层含义：①教学策略包括教学活动的元认知过程、教学活动的调控过程和教学方法的执行过程；②教学策略是教师在现实的教学过程中对教学活动的整体性把握和推进的措施；③教学策略是一系列有计划的动态过程，具有不同的层次和水平。

无论是教学模式还是教学策略，都是以教育思想和教与学的理论为支撑的，辅助教师进行教和学生进行学的一系列方法、步骤、程序。教学模式是具有逻辑性的、相对稳定的一种结构，比如奥苏贝尔的有意义接受学习教学模式和布鲁纳所倡导的发现式学习的教学模式，都是在一定的心理学基础上提出的，具有一定结构框架的模式，整个模式包含几个环节或者说是步骤，但是它并不规定在具体实施教学时的方法步骤，而只是一个笼统的指导性的结构框架，一种将理论付诸实践的大体模型，然而在具体教学过程中如何套用，则没有具体的规定。

教学策略要显得更加详细，它可以指向具体的一节课、具体的教学内容和具体的教学活动过程，甚至是具体的教学环节。教师在选定了一堂课的内容并明确了教学目标之后，要考虑怎样去讲授这一节课，怎样更好地让学生理解这些内容，怎样让学生积极参与学习活动，怎样提高学生的能力等，这一具体实施过程中所用到的方法就是教学策略。瑞格鲁斯认为教学策略实际上包括三类策略：教学组织策略、教学传递策略和教学管理策略。这一分类方法十分全面地概括了所有的教学策略，其他许多小的具体策略，分别归属以上三种策略之下。

二、选择教学策略依据的两种取向

（一）教师主导取向的教学策略

教师主导取向的教学策略，为区别于传统的教师中心教学，也称为指导教学（direct instruction）。指导教学的理念起源于20世纪70年代末期（Rosenshine，1979），因为指导教学实施时特别强调教师对教材的讲解，所以也称为明示教学（explicit teaching）（Rosenshine，1986）。就学习心理学的基础而言，指导教学并非采取某一学派的理论为根据，而是融合了行为主义与认知心理学中奥苏贝尔的意义学习论与讯息处理论的要义所形成的一种教学策略。按行为主义者对学习历程的解释，个体的学习行为是在外控的条件作用情况下学得的，而个体行为学得与否的关键因素，则必须遵循强化原则。按奥苏贝尔意义学习论的解释，良好的教学效果，将系于学生能否理解所学知识的意义。按信息处理论对学习过程的解释，在知识学习的过程中，要经过一定的处理程序。接下来就探讨，从指导教学的实际运作看，此一教学策略如何融合运用学习理论于教室内教学。在实际教学时，指导教学的进行大致遵循以下五个步骤：

（1）从旧经验引导新学习：虽然教学的目的是希望教学生学习新的知识，但新知识的学习必须以旧知识为基础。因此，在教学开始时，教师首先要做的是，根据学生的旧经验引导新学习。在奥苏贝尔的接受学习理论中，他用先行组织者的概念来说明从旧经验引导新学习的过程①。利用先行组织者的概念从事新知识学习时，是由教师先把要学的新知识的主题提出来，然后要求学生从长期记忆中所贮存的相关知识检索出来与新知识核对。从旧经验引导新学习的做法，相当于正式比赛之前的热身运动。如此做法是使学生在学习之前先形成心理准备状态，以便正式学习时对新知识特别注意。

（2）明确地讲解教材内容：教师对新教材的讲解，是整个教学历程中最重要的一个步骤。从信息论的观点来看，此一步骤的教学，相当于个体吸收新知识时输入到输出的整个处理历程。因此，配合讯息处理论的原理，在讲解新教材时建议教师遵循以下六点原则：①向学生呈现知识性的刺激时要明确肯定，以便学生感官收录；②所呈现的知识性刺激，要有系统，以免学生注意力分散；③教师讲解时，要分段进行，每两段落之间稍有停顿，以便学生有足够时间运用他的短期记忆；④遇到生字新词时，教师要写在黑板上并讲解说明，以便学生同时将此等字词编为形码、声码、意码，以符合多码并

---

① 先行组织者（advance organizer）是先于学习任务本身呈现的一种引导性材料，它要比原学习任务本身有更高的抽象、概括和包容水平，并且能清晰地与认知结构中原有的观念和新的学习任务关联。先行组织者是认知心理学的代表人物——美国教育心理学家奥苏贝尔（David Ausubel）于1960年提出的教育心理学的重要概念，也是他在教学理论方面的主要贡献之一。

用原则；⑤讲解新概念时，要随时提出几个简要问题，指定学生回答，借以肯定学生确已理解，并且推知其已输入到长期记忆；⑥为加强学习理解新知识的意涵，教师宜随时举例说明。

（3）辅导学生做及时练习：教师对教材内容讲解完毕后，每个学生是否都能如教师所预期地学到了新的知识？如不及时从学生的行为去进行检查，对此问题是无法肯定回答的。凡当过学生的都曾有此经验：在课堂上教师讲解的时候，自觉已是十分了解，但回到家写作业时，则对教师的讲解已不复记忆。新知识的学习是很容易遗忘的，其原因是学习当时重复练习程度不够，致使在短期记忆阶段过后，转眼即告遗忘。要想避免学后迅速遗忘，及时练习是必要的。因此，教师教学时，每一单元之后留一段时间，用以辅导学生及时练习。在此短暂时间内，由教师指定要点，在教师监督之下让学生作业练习。此时教师可巡视教室，观察学生练习情况，并随时回答学生提出的问题。

（4）从反馈中做错误矫正：学习后及时练习的最大作用，除了加强记忆之外，是练习后使学生获得回馈——了解自己学习的结果，并对自己的正确行为加以肯定，或对自己的错误做法加以校正。在及时练习阶段结束之后，如果教师发现多数学生已正确地学到了新知识，就可以放心结束这一节的教学；如果发现多数学生没有学到新知识，就必须检讨教学的缺点，并回头再带领学生温习一遍。否则，学生未能学到本单元的知识，接下去的新单元教学，将更为困难。

（5）让学生独立完成作业：中小学的教学，学生们都需要在课后独立完成教师指定的作业。如每个学生下课后都能独立完成作业，这就表示他们的学习已符合教师预期的教学结果。又因为学生从事独立作业时教师不在身边，遇有困难不能随时得到帮助，所以教师指定的作业不宜超过课堂上讲解的内容。按教育心理学家们的建议，学生课后的独立作业，在难度上以不低于自己完成90%为原则，亦即学生对教师所指定的题目，其中有90%都能自己解答。如此才能符合后效强化原则，继续保持学习动机，愿意自行完成作业。

（二）学生自学取向的教学策略

学生自学取向的教学策略，其理论基础不是取自单一学习理论。此一教学策略的理论基础来自两方面：一方面是布鲁纳的发现学习论，另一方面是人本主义的学习理论。由于布鲁纳的学习理论在性质上属认知结构论，故而他的理论用于教学时，就被称为教学的结构取向（constructivist approach to teaching）。到后来，布鲁纳的发现学习理论与人本主义学习理论相融合，形成一种新的以学生自学为取向的教学策略，被称为人本教育的结构取向（constructivist approach to humanistic education），意思是说采用发现学习的启发性原则以达成人本教育的目的，故又称为人本教育的结构取向。在实际教学上有以下几个特点：

（1）在教师引导下发现学习：与开放教育不同的特征有强调教材的结构性，加重教师辅导者的角色。与20世纪70年代人本教育所主张的开放教室的教学策略相比，学生自学取向的教学策略有两点不同的特征：其一是强调教材的结构性，不再像开放教室那样，让学生自己去选择他喜欢的事物，而是由教师按学生的能力准备其应当学习的教材。所准备的教材必须具有结构性，使学生们能够经由探索而发现其中的原理原则。其二是加重教师辅导者的角色，在学生自行探索学习之前，先对问题的性质及学习目的给予清楚的说明。在教学时教师避免直接告诉学生正确答案，正确答案留待学生去自行探索发现。此种做法是将学生置于“由不全知而求全知”的境地，从而启发学生的潜力。

（2）在合作学习中追求新知：以小组讨论的方式进行，教师也是小组中的成员，但是在学生遇到困难无法继续讨论的情况下进行提示。此处所指的合作学习并不只限于学生，教师也是参与者之一。合作学习是在小组讨论的方式下进行。团体讨论时，大家集思广益，所获学习结果将超过个人能力之所及。团体讨论时，学生们在语言上彼此容易沟通，如此对能力较低的学生可以对问题获得较多的了解。教师参与讨论时，不宜做小组的主导，而且讨论进行中不宜发表意见。只是在学生们遇到困难无法继续讨论时，教师提示一点思维线索作为指引之用。无论如何，最后的答案由学生们自己发现才符合学生自学取向的教学目标。

（3）寓求知于生活的教学活动：使学校的教学活动方式与现实生活结合，从而使学生们学到的知识更具意义。这问题很不容易回答，原因是批评一个教学策略的优劣，不能依据单一标准。教学策略的选择是相对的，其适当与否与教学目标、学科性质以及学生年级能力等因素，都有连带关系。

在教师主导取向的教学策略之下学习的学生，一般在学科测验结果得到较高的分数；而在学生自学取向的教学策略下学习的学生，则在抽象思考、解决问题、创造能力、人际关系、学习动机以及学习态度等方面，均有较为优异的表现。物理教学较适于采用教师主导取向，原因是内容有系统，而且答案肯定，学习时往往按部就班。而采用学生自学取向的教学策略，有利于培养学生独立思维的能力。基础阶段的学生，较适于教师主导策略教他们学习基础知识。到了有一定基础后，则较适于采用学生自学取向的教学策略。

第二节 中学物理教学策略适切性的项目指标调查及问卷的研制

目前，对物理教师的教学策略的研究并无现成的量表，因此有必要编制一份具有较高信度、效度的适合物理教师教学特点的教学策略测量工具，为进一步进行新课程背景下物理教学策略的比较研究奠定基础。通过对收集到的材料进行归类、整理，选取其中具有代表性、普遍性的内容，同时结合国内已有的教学监控量表、教学行为量表中相同、相似维度的题目，形成考查物理教学策略每个维度的具体项目，并形成初步问卷。初始量表由50个项目组成，分为四个维度十个成分①。采用Likert 5点自评式量表，从“完全不符合”至“完全符合”5等级记分制。取被试37名进行预测，在施测时注意收集被试对量表的反应，如题目的表述、对题目的理解、题目的数量等信息。并征求有关专家及中学教师的意见和建议，调整某些题目，对不合理的项目进行筛选，进一步确定量表的项目数，最终确定量表为24题。

一、项目分析

项目分析即求出每一个题目的“临界比率”（Critical Ratio，简称CR值）。将总分按从高到低的顺序排列，得分前27%者为高分组，得分后27%者为低分组，求出高低二组被试在每题得分平均数差异的显著性检验，如果CR值没有达到显著标准，即表示这个题目不能鉴别不同被试的反应程度，这个题目应当被删除②。其中5、6、31、34的CR值没有达到显著标准，被删除的题目见表5-1。

① 见附录7“新课程背景下物理教学策略的指标项目调查问卷”。

② 见附录8“对教学策略初始问卷的项目分析”。

表 5－1　CR 值没有达到显著性标准的题目

序号	假设方差相等或不相等	F 值	Sig.	t	df	Sig.（2tailed）
5	Equal variances assumed	3.366	0.083	1.987	18	0.062
	Equal variances not assumed			1.987	15.096	0.065
6	Equal variances assumed	1.134	0.301	1.523	18	0.145
	Equal variances not assumed			1.523	13.621	0.151
31	Equal variances assumed	0.036	0.851	1.238	18	0.232
	Equal variances not assumed			1.238	14.765	0.235
34	Equal variances assumed	3.366	0.083	1.987	18	0.062
	Equal variances not assumed			1.987	15.096	0.065

二、调查问卷因素分析

对施测所得结果进行探索性因素分析，根据调查结果，对初始量表根据因素的特征值和旋转后的因素矩阵，采用了主成分分析法抽取几个因素作为共同因素，并使用因素转轴方法中的 Varimax 最大变异法，以确定各分量表的因素结构。共抽取 4 大策略、10 个因素，分别为：教学设计策略（5 题）、教学组织策略（5 题）、反馈激发策略（6 题）、反思发展策略（6 题）。对应的 10 个因素是：教学目标、教学内容、组织教学、课堂监控、师生互动、动机意愿、教学评价、反馈矫正、教学反思、专业发展。这 10 个因素在教师教学策略上的负荷值在 0.573 与 0.932 之间变化，换句话说，这 10 个因素分别可以解释教师教学策略能力变异的 28.57% 到 78.81%。转轴后去掉了因素负荷量小于 0.5 的系数，按照从大到小的顺序进行排列，使得变量与因素的关系有极高的相关性。对其结果分析可参见表 5－2。

表 5－2 中学物理教学策略适切性的项目指标体系因素分析表

<table>
<tr><th rowspan="2">项目</th><th rowspan="2">子项</th><th rowspan="2">题项</th><th rowspan="2">解释变异量（%）</th><th rowspan="2">累积解释变异量（%）</th><th colspan="4">Component（抽取的因素）</th></tr>
<tr><th>因素 1 负荷量</th><th>因素 2 负荷量</th><th>因素 3 负荷量</th><th>共同性</th></tr>
<tr><td rowspan="6">课前：教学设计策略</td><td rowspan="2">1. 教学内容（含学案）</td><td>9. 活动的设计考虑到学生的能力</td><td rowspan="2">36. 832</td><td rowspan="2">36. 832</td><td>0. 932</td><td></td><td></td><td>0. 631</td></tr>
<tr><td>7. 呈现符合物理学科特点，科学性、逻辑性强</td><td>0. 891</td><td></td><td></td><td>0. 872</td></tr>
<tr><td rowspan="3">2. 教学目标</td><td>1. 陈述准确、具体</td><td rowspan="3">36. 832</td><td rowspan="3">36. 832</td><td></td><td>0. 871</td><td></td><td>0. 759</td></tr>
<tr><td>3. 符合学生基础和需求</td><td></td><td>0. 790</td><td></td><td>0. 808</td></tr>
<tr><td>2. 教学目标陈述可以观察和测量</td><td></td><td>0. 573</td><td></td><td>0. 501</td></tr>
<tr><td colspan="4">特征值</td><td>2. 26</td><td>1. 32</td><td></td><td></td></tr>
<tr><td rowspan="7">课中：教学组织策略</td><td rowspan="2">3. 课堂监控</td><td>18. 重视学生之间的沟通</td><td rowspan="2">28. 567</td><td rowspan="2">28. 567</td><td>0. 918</td><td></td><td></td><td>0. 886</td></tr>
<tr><td>17. 倾听学生说话的技巧</td><td>0. 883</td><td></td><td></td><td>0. 845</td></tr>
<tr><td rowspan="2">4. 组织教学</td><td>13. 教学内容组织恰当</td><td rowspan="2">25. 317</td><td rowspan="2">53. 885</td><td></td><td>0. 862</td><td></td><td>0. 759</td></tr>
<tr><td>20. 对教学内容的举例、解释能力</td><td></td><td>0. 837</td><td></td><td>0. 724</td></tr>
<tr><td rowspan="2">5. 师生互动</td><td>19. 促使学生思考并积极进行探究</td><td rowspan="2">24. 928</td><td rowspan="2">78. 813</td><td></td><td></td><td>0. 871</td><td>0. 773</td></tr>
<tr><td>16. 师生之间沟通</td><td></td><td></td><td>0. 823</td><td>0. 742</td></tr>
<tr><td colspan="4">特征值</td><td>2. 409</td><td>1. 272</td><td>1. 048</td><td></td></tr>
</table>

（续上表）

项目	子项	题项	解释变异量（%）	累积解释变异量（%）	Component（抽取的因素）			
					因素 1 负荷量	因素 2 负荷量	因素 3 负荷量	共同性
教学中：反馈激发策略	6. 反馈矫正	30. 及时发现问题并点拨与指导	38. 060 6	38. 060	0. 772			0. 727
		26. 有诊断与补救的措施			0. 759			0. 590
	7. 教学评价	29. 给予学生正面的评价和反馈			0. 735			0. 540
		27. 设计适当的评价方法			0. 686			0. 519
	8. 动机意愿	21. 教师的亲和力	25. 458	63. 518		0. 840		0. 714
		22. 引起学生的学习动机与注意力				0. 792		0. 722
	特征值				2. 558	1. 253		
教学后：反思发展策略	9. 教学反思	42. 对教与学过程中未能达到目标的部分及时加以补救	36. 990	36. 990	0. 805			0. 697
		44. 随时了解和关怀学生			0. 764			0. 639
		45. 具有教学反思意识			0. 763			0. 605
		40. 课后及时批改作业			0. 705			0. 590
	10. 专业发展	48. 高度的敬业精神	31. 869	68. 858		0. 860		0. 750
		43. 保持高度的教学热忱				0. 851		0. 824
		49. 良好的人际沟通能力				0: 740		0. 715
	特征值				3. 767	1. 053		

三、课堂观察调查问卷信度指标

在征求2名物理课程专家和1名中学特级物理教师的建议的基础上，建立了《中学物理教学策略适切性课堂观察量表》[①]，该量表内部一致性信度为0.908，分半信度为0.849，内容效度比较理想。

表5－3　《中学物理教学策略适切性的课堂观察量表》的分半信度、内部一致性信度分析

题数	分半信度 Guttman Coefficient	内部一致性信度 Cronbach's Alpha
24	0.849**	0.908**

可以看出，教师教学策略的这10个因素实际上是从教学过程来区分的，是一种过程性、动态性的结构，任何一个环节的缺失，都会影响教师教学策略水平的发挥和提高，影响到整体的教学效果，因此，教师不能只局限于某个环节或某种教学策略的使用，而应着眼于整个教学的过程，从各个方面来发展自己，这样才能真正提高自身教学策略的能力水平，才能获得良好的教学效果。

第三节　新课程背景下中学物理教学策略适切性调查

一、研究目的

目前，有不少人对中学教师的教学策略进行过研究，但是并没有针对物

① 见附录9“中学物理教学策略适切性的课堂观察量表”。

理教师的教学策略的研究，特别是缺少对新课程背景下的中学物理教学策略适切性研究。研究教学策略适切者与不适切者存在的差异类型，比较研究更有利于发现它们之间的差异所在，对物理教师的专业发展也起到重要意义。因此，针对以往研究的不足，本研究试图解决：教学策略适切者—不适切者物理教师，在不同的教学策略上是否存在差异？他们的差异何在？不同类型的物理教师在学校类型、性别、教龄方面来看，教学策略上是否存在差异？

二、研究方法

1. 被试

本研究采用个案研究的方法对广州市部分中学物理教师进行观课调查和课后访谈的方法进行。被试样本包括：主要是广州市白云区学校的教师、少量外区的教师。课堂观察主要针对课前策略 2 项指标和课中策略 6 项指标，共 8 项指标进行评估。课后策略的 2 项指标，只针对部分样本进行访谈和评估。听课调查样本数 43 个，其中，女 16 人，男 27 人。一类学校（相当省一级）18 人，二类学校（相当市一级）14 人，三类学校（普通学校）11 人。按职称确定三类教师的划分，各年龄段人数见表 5 – 4。

表 5 – 4　三种不同类型中学物理教师情况表

职称	0 ~ 5 年	6 ~ 15 年	16 年以上
中学二级及以下	9		
中学一级		19	1
中学高级及以上		1	13
合计	9	20	14

2. 研究工具和数据处理

采用自编制的《中学物理教学策略适切性课堂观察量表》进行施测。课堂观察以课前策略与课中策略为主要观察指标。课前策略有：教学内容、教学目标；课中策略有：组织教学、课堂监控、师生互动、动机意愿、教学评价、反馈矫正。采用五点记分：优——5 分、良——4 分、好——3 分、一般——2分、尚可——1 分。研究数据使用 SPSS 13.0 for Windows 进行统计处理。

三、结果与分析

1. 中学物理教学策略适切性的总体特征

表 5－5　教学策略的各子项目与总体适切性的相关分析表

Pearson Correlation	教学目标	教学内容	组织教学	课堂监控	师生互动	动机意愿	教学评价	反馈矫正
P 值	0. 810**	0. 785**	0. 745**	0. 813**	0. 857**	0. 860**	0. 755**	0. 657**
N	43	43	43	43	43	43	43	43

注：＊＊ Correlation is significant at the 0. 01 level（2－tailed）。

表 5－6　各子项目描述性分析表情况

项目	最小值	最大值	平均数	标准差
教学目标	2. 33	4. 33	3. 442 1	0. 458 79
教学内容	3. 00	5. 00	3. 767 4	0. 479 94
组织教学	2. 50	5. 00	3. 639 5	0. 570 35
课堂监控	2. 00	4. 50	3. 023 3	0. 555 85
师生互动	2. 50	4. 50	3. 500 0	0. 587 57
动机意愿	2. 50	5. 00	3. 558 1	0. 609 54
教学评价	2. 00	4. 00	3. 093 0	0. 548 33
反馈矫正	2. 50	4. 50	3. 360 5	0. 503 86

表 5－5 表明，教学目标、教学内容、组织教学、课堂监控、师生互动、动机意愿、教学评价、反馈矫正等子项目与教学策略总体适切性有较高的相关度。从表 5－6 数据总体特征和条形图（见图 5－1）大致可看出：所有指标均值超过 60%；课前策略中对“教学内容”的把握最好，与传统教研重视教学内容的逻辑结构、突出重点、难点等是一致的；而教师的“课堂监控”策略运用相对较弱一些。另外，教师在“教学评价”策略运用上也需

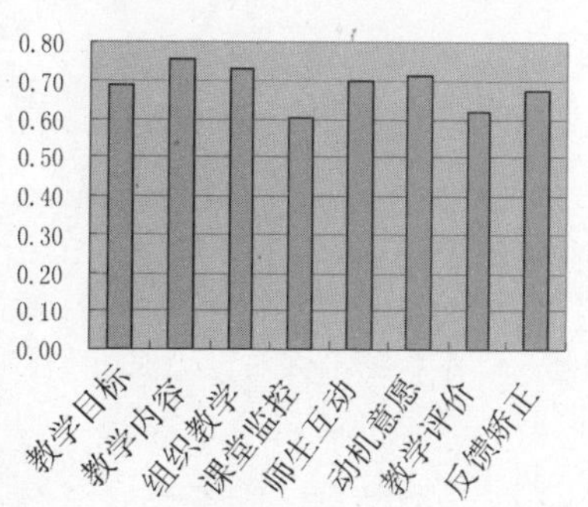

图 5－1　教学策略适切性子项目平均数条形图

随新课程的实施进一步得到重视。

2. 教学策略适切性在性别、学校类型、教龄、职称的差异比较

表 5－7　教学策略适切性总体差异的方差分析表

	df	*M*	*F*	*P*
性别	1	13.892	0.323	0.573
学校类型	2	35.567	0.834	0.442
教龄	2	76.678	1.889	0.164
职称	2	65.469	1.591	0.216

教学策略适切性总体上在性别、学校类型、教龄、职称上没有显著的差异。这说明新课程实施对所有教师都有一定的挑战。不同类型学校反映出学生生源的不同状况，但新课程实施过程中，各类学校教师都面临着课堂教学理念的转变，因而相应的教学策略也要发生改变。

3. 不同适应类型教师不同教学策略上的差异比较

本研究认为高分组为教学策略适切者，低分组为教学策略有待改进者。以课堂观察评价总分分数在前 27% 的认为教师的教学策略是适切的，而总分分数在后 27% 的认为教师的教学策略是不适切的。由此发现两类教师的差异，对改进的教学具有一定的意义。

表 5－8 高、低分组不同教学策略上的差异比较

	Levene's Test for Equality of Variances		t－test for Equality of Means				
	F	Sig.	*t*	*df*	Sig.（2－tailed）	Mean Difference	Std. Error Difference
教学目标	1.425	0.245	8.349	22	0.000	2.797 20	0.335 03
			8.456	21.983	0.000	2.797 20	0.330 79
教学内容	0.413	0.527	5.775	22	0.000	1.853 15	0.320 88
			5.884	21.960	0.000	1.853 15	0.314 94
组织教学	0.280	0.602	6.190	22	0.000	2.111 89	0.341 18
			6.244	21.881	0.000	2.111 89	0.338 21
课堂监控	0.004	0.948	7.315	22	0.000	2.139 86	0.292 52
			7.337	21.572	0.000	2.139 86	0.291 65
师生互动	0.236	0.632	9.062	22	0.000	2.384 62	0.263 15
			8.750	16.718	0.000	2.384 62	0.272 52
动机意愿	3.921	0.060	9.454	22	0.000	2.629 37	0.278 13
			9.745	21.285	0.000	2.629 37	0.269 81
教学评价	0.000	0.984	6.788	22	0.000	2.048 95	0.301 86
			6.767	21.074	0.000	2.048 95	0.302 78
反馈矫正	6.148	0.021	4.270	22	0.000	1.510 49	0.353 77
			4.091	15.534	0.001	1.510 49	0.369 27
总分	1.757	0.199	15.852	22	0.000	15.965 03	1.007 10
			16.386	21.011	0.000	15.965 03	0.974 29

对高分组、低分组两类教师在《中学物理教学策略适切性课堂观察量表》中的总分及 8 个维度上的得分进行 t 检验。结果如表 5－8 所示，高分组、低分组中学物理教师的教学策略总体水平差异很显著，高分组物理教师的教学策略总体水平大大高于低分组教师。其中：①在教学目标策略上，高分组、低分组中学物理教师的差异非常显著；②在教学内容策略上，高分组、低分组中学物理教师的差异非常显著；③在组织教学策略上，高分组、低分组中学物理教师的差异非常显著；④在课堂监控策略上，高分组、低分组中学物理教师的差异非常显著；⑤在师生互动策略上，高分组、低分组中学物理教师的差异非常显著；⑥在动机意愿策略上，高分组、低分组中学物理教师差异显著；⑦在教学评价策略上，高分组、低分组中学物理教师的差异非常显

著；⑧在反馈矫正策略上，高分组、低分组中学物理教师的差异非常显著。

四、对教学的启示

新课程的实施，对所有教师教学观念的转变具有很大的挑战性。从调查的情况可以看出对不同学校类型、不同教龄和职称的教师都是一个重新学习和实践的过程；对高分组、低分组两类教师的调查表明，教学策略是复杂多样的，影响因素也是众多的，这就涉及多种教学策略的综合有效应用。由此看来，物理新课程的实施要求教师在教学策略的制定、选择和运用上要充分体现新课标的基本理念。

（1）物理教学的终极目标是培养学生的科学素养，实现知识与技能、过程与方法、情感态度与价值观的教育目标。但是“教学目标”是有层次和阶段性的，作为一节课的具体教学目标与整个高中阶段的教育目标，甚至一单元的教学目标侧重点是不一样的。这里要强调的是教学策略要依据物理教学的目标与教学内容。对落实到每一节课来讲，教学目标的陈述要具体和具有可测性。不同的教学目标与教学任务需要不同的教学策略去实现和完成，教学目标不同，所需采取的教学策略也不同。

（2）新课程的教学实施倡导学生自主学习、探究学习、合作学习，因此，教学的监控策略、教学组织的策略、激发动机的策略、反馈矫正策略、教学评价策略是针对不同的目标和任务的，要依据学生的实际情况。教师的教是为了学生的学，教学策略要适应学生的基础条件和个性特征。制定和选择教学策略要考虑学生对某种策略在智力、能力、学习态度、班级学习氛围诸方面的准备水平，要能调动学生积极的学习兴趣和态度，教学策略研究的一个重要目的就是提高教学效率、教学质量，实现教学的最优化。

（3）教学的最优化就是要求以最少的时间取得最佳的教学效果。所以，实际教学中，制定和选择某种教学策略，还应考虑教学过程的效率，做到省时高效。好的教学策略应是高效低耗，至少能在规定的时间内完成教学任务，实现具体的教学目的，并能使教师教得较松，学生学得愉快，这也充分体现了新课程的基本理念。

（4）优秀教师的教学策略主要集中在课前和课中策略上，在课后的补救策略上优于普通教师。他们在课前及课中表现出创新性和灵活性，一方面是经验的积累，另一方面是优秀教师的课后反思，通过察觉自己的不足，不断调整和改进课前、课中策略，使优秀教师的整体教学策略水平得到提高。至于为什么在课后的总体教学策略上与新教师和老教师没有显著差异，经过我们的访谈和调查发现，有些中学高级物理教师在评上高级职称后，缺乏继续前进的动力，产生了的职业倦怠。同时，有些教师对新课标理念并不认同，他们在课后很少花时间去思考如何改进现状，实现新课程教学目标，这也是导致教师专业化水平不高的原因。因此，重新建立对中学高级教师的考核和奖评制度是非常重要的。

（5）培养教师的反思能力，促进教师课前策略与课后策略的结合是教师发展的必备条件。“经验＋反思＝教师成长”，反思通常被定义为借助经验进行连续不断的学习过程。例如，在校本“课例研究”中可用四种方法来培养教师进行反思的习惯和能力。①反思日记：在教学结束后，要求教师写下他们的心得体会，并与其他教师共同交流，从而培养他们在实际工作中及时反思所获经验的习惯。②叙事描述：在组织“课例研究”活动或组织教师观摩示范教师的授课后，要求教师详细描述他们所观察到的情景，随后再与其他教师相互交换。③质疑讨论：区域教研活动中可利用来自不同学校的教师“大聚会”的难得机会，请教师运用课堂观察技术分析教学过程，提出解决课堂问题的建议。④调查研究：教师对自己在课堂上遇到的问题进行调查研究，写研究报告并进行交流，从而以教学研究者的身份研究教学，形成务实求真的精神。

第四节　教学设计：教材的整合与教学内容的重组

教学设计策略应包括教学目标的陈述、教学前端分析、教学内容选择、教学活动设计等。在教学内容选择方面，新课标最具有挑战性的是教师如何实现对教材的整合与教学内容的重组，本节仅针对这一问题进行探讨。

一、教材版本的比较——以“人教版”与“粤教版”为例

新课标实施以来，目前市面上有人教版、鲁科版、沪科版、粤教版等新课标教材，另外，教师还可以根据教学的需要自编校本教材。教材是服从于课程标准的。这就要求教师要能自主地研究、整合教学内容，以引导学生更好地掌握课标要求，而不是完全依赖教材。在教材使用过程中，我们发现新课标教材与传统教材结构上有比较大的变化，有不少教师仍感觉不适应，教学上仍使用传统教材进行教学或上课时虽使用新教材，但教学上却运用传统的教材框架进行“重组”。由此看来，在有限教学资源的条件下，教师有必要

加强对教材本身的研究。

总体来讲，新课标教材与传统教材的不同在于，新课标教材内容编排更多的考虑学生知识的建构过程，突出了对学生研究问题的科学方法的培养。表5－9中以必修1内容为例进行比较。

表5－9　新课标教材与传统教材内容结构的比较

新课标教材	传统教材（2003年版物理教材）
第一章　运动的描述	第一章　力
第二章　匀变速直线运动的研究	第二章　直线运动
第三章　相互作用	第三章　牛顿运动定律
第四章　牛顿运动定律	第四章　物体的平衡
第五章　曲线运动	第五章　曲线运动
第六章　万有引力与航天	第六章　万有引力定律
第七章　机械能守恒定律	第七章　机械能

从表5－9中的内容结构可看出，传统教材先讲“力”，再讲“直线运动”，然后讲描述力与运动关系的“牛顿运动定律”，学生在学习过程中，感觉是从“力”跳跃到似乎毫无关系的“直线运动”中去，这种割裂的排列顺序忽略了学生的认知规律，不利于学生形成良好的认知结构。而新教材则从与初中知识衔接紧密的“运动”讲起，引入研究问题的科学方法，逐步过渡到难度稍大的“匀变速运动”，之后才讲解“力”，最后研究“运动和力的关系”，整体上有先分后总的感觉，结构比较科学，并且探究性强，突出了对学生研究问题的科学方法的培养。

（一）新课标教材不同版本栏目设置的差异

对不同版本的新课标教材来说，编写者对新课标的理解，或是针对不同区域的情况，在教学内容和活动设置上有所不同。以“人教版”和“粤教版”为例进行比较，可发现存在明显的差异。

表 5－10 “人教版”与“粤教版”物理实验教材必修本的栏目设计情况

版本	人教版	粤教版
栏目名称	①思考与讨论 ②说一说 ③做一做 ④科学漫步 ⑤STS ⑥问题与练习 ⑦学生实验 ⑧课题研究 ⑨课外读物	①观察与思考 ②讨论与交流 ③实验与探究 ④资料活页 ⑤我们的网站 ⑥练习 ⑦本章小结 ⑧习题

对“人教版”和“粤教版”普通高中“课标”物理实验教科书必修 2 进行分析，两种版本的实验教科书必修统计包括课文正文、习题、单元复习题及总复习题中的所有探究活动。科学探究活动的数量：“人教版”126，“粤教版”223。显然，“粤教版”中的探究明显多于“人教版”，“粤教版”在落实课标理念的力度方面可见一斑。

（二）新课标教材不同版本的设计结构差异

在相同课标指导下，不同版本教材的设计结构存在一定差异，教师要在对不同版本教材的比较下，选择自己的教学内容和相应的对策。

最为典型的例子是“人教版”与“粤教版”关于匀变速直线运动教学内容的安排，时常困扰着教师，见表 5－11。

表 5－11 “人教版”与“粤教版”关于匀变速直线运动内容结构的比较

版本	人教版	粤教版
主题或章节	第二章　牛顿运动定律 5. 匀变速直线运动的规律 6. 匀变速直线运动的规律 阅读材料　位移公式的另一种推导 7. 匀变速直线运动规律的应用 8. 自由落体运动 阅读材料　伽利略对自由落体运动的研究	第二章　运动和力 第一节　自由落体运动规律 第二节　自由落体运动规律 第三节　从自由落体到匀变速直线运动 第四节　匀变速直线运动规律与汽车安全

从表 5 – 11 的内容结构编排看，“人教版”具有从一般到特殊，从整体到局部的特点，与传统教材编排基本上差不多。教学上是先讲匀变速直线运动，后讲其中的自由落体运动。“粤教版”就大不相同，由探究自由落体运动的规律过渡到匀变速直线运动规律，遵循人们对物理规律的发现从特殊规律到一般规律的拓展，再回到特殊情景的应用。因此，教师在教学策略上，要有相应的调整。如对于“粤教版”“自由落体运动规律”一节，在课题引入时，要让学生思考：在没有了解匀变速直线运动规律的情况下，又假设自由落体运动是匀变速直线运动，从而推出位移时间关系$S \propto t^2$。那么，前提和假设是对的吗？这个结论可靠吗？需要验证，又需要实验数据支持。教学重点是对规律的探究过程；而教学难点是探究思路的整理、探究的切入点和思维的严密性。

再看“人教版”与“粤教版”关于匀变速直线运动教学内容的安排。

表 5 – 12　“人教版”与“粤教版”关于牛顿第二定律内容结构的比较

版本	人教版	粤教版
主题或章节	第四章　运动定律 2. 实验：探究加速度与力、质量的关系 3. 牛顿第二定律 6. 用牛顿运动定律解决问题（一） 7. 用牛顿运动定律解决问题（二）	第四章　力与运动 第二节　影响加速度的因素 第三节　探究物体运动与受力的关系 第四节　牛顿第二定律 第五节　牛顿第二定律应用 第六节　超重和失重

从表 5 – 12 可以看出，“人教版”和“粤教版”关于牛顿第二定律的知识都安排在必修 1 的第四章。这两个版本中关于牛顿第二定律都既有对知识本身的探究活动，又有对知识应用的探究活动。“人教版”中关于牛顿第二定律的知识的主题设计为 2、3 主题和 6、7 主题，其中间隔了 4（力学单位制）、5（牛顿第三定律）两个主题，接下来才是知识的应用，而且是牛顿三个定律的综合应用，可见“人教版”还是更注重知识的整体性和系统性；而“粤教版”中牛顿第二定律的知识为连续的第二、第三、第四、第五、第六节共五节内容，对知识的探究一经完成，立刻就加以应用，更注重知识的内化和转移过程。

另外，“人教版”的探究活动只是引导性地给出参考案例，参考案例中采用的是比较常见的砝码、小车、平面装置，引导学生进行数据分析，用图像的方法得出结论，并没进行具体的实验操作。“粤教版”的探究活动，在引导学生利用斜面、小车定量探究，利用气垫导轨定量探究的同时，还进行了计算机和数据采集器的实时实验，并利用计算机软件直观、清晰地给出实验图像，分析结果，得出结论。相比而言，“粤教版”所用器材更具有时代气息，紧跟科技的进步与发展，对培养学生关注物理与社会、关注科技进步有良好的促进作用。

教师加强对教材的研究很有必要，有研究者①对三年（2007—2009）广东高考试题取材于两个版本教材的习题进行了统计，指出：高考试题有30%左右源于两个版本的教材实验探究问题和习题，强调了高考备考应注重回归教材。这的确值得我们思考。

二、整合与重组策略——怎样才能做到“用教材教”

“用教材教”而不是“教教材”，这是新课程提倡的教学理念，在教学实践中应该如何理解这种变化，如何实践这种要求，对教师是一个挑战。怎样才能做到“用教材教”而不是“教教材”呢？陈大伟先生指出：教学内容不限于书本，它既来自课本，但更来自学生生活；教材不是学生的全部世界，世界才是学生的全部教材②。新课程要求教师要有正确的教材观。倡导教师“用教材教”，而不是简单地“教教材”。在教学中除了尽量充分发挥本套教材的各种教学资源外，还应拓宽视野，尽量研读、解读其他版本的教材，吸收其他版本教材及其优秀的教学资源。

（1）整体把握教材的编写特点。教师要仔细揣摩教材，理解编者意图，教学过程是将教材的知识结构转化为学生认知结构的过程，教师在教学中要树立整体观念，从教材的整体入手通读教材，了解教材的编排意图，弄清每部分教材在整个教材体系中的地位和作用，用联系、发展的观点，分析处理教材。怎样理解编者的意图呢？例题为什么这样设计呢？习题为什么这样编排呢？结论为什么这样引出呢？……经过这样的思考之后，教师肯定会提高驾驭教材的能力。

（2）处理好教材和其他教学资源的关系。教师要创造性地使用教材，要

---

① 陈汉光．从近三年广东高考试题与两个版本教材实验探究问题和习题的比较谈两个版本教材实验探究问题和习题的开发与利用［OL］．人民教育出版社网，http://www.pep.com.cn/peixun/xkpx/gzwl/kcyj/kcyj/201103/t20110309_1025747-htm.

② 陈大伟．在新课程中：困惑与成长［M］．成都：四川大学出版社，2004.

融入自己的科学精神和智慧，对教材知识进行教学重组和整合，精心选择更有效的教学资源，选取更好的内容对教材深加工，设计出活生生的、丰富多彩的课来，充分有效地将教材的知识激活。现行五种版本的教科书，对教学内容呈现的顺序存在着很大的差异，即使是对同一个课标内容的处理，也存在着很大的差异，对同一个知识点的呈现也可能存在很大的差异。仔细分析、解读各种版本对同一个课标内容的编写意图，有利于从整体上把握课标内容，整合各种版本的教材资源，优化教师的教和学生的学，着力围绕培养目标，提高学生认知活动的有效性。

（3）了解学生的知识结构和身心发展特点。建构主义的学生观强调，学习者并不是空着脑袋进入学习情景的，不能无视学生的已有知识经验，而是应当把学习者原有的知识经验作为新知识的增长点，引导学习者从原有的知识经验中增长新的知识经验。教学设计的对象是学生，教学设计的成效如何，将取决于对学生情况的了解程度。如果从实验的角度分析教学设计，那么课堂中的学生情况就是自变量，教学内容的组织、教学方案的选择、教学环节的调整等都必须随着学生这一自变量的变化而变化。要注重培养学生的学习能力与创造能力，表现为在仔细分析学生状况的基础上，引导学生去探索知识，使学生成为知识的最终拥有者。教材只是书面的东西，而且所载的信息是有限的。以往的教学只要求讲知识点，而现在的新课标强调要引导学生学会观察、学会思考、学会如何学习，培养终身学习的能力。教学应充分考虑到学生的身心发展特点，结合他们的已有知识和生活经验设计富有情趣的教学活动。

（4）静态的预设与动态的生成相结合。在教学中预设与生成是一种辩证关系，它们相辅相成、缺一不可。没有预设，课堂变成毫无目的的“放羊”；没有生成，课堂会变得死气沉沉，缺少学生的主动性和参与性。如果只是盲目生成，抑制生成，漫无目的地生成，这些都不利于我们的教学，只有恰当地预设和生成才能更好地达成教育目标和理念。倡导民主、开放、科学的课程理念，发挥学生的主体作用，不再只是课程实施中的执行者，而是成为课程的建设者和开发者；并且逐渐形成强烈的课程意识，为发挥教师的主体作用，灵活地使用教材提供了广阔的天地。

三、教学案例：“探究动能定理”教学设计分析

“探究动能定理”是新课标实施后，高考物理考试大纲的必考内容之一。这一内容在“人教版”和“粤教版”（必修2）分别有“探究功与物体速度

变化的关系”和“探究外力做功与动能变化的关系”一节。内容是针对研究的问题——功与速度（或动能）变化的关系，引导学生进行实验方案的设计，经过交流比较，设计出既与教材相联系，又不被教材束缚的创新实验方案，突出学习与创新相结合的教学理念。针对实验数据的处理，可以利用计算机软件（如 Excel 等）描点拟合图线，使实验数据处理显得更便捷，还能体验现代技术在实践中的运用。基于面向学习者的教学设计理念，考虑到高考命题是以考试大纲、考试说明和课标为依托，在“一课标多教材”背景下的命题思路，通过前端分析，强化学习资源的生成和有效利用，促进学生分析问题和解决问题能力的发展。

（一）教学设计的目标定向与教学的前端分析

1. 课程标准与高考考试大纲内容要求的比较

高考考试大纲是根据高校对新生文化素质的要求，依据《普通高中课程标准（实验）》，确定课程标准实验省区高考理工类物理科考试内容。高考命题又是以高考考试大纲、考试大纲说明和课程标准为依据。考试大纲说明是以考试大纲为依据结合实验省的课程开设的情况和不同的高考模式（3 + 理科综合、3 + X 或其他），确定考试内容、试卷结构和具体题型等。考试大纲说明在考试内容的表述上与考试大纲是一样的，这里仅就考试大纲与课程标准内容表述作一比较。

表 5 – 13　课程标准与考试大纲不同表述的比较

项目	表述	基本要求
课程标准	物理 2——机械能和能源（二级主题）——内容：通过实验，探究恒力做功与物体动能变化的关系。理解动能和动能定理。用动能定理解释生活和生产中的现象。 例 1：用打点计时器或光电计时器探究恒力做功与物体动能变化的关系。 例 2：从牛顿第二定律导出动能定理。	实验探究、理解
考试大纲（2011 年全国理科课程标准实验版）	必考内容——机械能（主题）——内容：动能和动能定理——实验（主题）——内容：探究动能定理	Ⅱ（与课标的“理解”和“应用”相当）

考试大纲从知识内容和实验考查对“动能定理”两方面作了具体的要求。对于“探究动能定理”实验方面，课标仅通过示例的方式，要求用打点计时器或光电计时器“探究恒力做功与物体动能变化的关系”，并通过牛顿第二定律导出动能定理。严格来讲，高中阶段学生只能推导恒力作用且在直线运动的情形下，外力做功与物体动能变化的关系。

2. 不同版本的教材分析

教材是学生学习的蓝本，也是高考命题者不可回避的一个素材，新课程改革打破了“一纲一本”的局面，出现了“一课标多教材”格局。不同教材的编写者，对“动能定理”内容的处理也是不相同的，以下就“人教版”和“粤教版”教材编写的结构与思路进行比较。

表 5－14　“人教版”与“粤教版”教材编写的结构与思路比较

版本	人教版	粤教版
章节	第五章 第 6 节　探究功与物体速度变化的关系	第四章 第 3 节　探究外力做功与动能变化的关系
提供实验探究器材	小车、砝码、长木板、打点计时器及纸带、学生电源、刻度尺、5～6根等长橡皮条	小车、砝码、长木板、打点计时器及纸带、重锤、铁架台、学生电源、刻度尺
实验装置		

（续上表）

版本	人教版	粤教版
数据处理	改变形变橡皮条的根数来改变做功的大小，通过纸带打出的点迹，求出对应速度，作 $W-v^2$ 图线	改变重锤的重力来改变做功的大小，通过纸带打出的点迹，求出对应速度，得到 W 与 ΔE_K 的关系
教材结构	探究 $W-v^2$ 的关系，找出功与物体速度变化的关系	在学生已知动能大小与速度和质量的关系的前提下，进一步实验探究恒力做功与 ΔE_K 关系→理论推导→实验拓展（利用平抛仪研究变力做功）
特点	是寻求动能表达式的实验探究过程，为重新构建动能概念和动能定理做铺垫	在学生已知动能大小与速度和质量的关系的前提下，进一步实验探究外力做功与 ΔE_K 关系

“人教版”教材突出了变力做功的情形下，探究功与物体速度变化的关系，通过 $W-v^2$ 关系图线，探究动能变化与外力做功的关系。“粤教版”沿用了恒力做功的情形，数据处理可用表格或图表的形式来呈现。

3. 对教学起点的前期分析

学习起点水平分析是指教学前学习者原有的知识与技能、过程与方法、情感态度与价值观等方面的基本情况。对学习需要分析是学习任务分析的依据，是提出教学设计前期分析的重要环节。通过“学习需要评价表”（见表5-15），对学习准备状态进行分析，使我们理解在教材处理上，是在原有的知识水平和心理发展水平进行的教学设计。

表 5-15 “探究外力做功与动能变化的关系”学习需要评价表

教学起点	目标	差距	原因分析
初中：九年级第十五章第四节动能和势能中“探究动能大小与哪些因素有关”，通过控制变量法探究动能大小与速度和质量的关系 高中：本章第 2 节动能的表达式：通过理论定量分析仅在恒力 F 做功的情景下，物体从静止开始运动时动能增量等于末动能，推导得到	①通过实验探究外力做功与动能变化的关系；②通过理论分析和论证在恒力 F 和摩擦力 f 的情景下，合外力做功等于物体动能的变化；③从特殊到一般的拓展再到动能定理，外力做功拓展到任意方向恒力或变力；④理解动能定理的内涵和外延，并能运用动能定理解决实际问题	实验设计，数据定量分析，得出结论；理解动能定理并能应用到实际情况	①实验器材的选择具有开放性，学生不习惯进行设计性的实验；通过实验目的选择器材，控制实验条件，并进行数据处理；②学生习惯于分析恒力作用下物体的运动，对于变力往往感觉无从下手

注：学习科目：“粤教版”第四章第 3 节 “探究外力做功与动能变化的关系”。

通过对教学起点的前期分析，明确了教学目标与学生实际存在的差距，通过原因分析可以找到最佳的教学方案。对于探究性实验，所选择的器材应具有开放性，使学生体验探究性实验的过程，要引导学生通过实验目的选择器材，控制实验条件，进行数据处理。

4. 实验探究的设计

本课题的关键是实验的设计。首先要明确几点：①是否与实验的目的相符。②实验是否可行（器材、时间、安全性等）。③实验的结果是否可以量化。教师可以通过小组合作学习的方式，组织进行教学。对研究的问题进行定向讨论，确定实验的目标，画出实验装置草图、实验步骤、测定的物理量等。以下从外力做功、动能（或速度）测定和数据处理等方面罗列出一些本课题常见探究的方法与思路：

☞探究的方法与思路

(1) 外力的做功测定。

①恒力做功：

利用重力为恒力做功（自由落体运动）；

利用重物牵引平面上的小车，当 m 远小于 M 时，拉力近似等于重物的重量；

重物沿光滑斜面下滑，重物受到的合外力为重力的向下分力为恒力；

……

②变力做功：

利用橡皮筋弹射，把弹性势能转化为动能，通过改变橡皮筋的根数来改变做功的大小；

重物沿曲面下滑，重物受到的合外力做功等于重力沿曲面的向下分力做的功，外力的大小和方向都变化；

利用弹簧弹射，把弹性势能转化为动能；

……

(2) 速度的测定。

利用打点计时器；

利用光电门；

利用平抛物体的运动规律；

……

(3) 数据处理。

计算法：运动规律：匀变速直线运动规律或平抛运动规律；

图像法：描点，画拟合线；

计算机采集数据，自动生成图线；

……

探究方案例析

考虑到不同的组合，实际的实验方案还是非常多的，如下图所示。

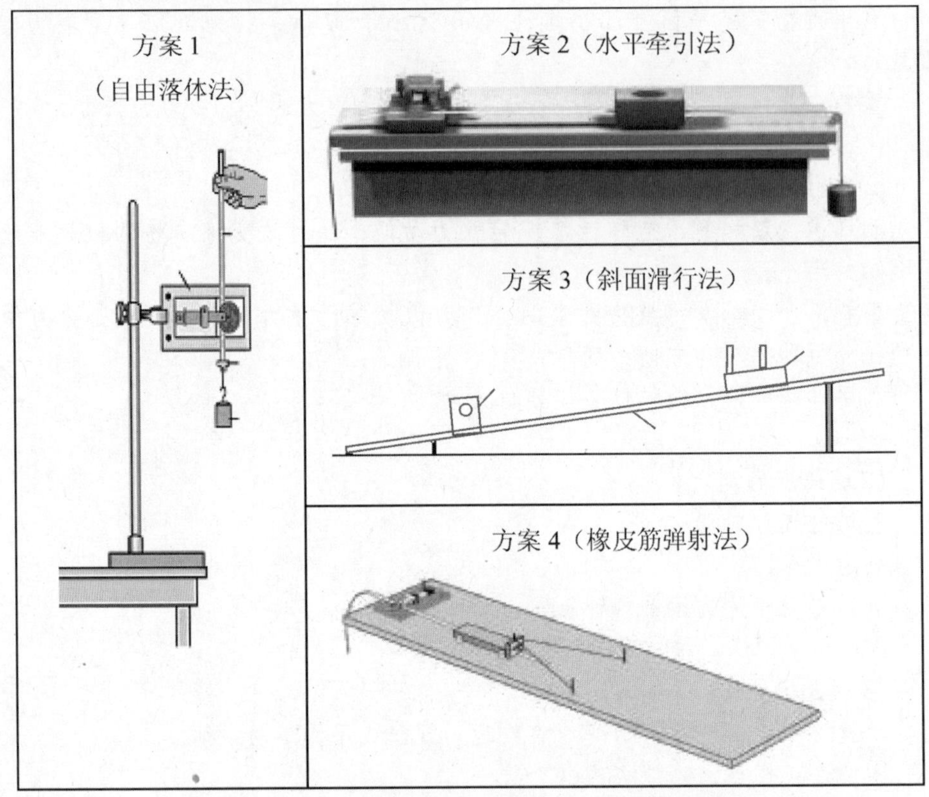

图5-2　探究外力做功与动能变化的关系方案举例

方案1和方案4正是“粤教版”和“人教版”教材中采用的方案，如果器材开放，实验的方案应该是丰富多彩的。以下仅就水平恒力牵引小车的方案2作分析，大致的实验步骤是：

①如图5-2所示，用细线将木板上的小车通过一个定滑轮与悬吊的钩码相连，改变木板的倾角，以小车的一个分力平衡小车及纸带受到的摩擦力，使小车匀速运动。

②在细线另一端挂上钩码，此处存在系统误差影响，要使小车的质量远大于钩码的质量，小车在细线的拉力作用下做匀加速运动，由此可以认为小车受到的拉力 F 的大小等于钩码所受的重力大小。

③把纸带的一端固定在小车的后面，另一端穿过打点计时器。

④进行实验，测出数据。

⑤在坐标纸上建立坐标系，描画 $W-v$ 图来观察分析功与速度的关系。如图5-3所示，观察 $W-v$ 图线特点，发现图线与抛物线相似，猜测 $W\propto v^2$，

再作 $W-v^2$ 图线验证。

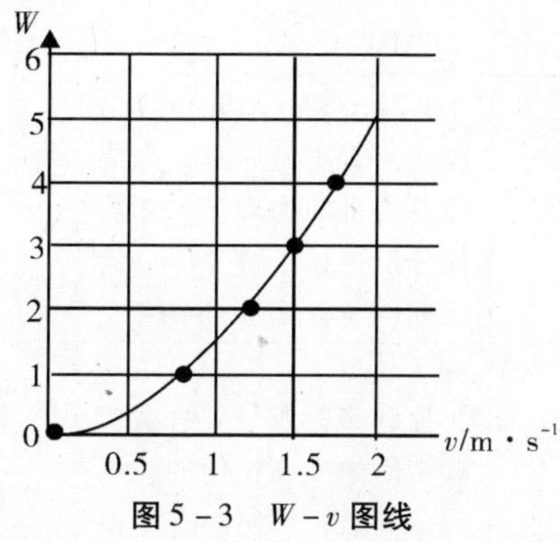

图 5-3 $W-v$ 图线

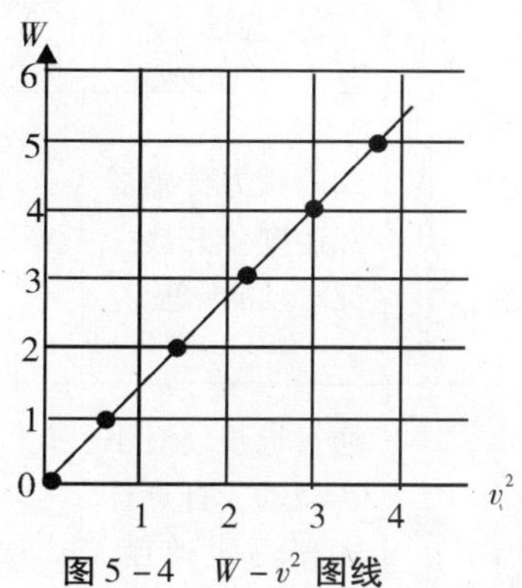

图 5-4 $W-v^2$ 图线

无论采用哪种方案，关键是要明确实验的目的，控制实验条件，完成必要的实验操作。

（二）探究题设计例析

由于探究情景的多样化，作为复习专题的设置，除给定器材的探究方案外，还可考虑器材开放，使学生能有更多的讨论空间，何况现在高考的命题已不拘于教材（或一种教材），会考查学生在不同的情景下，能否灵活应用所学方法分析和解决问题。

表 5-16 近年高考命题的特点分析

年度	命题情景	实验设计	数据处理的方法	考查要点	系统误差分析
2008 年广东第 16 题	水平力牵引法	利用打点计时器探究“动能原理” $\frac{1}{2}Mv^2-\frac{1}{2}Mv_0^2=(mg-f)s$	Δv^2-s 图线	①实验步骤：打点计时器的使用、纸带的处理；②实验原理：判断正功和负功；完成需要测量的物理量，实验验证的表达式；③数据分析：通过给出的 Δv^2-s 图线，得出实验结论	拉力测量系统误差，必须满足小车的质量远大于钩码

（续上表）

年度	命题情景	实验设计	数据处理的方法	考查要点	系统误差分析
2009 年广东第 16 题	水平力牵引法	利用拉力传感器和速度传感器探究“动能原理”	$\Delta E-W$ 图线	①实验步骤：由静止开始释放；②实验原理：完成需要测量的物理量；②数据分析：判断缺少部分的数据，画出 $\Delta E-W$ 图线	修正了拉力测量系统误差
2009 年安徽第 21 题	橡皮筋弹射法	通过橡皮筋对小车做功，打点计时器测定速度，探究力对原来静止的物体做的功与物体获得的速度的关系	$W-v^2$ 图线	①控制实验条件：每次实验中使橡皮筋拉伸的长度保持一致；平衡小车摩擦力；②数据分析：速度的计算方法；判断用 $W-v^2$ 图线进行分析	小车受到板的摩擦采用平衡法消除

从近年的命题来看，有必要注意以下几点：①命题情景以紧扣教材水平力牵引法和橡皮筋弹射法，不同版本的教材在教学中都要尽量补充一下。②控制实验条件尽量减少系统误差，如水平力牵引法的基本装置与验证牛顿第二定律的相同，要使小车的质量远大于钩码的质量；橡皮筋弹射法挑选的每根橡皮筋的结构要一样，每次拉抻的长度相同，才能让橡皮筋对小车做的功分别为 W、$2W$、$3W$。③实验的数据处理多采用画出图线的方法，作出 $W-v$（或 $W-\Delta v$、$s-\Delta v$）、$W-v^2$（或 $W-\Delta v^2$、$s-\Delta v^2$）等图线，值得注意的是：不同图线探究（或验证）“动能定理”的实验条件是不同的。仅当初速度为零时，$W-v$ 与 $W-\Delta v$、$W-v^2$ 与 $W-\Delta v^2$ 图线的物理意义才相同。

【例 1】某同学在探究功与物体速度变化的关系实验中，设计了如图 5-5（1）所示的实验。将纸带固定在重物上，让纸带穿过电火花计时器或打点计时器。先用手提着纸带，使重物静止在靠近计时器的地方。然后接通电源，松开纸带，让重物自由下落，计时器就在纸带上打下一系列小点。得到的纸带如图 5-5（2）所示，D 点为计时器打下的第 1 个点，该同学对数据进行了下列处理：取 $OA=AB=BC$，并根据纸带算出了 A、B、C 三点的速度分别为 $v_A=0.12\text{m/s}$，$v_B=0.17\text{m/s}$，$v_C=0.21\text{m/s}$。根据以上数据你能否大致判断 W

$\propto v^2$？

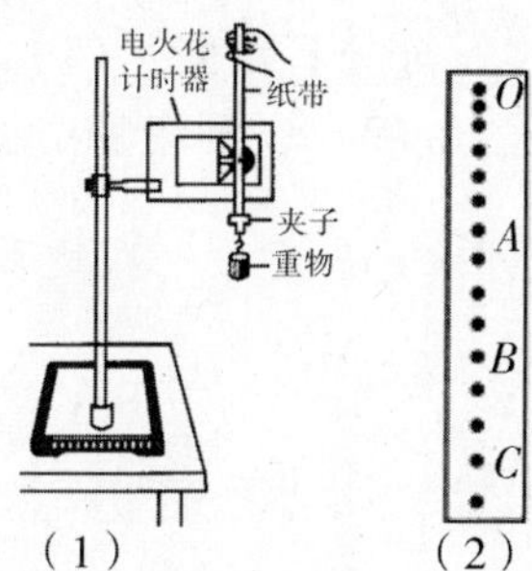

图5－5 功与速度变化的关系实验一

【分析与解】设由 O 到 A 的过程中，重力对重物所做的功为 W，那么由 O 到 B 的过程中，重力对重物所做的功为 $2W$，由 O 到 C 的过程中，重力对重物所做的功为 $3W$。由计算可知：

$v_A^2 = 1.44 \times 10^{-2} \mathrm{m^2/s^2}$

$v_B^2 = 2.89 \times 10^{-2} \mathrm{m^2/s^2}$

$v_C^2 = 4.41 \times 10^{-2} \mathrm{m^2/s^2}$

$\frac{v_B^2}{v_A^2} \approx 2$，$\frac{v_C^2}{v_A^2} \approx 3$，即 $v_B^2 \approx 2v_A^2$，$v_C^2 \approx 3v_A^2$；由以上数据可判定 $W \propto v^2$ 是正确的，也可以根据 $W - v^2$ 的曲线图来判断。

【点评】实验设计与“粤教版”的教材相同，但分析一下不难发现实验设计思路与验证“机械能守恒定律”是大致相同的。

【例2】用如图5－6所示的装置，探究功与物体速度变化的关系。实验时，先适当垫高木板，然后由静止释放小车，小车在橡皮条弹力的作用下被弹出，沿木板滑行。小车滑行过程中带动通过打点计时器的纸带，记录运动情况。观察发现纸带前面部分点迹疏密不匀，后面部分点迹比较均匀，回答下列问题：

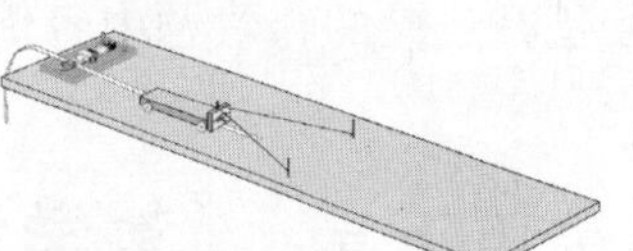

图5－6 功与速度变化的关系实验二

（1）适当垫高木板是为了____________________。

（2）通过纸带求小车速度时，应使用纸带的____________。（填“全部”、“前面部分”或“后面部分”）

（3）若实验做了 n 次，所用橡皮条分别为1根、2根……n 根，通过纸带求出小车的速度分别为 v_1、v_2……v_n，用 W 表示橡皮条对小车所做的功，作出的 $W - v^2$ 图线是一条过坐标原点的直线，这说明 W 与 v 的关系是____________________。

【分析与解】（1）平衡摩擦力；（2）后面部分；（3）W 与速度 v 的平方成正比。

【点评】实验设计与“人教版”的教材相同，重点考查对实验条件的控制和数据分析的方法。

【例3】在一个带喷水口的塑料瓶中装满水，用力挤压可使水喷出，用这种方法可测出挤压瓶所做的功。说明实验器材、需测的物理量，写出表达式。

【分析与解】(1) 实验仪器：刻度尺、天平；

(2) 需要测量：塑料瓶距地面的高度 h，水射出后落地点的水平位移 s，则水射出时做平抛运动，初速度 $v_0=\frac{s}{t}=\frac{s}{\sqrt{\frac{2h}{g}}}=s\sqrt{\frac{g}{2h}}$，人所做的功，由动能定理得：$W=\frac{1}{2}mv_0{}^2=\frac{1}{2}ms^2\frac{g}{2h}=\frac{mgs^2}{4h}$。

【点评】本题探究变力做功的情景，测量速度的原理是利用平抛运动规律。

(三) 专题教学设计的基本思路

本专题设计是基于课标、不同版本教材和学生的实际。探究习题的设计是开放性的，习题内容仍源于教材，但不拘于教材。

第五节　教学评价：形成性评价及反馈矫正系统

有效的教学评价策略是教学过程不可或缺的。按照教学评价在教学活动中发挥作用的不同，可把教学评价分为诊断性评价、形成性评价和总结性评价三种类型。本节仅就形成性评价及反馈矫正策略进行探讨。

一、教学反馈矫正系统

形成性评价是课堂教学和学生学习过程中进行的系统评价。形成性评价的结果不是单纯对学生的学习成果作初步的鉴定，它主要是发挥对教与学的反馈作用，为下一步的教学提供必要的、准确的矫正信息。因此，它克服了传统教学中反馈不畅的机制，从而为提高教学效果奠定了基础。

物理教学过程中的形成性评价，就其运用的方式不同，至少可分为两个层次：

(1) 在单一的物理课堂教学过程中的形成性评价。这主要是通过观察学生的表情、态度和回答问题的状况，以及物理实验操作的准确性等，在课堂教学进程中作出反馈。这种在课堂教学中的评价还常配以较少量的课堂反馈题的方式加以测评，教师可根据学生是否达到该节课的教学目标以及教学进度和教学方式是否符合学生的认知能力，加以调整物理教学的进程。

（2）以教学单元为单位的形成性评价。这就是对每个物理教学单元达到的目标群准备好评价项目，进行形成性评价。这种形成性评价是检查学生在经历物理单元教学后，达到何种程度的活动，如其结果表明学生均已达标，可转入第二次学习机会（即深化教学过程）；若一部分学生已达标，而另一部分学生未达标，那么就可对后者进行矫正和补救教学。矫正和补救教学可采用集体辅导、单个辅导，也可采用布置家庭作业的方式，这种形成性测评以考试的方式实施时，可占用一部分上课时间，评分也可采用自我评分或互相评分。在实际教学中，以上两个层次的评价处于整个教学进程中，其反馈及矫正系统如图 5－7 所示。

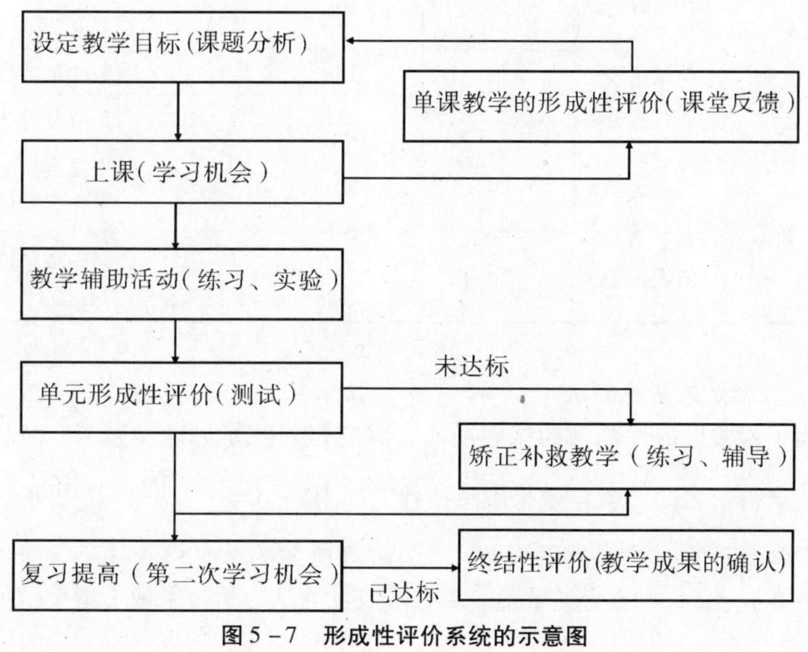

图 5－7　形成性评价系统的示意图

形成性评价发出的反馈及矫正信息，在整个教学进程中是确保教学质量不可缺少的因素之一。

二、定量化分析

单元形成性测试是对所教学的单元进行目标分析，列出目标细目分析表，根据表载的每个评价目标来准备评价项目进行测试。通过这种测试，可以在结构上把握各物理教学单元应当达到的目标群中，哪些未达到以及未能达到目标的原因及存在的问题，而且可以发现学生共同的学习难点，为教师采取矫正补救措施及授课计划的调整提供依据。

下面是对某校高一学生的形成性测试作一些定量分析。表 5－17 为测试目标细目分析表。

表 5－17　测试目标细目分析表

教学单元	节次	术语、事实原理的回忆	事实原理相互关系的解释	根据原理应用解决问题	内容分配
动量第一单元	动量和冲量	5	10		动量的概念 冲量的概念
	动量定理	5	15		动量定理
曲线运动	运动合成分解	10	25	10	合成分解法则
第二单元	平抛运动	20	20	20	平抛运动定义 平抛运动公式
	斜抛运动	20	20		斜抛运动特点 射程、射角

1. 教学效果敏感指数

为了检验形成性测试的试卷品质，看它是否测量到教学效果，可以用下列公式求得每题的“教学效果敏感指数”，记作：$S=\frac{R_A-R_S}{T}$，其中 R_S、R_A分别为教学前后答对该题的学生数，T 为解答该题的学生总数（不含未答该题的学生数）。表 5－18 为动量第一单元形成性测试教学效果敏感指数（$T=60$）。

表 5－18　动量第一单元形成性测试数学效果敏感指数

题号项目	1	2	3	4	5	6	7	8	9
R_S	55	56	52	52	44	30	30	6	33
R_S	2	3	1	0	1	2	0	0	0
S 值	0.88	0.83	0.85	0.85	0.71	0.53	0.55	0.08	0.60

显然，$S=1$ 时是最理想的试题，当 $0<S<1$ 时为有效试题，$S<0$ 为不良试题。本次测试表明题序 1、2、3、4、5 题测试的教学效果明显，6、7、9 题稍弱。$S_8=0.08$ 测试目标的教学效果不太好。但 S 值的高低仍然很难说明教学效果本身，S 值低可能试题或教学无效，S 值高可能教学有效或学生熟悉解答内容的缘故。考查第 8 题，确属于较高的能力要求。

2. 决断分数

为了确定内容的效度，可以用前测来预测学生未来的表现。找出本单元需要补救的学生人数。具体做法：将学生教学前测分数划一个分数段。绘制预测表。表 5－19 是曲线运动第二单元的形成性测试（测试题为笔者自拟）。从表中可看出教学前测和后测成绩与是否达标的关系。

表 5－19 曲线运动第二单元的形成性测试

前测分数	未达标	后测分数	已达标
0～5	4		1
6～10	8		2
11～12	1		21
20～30	0		1
总计	10		25

从表 5－20 中可看出前测在 10 分以下者，在该单元结束时，几乎没有人达标，于是我们把 10 分作为这一群体的决断分数。就是说凡是高于 10 分的学生可以进入新单元学习，而低于 10 分者，则需要进行矫矫正补救教学。教学上要设计矫正补救教学程序，使未达标者在学习新单元前能够充分达标。

3. 测试的信度

信度是测量的一致性。形成性评价注重学生对所学内容掌握的程度，而不是强调差异性。因此，采用常模参照测试求变异系数的方法是不合适的，可用复本法计算测试的信度。表 5－20 为曲线运动第二单元的测试信度分析。

表 5－20 曲线运动第二单元的测试信度分析

人数	A 卷达标数	B 卷达标数
B 卷达标数	22	3
A 卷达标数	4	9

从表5－21可以看出，上述测试的信度 $r=(22+9)/40=0.77$。可见，测试信度较高。

三、几点看法

（1）形成性评价是目标参照测试，所以，测试所包含的内容应和学习结果联系起来。为了了解学生的实际水平，即使是很容易的题也不要删除，切忌为了追求区分度和扩大分数范围，随意更改题目的难度。例如某个教学单元结束后进行测试，也许所有学生都答对某试题，于是该题的区分度为0，但是这仍然表示试题和教学有效。

（2）形成性测试题应该把单元的所有知识点包括在内，但也要注意测试目标的梯度，考虑学生认知水平的发展，而提高测试题的目标层次。在新单元学习中着重对知识、理解和简单应用层次的测试，在以后的总结性测试中适当提高分析和综合的测试目标。

（3）测试的信度、效度不能单纯用传统的方法估计（因为分数离差性小）。

第六章

行动学习：以“课例”为载体实践共同体的建构

过去区域内的校本教研，一种是听听课、评评课而已；还有一种形式不错，可活动过后，教师需要反思的东西很少。笔者参加了71中学科课题的开题申报并组织了教研活动，因受到优秀科组长和教师对教研的理解和热情的感染，便在博客上写下了两段话：

上星期三，到71中参加区级课题的开题。科组长李老师成功申报了区级规划课题，内容是“以学定教”的教学策略研究，从课题的最初选题，到最终的课题确定，我都比较了解，看过申报书后，感觉研究目标和内容还需更明确。参加开题后，他们研究方案比过去明确多了，对几种课型（课授课、讲评课等）的研究，形成教学流程或模式，学科内容的重组，全员参与，分工明确。可以看出他们是走一条以课题引领校本教研的模式，在基层学校，能这样做的确实是教研层次比较高的。

星期五在白云中学组织了区高中物理教研，主题是基于校本“课例研究”，高一、高二的两个课例分别进行研讨。我参加了高二研讨活动的全过程，研讨会从平时的2：30开始，提前到2：10，加了一个课前的会议，没想到，整个研讨气氛非常好，大家积极发言，结束的时候已到了4：30。在本学期市科组长会后，与陈老师商量策划这次区域基于校本“课例研究”专题活动，总体来看，效果还是比较好的。有些地方还需改进，课前会议教师讲述再充实一些，参与的教师可以多一些。这些只能在今后教研活动中加以改进。①

---

① 校本教研的思考：实践取向和研究范式［OL］. http：//bywuli. blog. edu. cn，2012－03－18.

第一节　知识共享模型的启示

在谈教师培训时人们常常叹道，校本培训的效果不尽如人意。一是专家讲座讲道理的多、理论的多，谈操作的少。如何将理论运用于实践，听过之后仍然是云里雾里。二是虽然是真实情景操作型的培训，但未必适合自己学校的实际。这就是校本教学研修发现的“听了未必接受”的现象。传播学的“认知不协调”理论认为，人们总是回避同自己原有认知要素对立的不协调信息，而积极接触与之协调的信息（L. Festinger）。教育是个容易保守的事业，教师对不协调信息较易于排斥、扭曲，难以“重构”。另外，还存在“接受了未必会用”的现象。哲学认识论的“默会知识论”指出①，专业人员所具有的知识大多是缄默（不能解释）的、个性化的，而且镶嵌于情景活动之中（需要“做中学”）才能学会（M. Polanyi，1956）。

20 世纪 50 年代，美国心理学家乔瑟夫·勒夫（Joseph Luft）和哈里·英格拉姆（Harry Ingram）在从事一项组织动力学研究的时候，就沟通的技巧和理论建立起一个以他俩的名字合并而成的“JoHari”——乔哈里模型，后来成为被广泛使用的管理模型，用来分析以及训练个人发展的自我意识，增强信息沟通、人际关系、团队发展、组织动力以及组织间关系。乔哈里模型把人的内心世界比作一个窗子，它有四个区域（见图 6 - 1）：开放区（Open Area），自己知道，别人也知道的信息；隐藏区（Hidden Area），自己知道，别人不知道的秘密。盲区（Blind Spot），自己不知道，别人却知道的盲点；未知区是尚待挖掘的黑洞，它对其他区域有潜在影响。

---

① 波兰尼认为：“人类的知识有两种。通常被描述为知识的，即以书面文字、图表和数学公式加以表述的，只是一种类型的知识。而未被表述的知识，像我们在做某事的行动中所拥有的知识，是另一种知识。”参见：郁振华. 人类知识的默会维度［M］. 北京：北京大学出版社，2012.

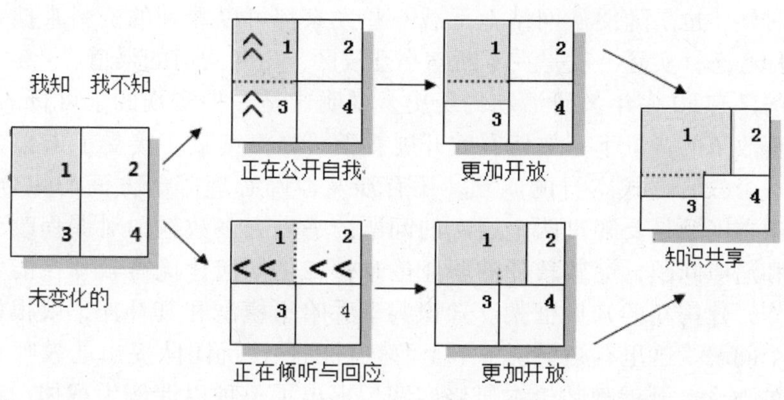

图6－1 知识共享乔哈里模型

乔哈里知识共享模型或乔哈里窗（Joseph Luft & Havry Ingham，1984），能正确解读并实现群体中的对话与知识共享。可是，该模型中的未知区始终不变，因此未能完整解读教学问题解决中如何建构新知的过程。这就需要在教研实践中寻找另一类模型，是对乔哈里窗的补充。

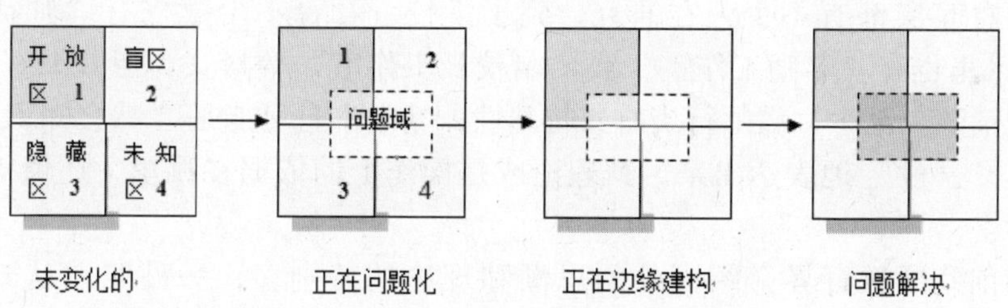

图6－2 知识共享乔哈里模型的补充

有关教师知能的研究表明，优秀教师善于在常规行为中生成问题域，凭着大脑资源再投入和在能力极限边缘工作，解决拓展性的新问题，这种特有的回应工作环境的方式促进了他们的专业发展（Bereiter & Scardamalia，1993；徐碧美，2003）。

就拿学校来说，同一个学科教师之间的相互沟通和资源共享是教研组、备课组建设非常重要的一环，是教师提升自己专业素养的重要途径。但在不少学校，要实现教师之间的教学资源共享非常困难。很多教师总是想方设法去了解别人在做些什么，但对自己的东西看得很紧，谁也不给，在学校提出要求的时候，也是随便从网络上下载一些大家都可以看到的资料来搪塞。这样的一种心态，实际上就是在不断缩小开放区，阻断沟通的渠道。

我国已有50多年教研活动的历史，说明这是一种实现的、可行的方式。在新课程改革的背景下，如何有效开展教学研究，克服“接受了未必会用”，不仅是一个教研方式本身的问题，还有涉及教师心理等诸方面的综合问题。教研的根本问题是要解决两个层次的问题：一是大多数教师对课程改革本身的接受和适应问题，突破教师的职业倦怠；二是如何让优秀教师在能力极限边缘工作，建构新的知识框架。知识共享乔哈里模型和其补充，就很好地回答了这个问题。这里有必要说一下上海教科院顾泠沅团队提出的教师“行动教育”的概念，开展教师校本研修实践，提出了一种以课例为载体，在教学行动中开展专业理论学习在内的教师教育。突破了以往“案例教学”只追求“真实情景”而导致活生生的教育真实的忽略。

第二节 “认知学徒制”能突破职后教育的困境吗

在教师发展方面的确存在不少困境，从入职教师的成长到教师如何突破职业倦怠其实都有不少人在研究，到了学校，看看不少学校有“师徒结对子”，区里也有“名师工作室”或“名校长工作室”等形式，但效果好不好，很难说清楚。至少，教师行当有其特殊性，教学本身可能是“默会知识”，如何让其“显性”地表达出来，其理论或是操作上的依据在哪里，还值得大家去思考。

目前我国教育界介绍国外的思潮和理论的特别多，一种叫“认知学徒制”，英语原文是Cognitive Apprenticeship。这是依据情景认知理论而提出的，国外已施行几十年了，而且有很多这方面的研究。首先，与学徒制不同，认知学徒制主要针对教学过程，强调知识必须用来解决现实生活中的问题。概念性知识和事实性知识只有在不同情景中使用后才能掌握，鼓励学生对概念和事实本身的意义进行深刻的理解，并与问题解决情景之间建立丰富的联系网络。既关注过程又关注情景学习。另外，“认知”强调关注一般的认知技能和认知过程，而不是现实技能与过程。强调改变学习环境以使得这些内部思维过程外显化。

表6-1 设计认知学徒制环境设计原则

内容	方法	顺序	社会性
专家技能需要的知识类型（领域知识）	促进专家技能发展的方法	安排学习活动顺序的关键	学习环境的社会特征
启发性策略	示范 辅导	增加复杂性	情景化学习
控制策略	脚手架	增加多样性	实践共同体、合作
学习策略	表达、反思、探索	全局到局部技能	内部动机

认知学徒制与传统学徒制之间有两个主要的区别：①与传统学徒制不同，在认知学徒制中挑选任务和问题是为了说明特定技术和方法的功能，给予学生在多种情景中应用这些方法进行实践的机会，并且任务的难度逐渐增加，各种技能和模型组建就可以进行整合了。简言之，任务是顺序编排的，反映了学习需求的变化。②传统学徒制强调在应用境脉中教授技能，而认知学徒制强调一般化的知识，一般可以在不同的环境中应用。

认知学徒制中“策略知识”是隐性知识显性化。隐性知识是使人们有能力利用概念、事实以及程序来解决现实问题的知识。我想外国的理论是现成的，尽管“专家”说得再好，是不是完全适合我们，这有待在实践中进一步验证。

第三节 以“课例”为载体的实践研究

一、研究的基础

“课例”是指源于教师课堂教学实践活动，但不是简单的教育教学活动的实录，是渗透着对特定教育问题的深刻反思，在被描述的具体情景中包含一个或者多个引人入胜的问题，同时也包含有解决这些问题的方法和技巧，既有具体情景的介绍和描述，也有一定的理论思考和对实践活动的反思。“课例”研究是对教师的课堂教学行为进行有效的评价，授课教师根据评价理念进行教学设计，利用评价反馈信息反思教学过程，调整教学行为，指导今后的教学实践，最终通过教师积极主动地自我调节和控制，促成教学行为的改变，提高课堂教学水平，促进教师专业发展。

以“课例”为载体建构实践共同体的思路，是基于我国现有独特的教研环境下，通过实践共同体去实现“课例”，同时，“课例”为载体实现新手向专业人员的转变，使合作和学习成为可能。

全球化背景下的提高教学质量运动、课程改革与教师发展是会议的焦点，尤其是各个国家把共同关注点都聚焦在了课堂教学研究上。目前有日本的授业研究（Lesson Study，也译为课例研究）、中国香港的课堂学习研究（Learning Study）和中国上海的行动教育（Action Education）三种模式引起广泛关注。美国、新加坡、伊朗等一些国家把授业研究视为“改变21世纪教师专业发展的强有力途径”而加以推广。

日本的研究者在探讨教师专业发展中形成的看法是：“让教师走进课堂同学生一起做研究。”日本学校教师在职培训的基本途径就是授业研究，他们认为“这种教学研究活动比其他形式的在职教育更能有效地发展教师的能力、提高教学质量、促进学生学习，以及促进教师对学校中未来共同利益关系的认识”。“授业研究”是一个包括“提出问题、制订计划、采取行动、进行观察、反思和修改计划”的实践性的循环过程。在日本，通过“授业研究”形成了大学和学校层面的合作，政府则把授业研究视为在职教师校本培训最基本的有效形式而在财力上给予支持。授业研究是教师为提高教学实践质量而进行的有组织的教师探究活动，它要求教师参与到从提问、计划、反思、行动、观察到反思、重新计划和再质疑的整个过程中，是一种教师共享的专业文化。日文中“授业研究”有另一个姊妹词语“研究授业”，意思是“公开研究课”，意指学校向社区开放学校和课堂，是一项特别的开放活动。

香港“课堂学习研究”是卢敏玲主任领导的香港教育学院“院校协作和课堂学习研究中心”于2000年正式提出，迄今超过100所学校推行的一种研究人员与中小学教师共同参与、致力于改善课堂教与学为目标的教学研究活动。在借鉴日本的授业研究和中国内地传统教研活动后，他们认为“如果能推动教师间互相协作、针对学习内容作出研究，往往能对学生的学习带来较佳的成效”。“课堂学习研究”其主要目的是改善课堂教与学，帮助教师找到兼顾学生个别差异的方法，最终目的是期望找出教师处理学习内容的方法与学生学习成效之间的关系。其最大特点是以“变易理论”为支撑，用三个层次的“变易”设计和分析教学。变易理论认为，一个人对某个事物的理解，取决于他所能关注或辨识到的该事物的特征。学习意味着对学习内容的理解，也就是学生必须辨识到事物特定的“关键特征”。妨碍学生学习的原因，可能是学生没能辨识所学事物的关键特征，或缺乏帮助他们辨识的经验，或原有经验成为其重新辨识的障碍。他们在课堂学习研究中发展出三个层面的变易：

学生对学习内容的不同见解带来的变易、教师对学习内容的不同见解及处理方式带来的变易、利用适切的“变易”作为指导教学设计的工具。其操作步骤有：①选取课题，初步拟定学习内容及其关键特征；②开展教学设计及课堂实践；③开展教学评估。完成教学一周内，用与前测相同的题目进行后测，来评估学生的学习成绩与课堂学习研究之间的关系。同时应用三个层面的变易从理论角度分析教学过程；最后撰写报告及分享成果。把课堂学习研究成果（包括教学分析过程）撰写为报告，作为下一轮研究的重要参考材料。香港“课堂学习研究”的突出特征是：有独特的理论框架作为支撑，在理论框架下分析教学具有很强的技术性；非常强调教师对学习内容的选择和关键特征的厘清，提高课堂教与学的过程中注重学科的实质。

上海的“行动教育”是上海市教科院顾泠沅教授带领其团队于2002年开发的教师在职教育模式。他从上海优秀教师成长个案中，系统地归纳课例研究的基本模式为“三个阶段、两次反思、行为跟进”。“三个阶段”是指：关注个人已有经验的原行为阶段，关注新理念下课例的新设计阶段，关注学生获得的新行为阶段。连接这三个阶段活动的是两轮有引领的合作反思：①反思已有行为与新理念、新经验的差距，完成更新理念的飞跃；②反思新的教学设计与学生实际获得的差距，完成理念向行为的转移。这样的流程多次往复，达到螺旋式的上升。在三个阶段中，“实践反思”是对教师原有经验、吸收的新理念和新经验，根据课堂教学行为进行不间断的动态思考过程；“专业引领”表现为有经验教师的实践层面的引领和专业研究人员的理论理念层面的引领，不是单边的专家引领；“行为改进”注重把教师在实践和讨论后产生的新经验、新理念最终落实在课堂教学实践中而不仅仅在头脑中。

二、已有研究存在的问题

对国内外“课例研究”进行比较，可以发现一些共同的特点：一是课例研究被视为一种教师教育的“载体学习”方式而开展；二是以一定的研究方式支撑课例研究的操作过程；三是关注课例研究中的学科内容及其实质。

操作过程也存在一些不足和缺失：日本“授业研究”的开课教师往往是学校里的“志愿者”，教师的专业发展过于依赖教师的“自觉性”，那么难免让人担心那些“不愿意”开课教师的专业发展情况，以及“志愿者”的数量在学校里究竟有多大比例、在多大程度上影响着其他教师的专业发展。香港“课堂学习研究”变易理论作为支撑性分析框架，很难被教师所理解。对一线教师而言，这种校本教学研究的开展必然面临很大的“技术性”困难：课堂学习研究中对内容的选取和关键特征的厘清，除了学科教育专家和少数专家型教师以外，很难被学校教师所驾驭，这增加了“校本”推行的难度。上海“行动教育”作为专业引领之一的实践智慧绝大多数很难被直接表述，因此这样的引领只能凭经验判断，该模式借助了一批专业领军人物的引领，同时教研行政组织进行研究活动的协调和统筹，很难被其他区域“复制”。

因此，至少有两点可以尝试一下：一是在形式上以在“校本”的基础上，延伸到区域教研，使教师更容易参与和接受，我们把它称为“拓展式”课例研究范式；二是建立一个便于教学分析的研究框架，便于实际的操作。而分析研究框架以学习内容分析为突破口，这是直接影响学生学习质量的内部因素，这和我国传统的“重点、难点、关键点”分析，关注学科实质、关注学生特点和关注教法加工等方面综合处理的做法是一致的。

三、“拓展式”课例研究范式

我国区域教研模式，存在形式单一、内容枯燥等问题，严重制约了区域教学研究的发展和教师对教学研究的积极性。深圳市福田区教研中心孙利秋老师有一项调查表明①：38.14%的老师认为目前的教研活动形式比较简单，3.09%的老师认为目前的教研活动形式过于单一。以往的教研活动形式一般有听课评课、教学竞赛和毕业班备考经验交流等。77.32%的老师表示不愿意参加教研活动是因为质量差的原因，由此可见，保持教研活动的质量也是很重要的，每次教研活动都要精心策划和组织，提高教研活动的效率。老师希望有更多创新的教研活动形式，教研员也希望在探求出更多教研方式的同时找到行之有效的教研方式，并将其深入发展。除了教研活动的形式比较单一，教研活动流于形式也是问题之一。教研活动常见的存在问题有：一是没有研修的主题，没有提早策划和准备，研修时没有按计划组织每个步骤，研修后没有反思与跟进，实效不高。二是教研活动成为个别骨干教师和年轻教师的“专场”，许多老教师游离于之外。三是没有形成教师专业研究共同体，教师之间的交流、互助、合作的研究氛围不够，研究停留于简单而表面的一些问题，难以上升到更高的研究层面。

如何突破区域教研方式的单一局面，把基于“校本”课例研究延伸到区

① 孙利秋．更新模式让区域教研活动更高效——“主题式结构教研模式”的探索与思考［OL］．http：//www.pep.com.cn/lsysh/jszx/dxhd/ftq/201203/t20120307_ 1105466.htm.

域教研，同时，通过建立教师的实践共同体实现区域教学资源的整合与利用。

与学校开展的教研活动不同，第一、第二轮是研究小组在校本进行，第三轮进行区域教研活动。校本和区域教研的侧重点有所不同，区域教研可通过组织参与者进行课堂观察。第三轮安排的课后会议，展示第一、第二轮课堂教学反思，对第三轮教学组织评课。以下是三轮教学的安排：

第一轮研究：原行为阶段。大体分为“教学设计—课堂观察—反馈会议”三个步骤，即实验教师自已独立进行设计，上研讨课，课题组全体成员听课、观察，全程录音、录像，然后召开反馈会议，对这位教师的教学过程进行反思，找出存在的主要问题。

第二轮研究：新设计阶段。仍分为“教学设计—课堂观察—反馈会议”三个基本步骤，所不同的是，先由实验教师围绕要研究、解决的主要问题提出设计改进思路，然后是课题组教师发表意见，提出建议，上第二次研讨课，课题组全体成员听课、观察，全程录音、录像，然后召开反馈会议，对教师第二次公开课的教学过程进行反思，寻找设计与现实的差距。

第三轮研究：新行为阶段。上第三次研究课，安排区教研活动展示课例。区中心组组织课堂观察。

课后会议的主要内容有：

（1）第一、第二轮的教学和第三轮的教学设想，进一步调整教学行为的落实情况。

（2）组织参与教师的评课。

从“校本”研究到区域教研延伸的教研模式，克服了单纯地听评课的教研模式，是“全景”式的课例研究的拓展，把“课例研究”方式移植和拓展，对促进区域教研的有效开展有着积极的意义。

四、“实践共同体”的构想

“实践共同体”的概念是由美国知名的人类学研究者莱夫和温格在其合著的《情景学习：合法的边缘性参与》（1991）一书中，研究情景学习时首先提出的。其基本含义是：共同体是一群有着共同的关注点，对同一个问题感兴趣的个体，在同一个实践活动中相互影响，从而提升自己在这一领域中的专业知识和技能的组织形态。“实践共同体”是诸多个体的集合，这些个体长时间地共享共同确定的实践、信念和理解，追求一个共同的事业。在该共同体中，每个成员都有着共同的任务、相关的实践资源以及共同认可的常识。

“合法的边缘性参与”是一个比较新的概念，许多学习科学研究者在建构主义的视野下，企图从相关学科的研究中反思，而超越传统的、基于心理学的情景与认知学习理论中所产生的一个关于学习科学的术语。“合法的边缘性参与”是一个整体概念，在对这一概念的理解和运用中，不能衍生出与“合法的”、“边缘性”及“参与”等相对的“不合法的”、“中心性”、“不参与”等概念的理解。“边缘性”意味着多元化、多样性，或多或少地参与其中，以及在实践共同体中、参与的过程中所包括的一些方法；“边缘性参与”将引申出“充分参与”。充分参与试图在多元化的实践共同体成员关系的多样性关系中寻求一种平衡，能公正地对待包括在共同体成员各种不同形式中的关系的多样性。它是一个积极的术语，其最明显的反义词是对进行着的活动的不相关性或非相关性，即一个动态的概念。在这个意义上，当边缘性被赋予权利时，它暗示着一种开放的通道，一种为了理解的目的通过逐渐增长的进入通达源头的途径。如果要获得自己充分的分析潜能，边缘性参与本身固有的模棱两可性必须与合法性、与资源的社会组织和控制等议题相关联。人类学家的“边缘性参与”是一个积极的、肯定的术语，在正在进行的活动中，与“边缘性”对立的反义词应是“无关性”和“离题”。“合法的边缘性参与”的形式让隐含在人的行动模式和处理事件的情感中的默会知识在和人与情景的互动中发挥作用，并使得默会知识的复杂性与有用性随着实践者经验的日益丰富而增加。“合法的边缘性参与”不是一种教育形式，更不是一种教育策略或教育技术，而是一种分析学习的观点，一种理解学习的方式，或者说即学习。

“合法的边缘性参与”的“实践共同体”与通常所说的“学习型组织”有本质的差异。学习型组织（Learning Organization）是能够有力地进行集体学习，不断改善自身收集、管理与运用知识的能力，以获得成功的一种组织。彼得·圣吉（Peter Senge）在《第五项修炼》中认为“我们中的大多数人有时是一个很大的‘队伍’中的一员，一群人用一种特殊的方式一起行动——他们互相信任，互相取长补短，他们有着比个人的目的更大的共同目标，他们取得了特别的成果”。“实践共同体”被其定义为“关注某一个主题，并对这一主题都怀有热情的一群人，他们通过持续的互相沟通和交流增加自己在此领域的知识和技能”。温格认为，学习是一项社会化的活动，人们在群体中能最为有效的学习。这里所谓的“实践”，就是积极主动参与学习以及与专家和同侪的互动。从二者的定义来看，“学习型组织”不能等同于“实践共同体”，学习型组织更重视“共同目标”引领，具有较强的目的性和功利的色彩。而“实践共同体”更重视的是参与，参与的过程有“角色”的定位，从“边缘”走向“中心”，参与的过程也是一种动态的变化过程。

教师们在以“课例”为载体的研究过程、在教研文化语境下建构的“实践共同体”过程中有一些新的特征和问题。

（1）“课例”研究使合法边缘参与突破时空限制性，“实践共同体”的组合更加容易。这种“实践共同体”可以是同校的教师组成的研究小组，也可以是不同学校教师的研究小组；特别是小规模学校，也可联校进行，另外，同一个“课例”可由跨年级的教师共同参与。

（2）“课例”研究的主题多样性，拓展了“实践共同体”活动的空间，活动主题可以是共同关心的教学“重点”或“难点”主题，也可以是针对某种教学模式或教学方法的学习。

（3）在现有教研文化语境下，教师更容易“合法”参与到“课例”研究的“实践共同体”中。这一机制更容易引起“边缘性参与”，为“合法的边缘性参与”提供了前提条件。

（4）改变学习共同体内部约束方式，对合法边缘参与的机制的创新带来了契机。基于真实情景的“课例”研究，可用对新教师的培训，也可促进“名教师”的成长，教师们还用现场收集课堂中表现的数据并作出反馈，改进自己的教学。

当然，如何充分参与，如何有效学习，如何使参与者真正体会到学习成为教育实践的一部分，如何减弱甚至消除各种非相关因素对学习者学习情景的消极干扰等，都有待进一步探讨。

第四节　案例分析

在教研文化环境下“课例”被赋予较多的含义，可能难以承载所含的实际意义。以“课例”为载体的教师行为学习仅分为两类研究课。

（1）一人同课多轮的“课例”研究——培养青年教师：第一轮独立课，展示教师个人设想；第二轮会诊课，针对问题，同组教师提出新方案；第三轮反思课，不断修改和完善。

（2）多人同课循环教学“课例”研究——深化对教材的理解、教学方法、教学模式研究。教研组教师同上一节课。第一位教师上完课，第二位教师针对第一位教师存在的问题（不同教学方式）上第二次课；第三位教师针对第二位教师课堂存在的问题（教学方式的改进）上第三次课。

课例研究通常意义上是关于一节课的研究。实质上，课例研究不是着眼于改进某一节课的活动，而是一种以教师为主导的教学循环，是提升教师专业水平的重要方式。

课例研究的进行过程如下：

（1）研究小组制订课例研究实施计划：共同组成研究小组，或可邀请专家、教研员参加；制订实施计划，包括研究目的、时间节点、试点教师、具体措施等。课例计划是课例研究的主干，课例计划支撑着课例研究的过程。它为“课例”的活动提供了一个“剧本”；它向其他教师传递着主讲教师课堂构想的信息；它为教师观课提供了方向和指南，为观察者记录和分享提供场所。

（2）首轮研究课：原行为阶段观摩课，由一名教师在真实的课堂上讲授“研究课”，即试点教师自己独立进行设计，上研究课，小组成员听课、观察，全程录音、录像。

（3）小组研讨：教师团体聚集在一起针对研究课讨论听课情形，对这位教师的教学过程进行反思，找出存在的主要问题。

（4）再开研究课：新设计阶段观摩课，可由实验教师（或另一名教师）在另外的课堂上讲授研究课，其他教师进行观课活动。可先由实验教师围绕要研究、解决的主要问题提出设计思路，然后是全体教师发表意见，提出建议，上第二次研究课。小组全体成员听课、观察，全程录音、录像。

（5）小组再研讨：召开反馈会议，讨论听课情形，对第二次研究课的教学过程进行反思，寻找设计与现实的差距。

（6）三开研究课：新行为阶段观摩课，参照第二轮的步骤，上第三次研究课，进一步调整教学行为。

若有必要，还可继续进行第四轮、第五轮等研究，直至满意。不过，通常课例研究以三轮较为适宜。

（7）撰写课例研究报告：由试点教师执笔，教研组其他教师参与。认真撰写课例，包括课例主题、课例研究背景、课例事件与过程、课例的反思等部分。课例要有合适的主题、独特的思考，着眼于教育教学问题的解决，突出教学反思，对研究资料进行归纳分析，探寻具有规律性的东西，赋予事件以教育的意义。

（8）课例研究总结：小组进行小结，对课例研究的全过程进行回顾反思，总结经验，反思尚需进一步研究的问题，提出下一轮开展课例研究的初步方案。

（9）存档，暂告一个段落。

一、研究计划

课例研究是基于校本的研究，研究计划考虑到研究过程各个细节，包括：

①确定问题：要确定课堂教学中存在的共性及需要解决的问题。②依据课堂教学中需解决的问题确定主题，并制订该主题的“课例研究”计划。③制订教学方案：根据已有的实践经验围绕需要解决的问题设计出具体详细的上课教学方案。要思考在教学设计中，如何体现新课程理念；如何体现以学生发展为本；如何解决课堂中出现的问题。④由一名教师讲授“研究课”，其他教师听课、观察、记录。⑤安排要体现研究小组分工和合作的精神。

表6-2　课例研究计划简表案例①

时间	参与人员	目的	过程	备注
9月14日星期五下午	科组全体教师	商讨课例研究的课题	考虑到上课的进度等因素，最后确定课题为：第一章第七节了解电容器。并且简单地交换了意见，由戚彭凤老师负责写教学设计及导学方案	
9月21日星期五下午	科组全体教师	商讨教学设计	科组教师积极发言，指出教学设计上的问题，进行第一次修改	
9月29日星期六下午第一节	科组全体教师	第一次上课［高二（1）班徐新波老师］	在上课前，黄惠琴和黄健勇老师负责实验器材的准备，徐新波老师上完课后，科组教师集中讨论课堂上出现的问题，并且提出修改的建议，戚彭凤和徐新波老师负责第二次教学设计的修改	黄健勇老师负责全程录像
10月9日星期二第二节	科组全体教师	第二次上课［高二（2）班黄惠琴老师］	课后讨论，第三次修改教学设计	
10月10日星期三第二节	科组全体教师和教研员张老师	第三次上课［高二（3）班戚彭凤老师］	课后讨论	黄健勇老师负责全程录像，课后发录像给徐新波老师，进行网上研讨

① 由广州市第66中学戚彭凤老师提供。

研究负责人可以用简表的方式把研究计划简表发给教师，明确时间、地点和工作任务，便于整体工作的开展。

二、第一轮研究课（校本教研）

这里以白云中学老师执教的一个课例为例①，记录基于校本的“拓展式”课例研究的过程。首轮研究课准备，由一名执教教师在真实的课堂上讲授“研究课”，即执教教师自己独立进行设计，上研究课，小组成员听课、观察，全程录音、录像。课前试点教师提出设计，研究小组成员进行研讨，提出参考意见，修改建议。选定课题后，执教老师快速研读“粤教版”教材和教师参考书，上网查阅相关教学设计等资料。同时，还借鉴了科组教师提供的以前使用过的教学设计。经过思考整合之后，完成了初步的教学设计，教师在新课程理念影响下对“表征交变电流的物理量”的教学有了更深入的理解。逐渐确定了将如何理解有效值和实验探究有效值与峰值之间关系作为本节课的重点，淡化对周期和频率部分知识的讲解。以下是执教老师提供讨论的最初的教学设计：

表征交变电流的物理量（第一次教学设计）

【学习目标】

知道描述交变电流的物理量有峰值、有效值、瞬时值、周期、频率，理解这些物理量的意义。

理解交变电流的峰值和有效值，会通过电流的热效应计算交变电流的有效值。

培养将物理知识应用于生活和生产的意识，勇于探究与日常生活有关的物理问题。

【知识回顾】

矩形线圈匝数为 N，长为 L，宽为 d，在匀强磁场中从中性面位置开始绕中心轴匀速转动，角速度为ω，磁场的磁感应强度为 B，这个线圈中感应电动势的峰值是__________，经过时间 t 感应电动势的瞬间值是：__________。

【学习过程】

1. 交变电流的周期 T：交变电流完成__________次周期性变化

---

① 本教学设计由黄流东老师提供并执教。校本课例研究组成员还有潘仕恒、朱耀辉、陈金华，区教研课例研究中心组成员有夏发泉、胡永雄、张丽微等。

的__________。

交变电流的频率 f：交变电流在 1s 内完成周期性变化的__________。

周期 T 与频率 f 的关系是：______。

[练习 1] 图 6－3 所示为我国现用交变电流的图像，由图可知：交流电的周期是：______，频率是：__________，峰值是：__________。

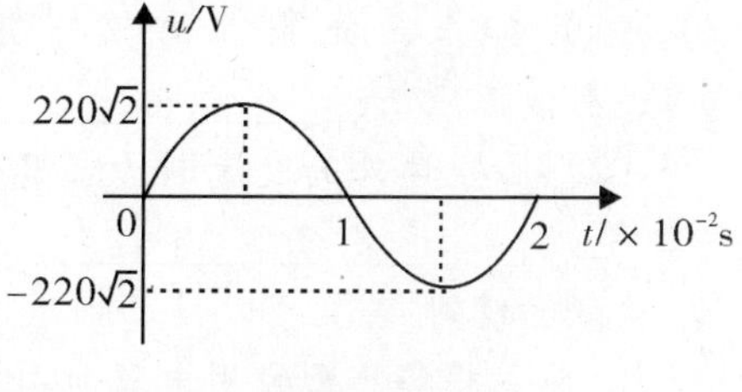

图 6－3

2. 交变电流的峰值和有效值。

交变电流的有效值是根据电流的__________来规定的，让交变电流和恒定电流通过相同阻值的电阻，如果它们在相同的__________内产生的__________相等，这一恒定电流的数值就是相应交变电流的有效值。

[练习 2] 将阻值为 2Ω 的电阻接在电压随时间按图 6－4 所示规律变化的交变电流上，该交变电流的周期是多少？一个周期内电阻消耗的电能是多少？两端电压的有效值是多少？

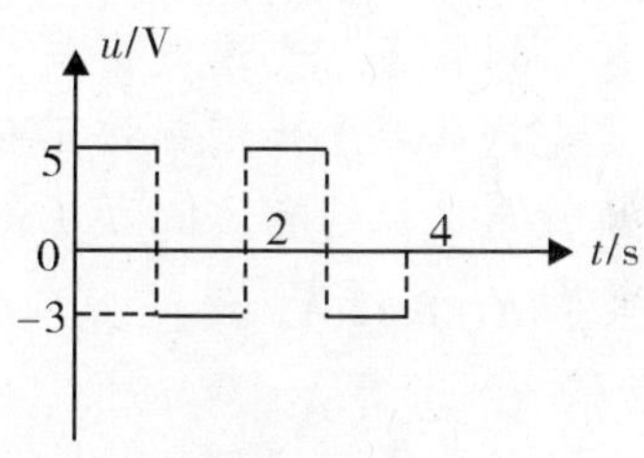

图 6－4

提示：可以根据电流的热效应来解答。

3. 实验与探究。

完成课本第 46 页实验，并填写表格、结论。

（注意：一般交流电流表和交流电压表测得的数值，都是指有效值。峰值用示波器中波形测出）

结论：____

★变式练习 1　图 6－5 是某一正弦交流电经过整流后的波形图（图中的实线部分），该电流有效值是（　　）

A. 5　　B. $5\sqrt{2}$

C. 10　　D. $10\sqrt{2}$

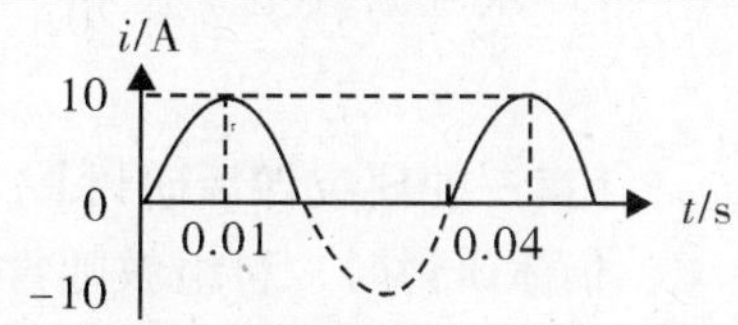

图 6－5

★变式练习 2　如图 6－6 所示，表示一交流电随时间变化的图像，此电流的有效值是（　　）

A. $5\sqrt{2}$ A　　B. 5A

C. $3.5\sqrt{2}$ A　　D. 3.5A

小结——求有效值的方法：

(1) 如果是完整的正弦图像（或余弦），有效值应是：________________

(2) 除上述外的交流电，求解有效值的方法是：________________________

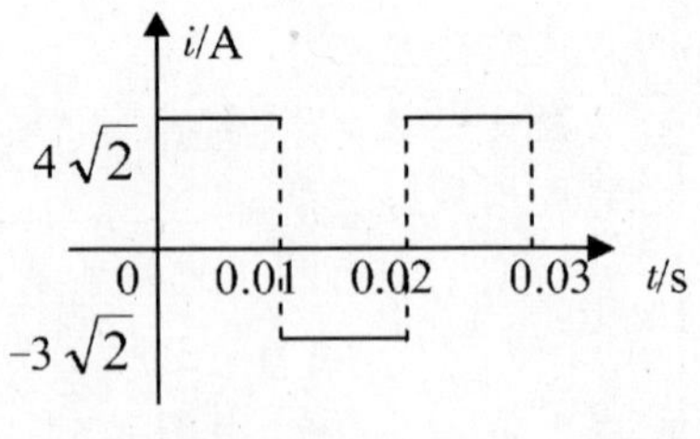

图6－6

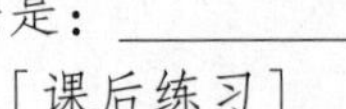

[课后练习]

1. 收录机等小型家用电器所用的稳压电源，是将220V的正弦交流电变为稳定的直流电的装置，其中的关键部分是整流电路。有一种整流电路可以将正弦交流电变成如图6－7所示的脉动直流电（每半个周期都按正弦规律变化），则该脉动直流电电流的有效值为（　　）

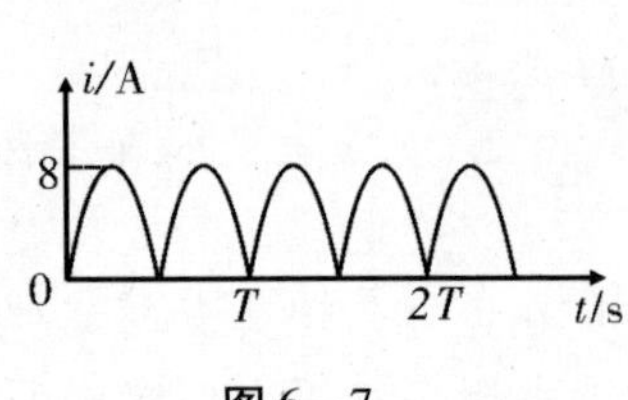

图6－7

A. $8\sqrt{2}$ A　　B. $4\sqrt{2}$ A

C. $2\sqrt{2}$ A　　D. $\sqrt{2}$ A

2. 通过某电阻的周期性交变电流的图像如图6－8所示。求该交流电的有效值 I。

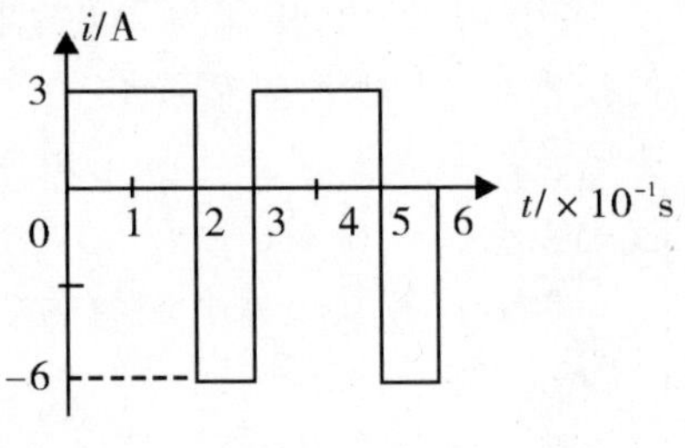

图6－8

3. 有两个完全相同的电阻，一个通以10A的直流电流，热功率为 P，另一个通以正弦式交变电流，热功率为 $2P$，那么（　　）

A. 交流的有效值为10A

B. 交流的最大值为 $10\sqrt{2}$ A

C. 交流的有效值为 $10\sqrt{2}$ A

D. 交流的最大值为20A

【第一轮研究课后研讨】

集体研讨时，科组教师肯定了执教老师的想法，但对“方形”电流的有效值计算从哪里引入最为恰当的问题，科组教师有着不一样的见解。集体备课的第一次思维的碰撞便出现了。有教师认为它的引入应当在学生学习完直流电和交流电做功等效之后就进入学习，这样有助于学生对有效值定义的理解。这一观点和执教教师最初的教学设计所见一致。执教老师在最初的教学设计中，在引入交变电流的有效值的定义之后，就将教材第46页的“讨论与交流”的问题提前，并对问题进行了细化，以求降低难度。设置的问题如下：

问题1：将阻值为2Ω的电阻接在电压随时间按图6-9所示规律变化的交变电流上，该交变电流的周期是多少？一个周期内电阻消耗的电能是多少？两端电压的有效值是多少？

提示：可以根据电流的热效应来解答。

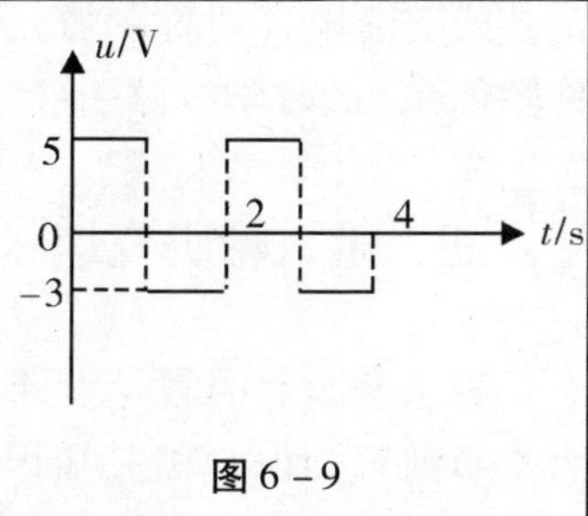

图6-9

还有教师提出另一观点，认为该问题设置的难度太大，学生在短时间内很难接受非正弦式交流电的图像，尤其是非对称式的“方形”电流，学习难度更大。所以还是应该放在探究实验之后再引入。另外，该类型的图像，近年来高考基本没有出现过，放在前面讲，淡化了本节课的重点。通过讨论，第二种观点赢得了大家的认同。由此，执教教师将“方形”电流的问题放在实验之后，并对设置问题进一步作了简化。最终形成的问题如下：

问题2：如图6-10所示交流电，称为“方形”交流电。根据图像求出它的周期、频率、电压的峰值和有效值。

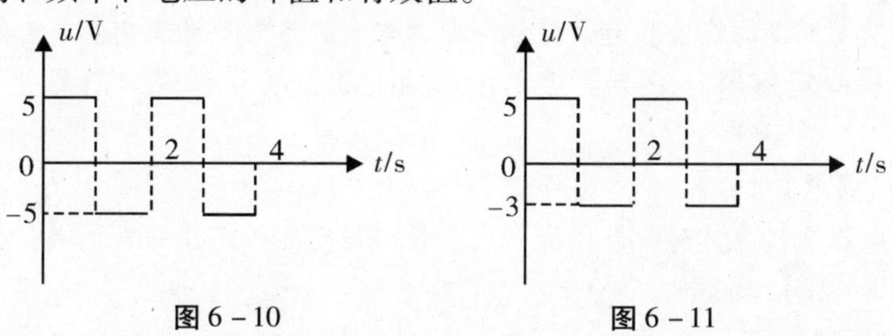

图6-10　　图6-11

问题3：将阻值为2Ω的电阻接在电压随时间按图6-11所示规律变化的交变电流上。求：

该交变电流的周期是多少？前半个周期内和一个周期内电阻消耗的电能分别是多少？

一个周期内电阻两端电压的有效值是多少？（提示：可以根据电流的热效应来解答）

最后，执教老师对这节课有关图像计算的问题也作了调整，按照“标准正弦式交流电（对称图像）—方形交流电（对称图像）—方形交流电（非对称图像）”的教学线路引导学生学习，难易程度更明了。

三、第二轮研究课（校本教研）

再次修改后的教学设计，“学习目标”没有太大的变化，“知识回顾”改为本节前置知识，相关知识为焦耳定律，这样定位是准确的，大家认识到教学要基于学生的原有知识的基础或起点。把“实验与探究”明确为“探究交变电流的有效值与峰值之间的关系”，设定“6V”、“9V”和“12V”三个交流档位，进行测量。考虑到降低教学难度，把“方形”电流的有效值和变式训练，放到“讨论与交流”处。同时，整个课堂训练的重点和难点也是设定为正弦（或余弦）交流电的有效值的理解和计算。课堂训练题也作了相应的调整。以下是修改后的教学设计：

表征交变电流的物理量（第二次教学设计）

【学习目标】

知道描述交变电流的物理量有峰值、有效值、周期、频率，理解这些物理量的意义。

理解交变电流的峰值和有效值，会通过电流的热效应计算交变电流的有效值。

培养将物理知识应用于生活和生产的意识，勇于探究与日常生活有关的物理问题。

【知识回顾】

当有电流通过导体时，导体会产生热量。写出焦耳定律的表达式：________。

【学习过程】

1. 周期和频率。

交变电流的周期 T：交变电流完成__________次周期性变化的__________，它表示交流电发电机线圈转动__________圈所需要的时间。

交变电流的频率 f：交变电流在 1s 内完成周期性变化的__________。

周期 T 与频率 f 的关系是：______。

［练习 1］如图 6－12 所示，为我国

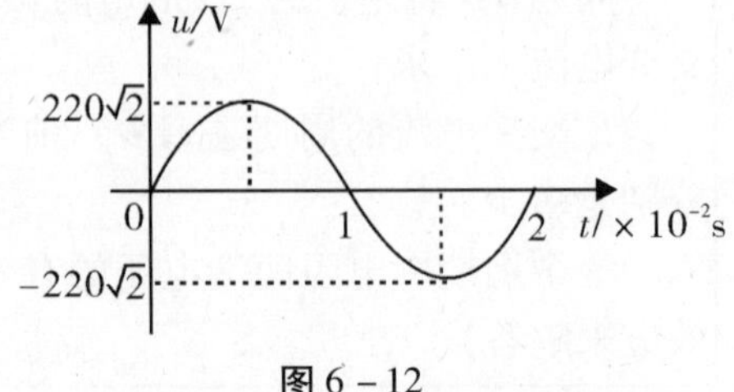

图 6－12

现用交变电流的图像，由图可知，该交流电的周期是：________，频率是：________。

2. 峰值和有效值。

交变电流的峰值是指在一个周期内所能达到的__________。

交变电流的有效值是根据电流的__________来规定的，让交变电流和某一恒定电流通过相同阻值的电阻，如果它们在相同的__________内产生的__________相等，这一恒定电流的数值就是相应交变电流的有效值。

3. 实验与探究——探究交变电流的有效值与峰值之间的关系。

示波器

(a)　(b)

图 6－13

提示：交变电流的有效值可以用交流电压表测量，如图 6－13（a）；峰值可以用示波器中的波形测出，如图 6－13（b）。按照以上方法，将实验数据填入下表中。

实验次数	将学生电源电压调至交流"6V"输出	将学生电源电压调至交流"9V"输出	将学生电源电压调至交流"12V"输出
有效值 U/V			
峰值 U_m/V			
有效值与峰值的比值 U/U_m			

结论：____。

［练习 2］如图 6－14 所示是某正弦式电流的电流图像，根据图像求出它的周期、频率和电流的峰值、有效值。

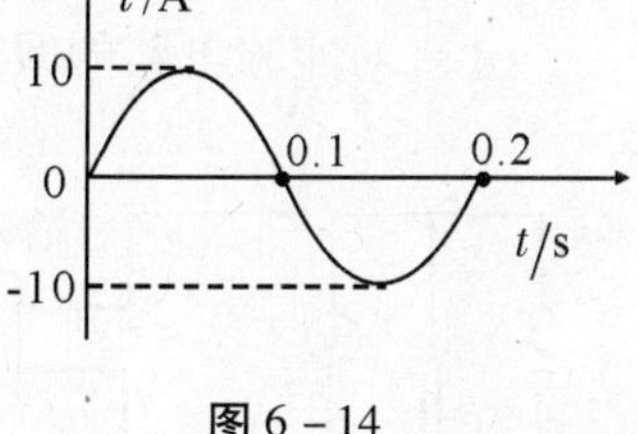

图 6－14

★变式练习　如图 6－15 所示是某一正弦交流电经过整流后的波形图（图中的实线部分）。

(1) 该电流属于（　　）

A. 交变电流　　　　B. 直流

(2) 它的有效值是（　　）

A. 5A　　　　B. $5\sqrt{2}$A

C. 10A　　　　D. $10\sqrt{2}$A

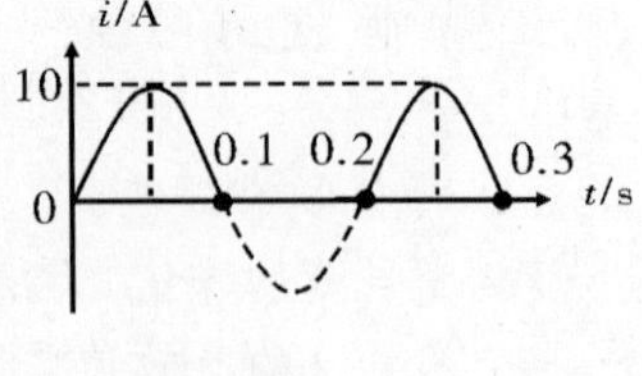

图 6－15

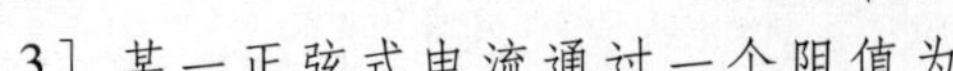

[练习 3] 某一正弦式电流通过一个阻值为 100Ω 的电阻，其热效应与 1A 的恒定电流通过该电阻所产生的热效应相同。求这个正弦式电流的电流、电压的有效值和峰值。

★总结：

1. 一般可以用__________来测量交变电流的有效值，用__________来测量峰值。

2. 求有效值的方法：

(1) 如果是完整的正弦图像（或余弦），有效值应是：_______。

(2) 除上述外的交流电，求解有效值的方法是：__________。

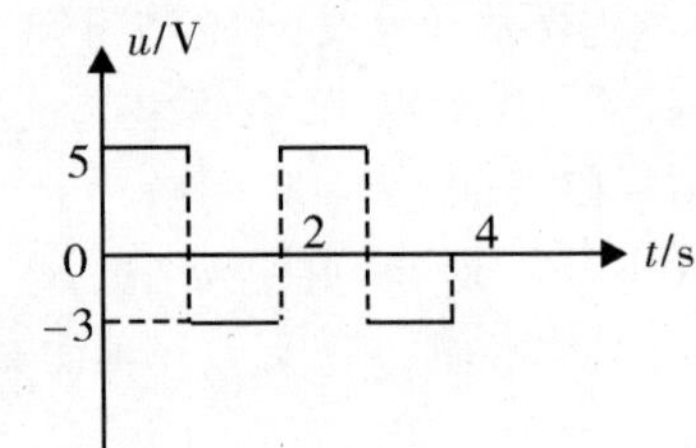

图 6－16

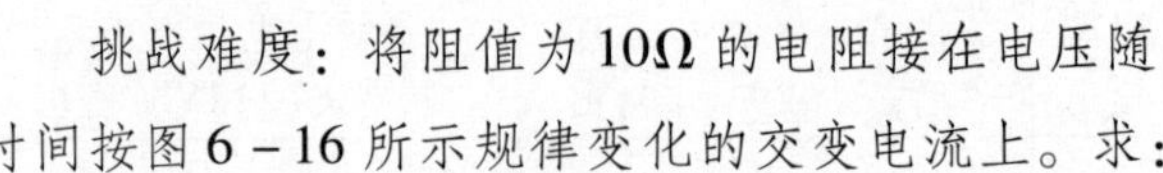

挑战难度：将阻值为 10Ω 的电阻接在电压随时间按图 6－16 所示规律变化的交变电流上。求：

(1) 该交变电流的周期是多少？

(2) 前半个周期内和一个周期内电阻消耗的电能分别是多少？

(3) 一个周期内电阻两端电压的有效值是多少？（提示：可根据电流的热效应来解答）

【第二次研究课后研讨】

第二次研讨，研究小组有不少思维的碰撞，体现在对教材实验的改进。

(1) 对实验电路的改进。教材第 46 页的实验电路大致如图 6－17 所示：

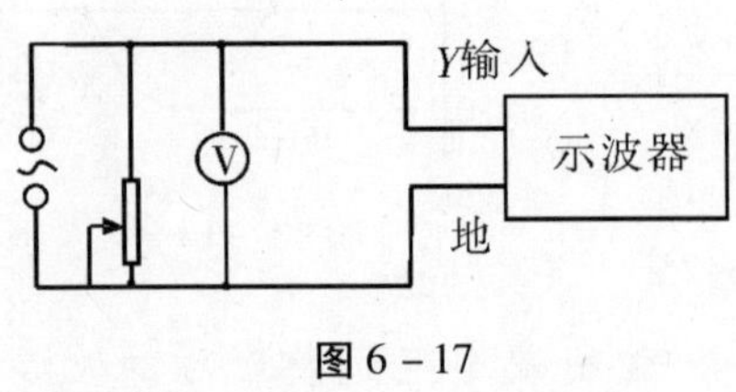

图 6－17

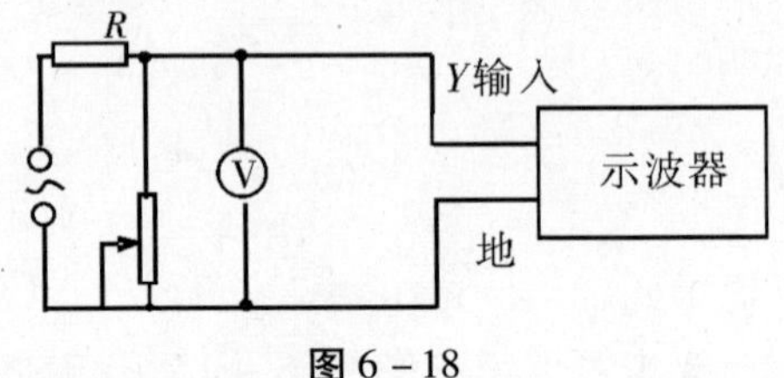

图 6－18

有教师提出，教材上的这个电路有一个错误，就是当滑动变阻器的滑片一旦移到最上端，将造成电源短路。因此，正确的电路里应该要有保护电阻，如图6－18所示。但这样的电路连线复杂，难以操作。对于学生（该校为第五组生源）来说，难度较大，对本节课的学习是一个巨大的障碍。因此，科组教师们展开了又一次讨论，最后，大家统一认识，决定直接去测量交流电源的峰值和有效值，并进行相关计算和发现规律。修改后的电路如图6－19所示。黄老师认为，该电路更简单，既降低了操作和理解上的难度，又能达到预期目标，很适合本校学生。

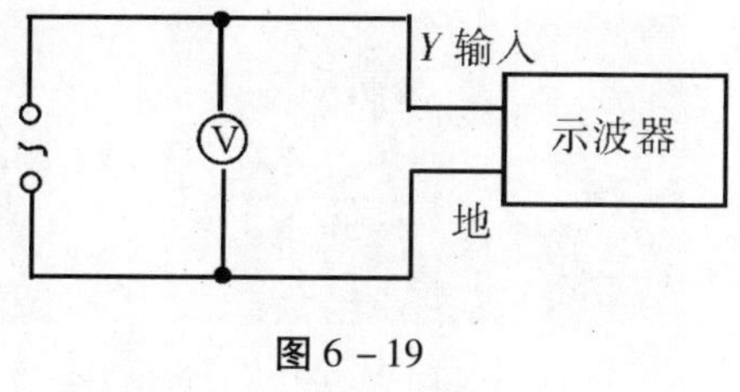

图6－19

（2）实验数据的采集问题。在修改后的教学设计中，实验表格如下：

实验次数	将学生电源电压调至交流“6V”输出	将学生电源电压调至交流“9V”输出	将学生电源电压调至交流“12V”输出
有效值 U/V			
峰值 U_m/V			
有效值与峰值的比值 U/U_m			

在准备器材时，执教教师发现了几个难点：一是实验室里没有单独的交流电压表，只能采用万用表代替，这必然会增加学生读数的难度；二是学生对示波器的使用一无所知，学生操作和读数难度很大；三是学生电源的输出标定值与实际值误差较大。所以，对本实验的设计必然要降低难度。执教教师作了几处小变动，课后学生反映效果不错。一是将实验连线实物进行拍照并用课件投影，如图6－20所示。二是将实验输出电压分别改为“4V”、“6V”和“8V”，而不再是原来的“6V”、“9V”和“12V”，目的在于使用万用表的过程中无须更换量程。同时进行拍照并用课件投影，让学生学会读数，如图6－21所示。三是对示波器的使用进行介绍，特别介绍读数时显示屏的分度值等问题，同样也进行拍照并用课件投影，如图6－22所示。四是提醒学生在实验室里使用的学生电源实际输出与标定值有误差，要注意认真测量。

图 6－20

图 6－21

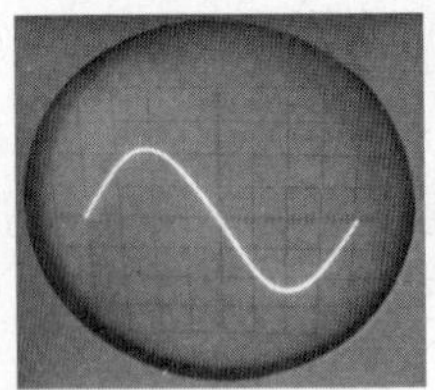
图 6－22

教学设计里最终形成的实验设计大致如下：

3. 实验与探究——探究交变电流的有效值与峰值之间的关系。

提示：交变电流的有效值可以用交流电压表测量，如图 6－23（a）所示；峰值可以用示波器中的波形测出，如图 6－23（b）所示。

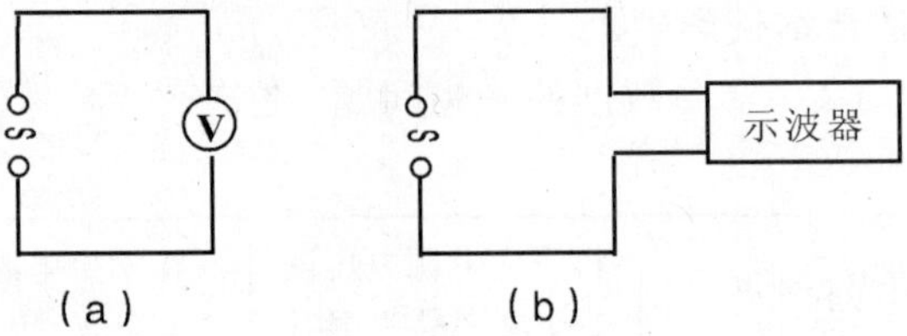

图 6－23

按照以上方法，将实验数据填入下表。

实验次数	将学生电源电压调至交流“4V”输出	将学生电源电压调至交流“6V”输出	将学生电源电压调至交流“8V”输出
有效值 U/V			
峰值 U_m/V			
峰值与有效值的比值 U_m/U			

结论：对于正弦交流电，U_m = ＿＿＿＿＿＿ U，还可以推理得到 E_m = ＿＿＿＿＿＿ E，I_m = ＿＿＿＿＿＿ I。

第二轮的教学结束后，科组教师立即进行了研讨，并交流课堂上还存在的问题。研讨会上，多数教师提出了存在两个还可以改进的方面：第一是在讲解交流电周期和频率时，用了12分钟的时间，导致留给学生实验的时间减少；第二是对交流电有效值的引入不太顺畅，要有更自然的过渡。科组教师还建议，可以通过电流做功使电阻发热的效应去引导。经过科组教师的帮助和提醒，执教教师重新设计课堂，改进不足，争取使时间分配更合理，知识衔接更顺畅自然。

四、第三轮研究课（区域教研）

第三次是区教研活动的展示课，与以往的公开教学不同，增加了课前会议。目的是使观课者了解第一轮和第二轮校本研究的情况。课前首先是执教教师介绍教学设计的修改过程和教学的主要思路，区教研员组织区域教师观课，区学科中心组成员组成课堂观察小组，对观察点进行观察和记录。以下是区教研活动时黄老师用的教学设计：

表征交变电流的物理量（最后版本）

【学习目标】

1. 知道描述交变电流的物理量还有周期、频率、有效值，理解这些物理量的意义。

2. 理解交变电流的峰值和有效值，会通过电流的热效应计算交变电流的有效值。

3. 培养将物理知识应用于生活和生产的意识，勇于探究与日常生活有关的物理问题。

【知识回顾】

1. 当有电流通过导体时，导体会产生热量。写出焦耳定律的表达式：__________。

2. 正弦交流电峰值、瞬时值。

如图6－24所示，正弦交流电，电压的峰值 U_m = __________。

t = 0.005s 和 0.01s 时的值各是__________V和__________V。

该交流电的电压瞬时值可表达为：u = __________ $\sin\omega t$（V）。

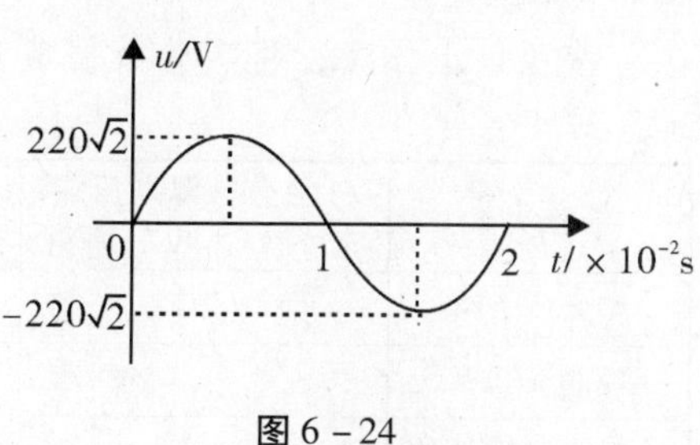

图6－24

【学习过程】

1. 周期和频率。

交变电流的周期 T：交变电流完成________次周期性变化的________，它表示交流发电机线圈转动________圈所需要的时间。

交变电流的频率 f：交变电流在1s内完成周期性变化的________，单位为：________。

周期 T 与频率 f 的关系是：________。一个周期内，电流方向改变________次。

国家规定，我国工农业生产、家庭使用的交流电频率为：________，对应的周期为________。而欧美很多国家的交流电频率为60Hz。

[问题1] (1) 如图6－24所示是我国现用交变电流的图像，由图可知，该交流电的周期 $T=$________，频率 $f=$________。

(2) 设线框在磁场中转动的角速度为 ω，周期为 T，频率为 f。则 $\omega=\frac{2\pi}{T}=2\pi f$，代入图6－24中数据，得 $\omega=$________。该交流电的电压瞬时值表示为：$u=$________。

2. 有效值。

交变电流的有效值是根据电流的________来规定的，让交变电流和某一恒定电流通过相同阻值的电阻，如果它们在相同的________内产生的________相等，这一恒定电流的数值就是相应交变电流的有效值。

3. 实验与探究——探究交变电流的有效值与峰值之间的关系。

提示：交变电流的有效值可以用交流电压表测量，如图6－25 (a) 所示；峰值可以用示波器中的波形测出，如图6－25 (b) 所示。

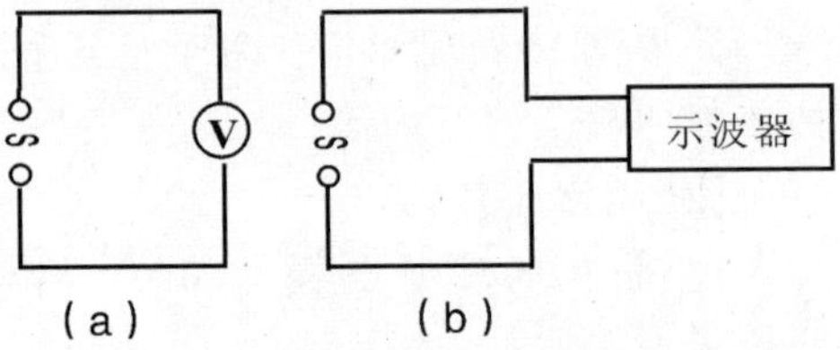

图6－25

按照以上方法，将实验数据填入下表。

实验次数	将学生电源电压调至交流“4V”输出	将学生电源电压调至交流“6V”输出	将学生电源电压调至交流“8V”输出
有效值 U/V			
峰值 U_m/V			
峰值与有效值的比值 U_m/U			

结论：对于正弦交流电，U_m = ________ U，还可以推理得到 E_m = ____ E，I_m = ______ I。

特别指出，关于有效值：

（1）没有特别说明的有关交流电的值，都是指__________。

（2）交流电流表、交流电压表测量的值，都是__________。

（3）我国城乡家庭使用的交流电的有效值：__________。

［问题2］如图6－26所示是某正弦式电流的电流图像，根据图像求出它的周期、频率、电流的峰值和有效值。

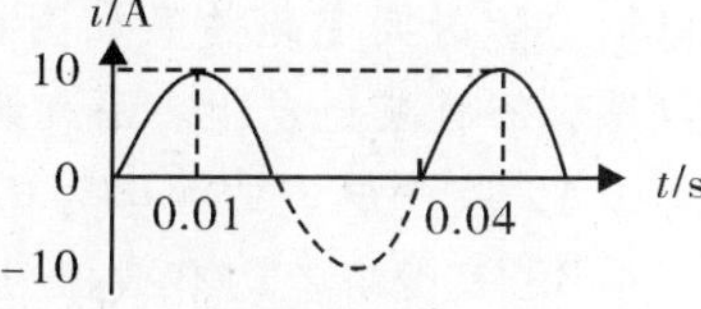

图6－26

★挑战难度：

［问题3］如图6－27所示交流电，称为“方形”交流电。根据图像求出它的周期、频率、电压的峰值和有效值。

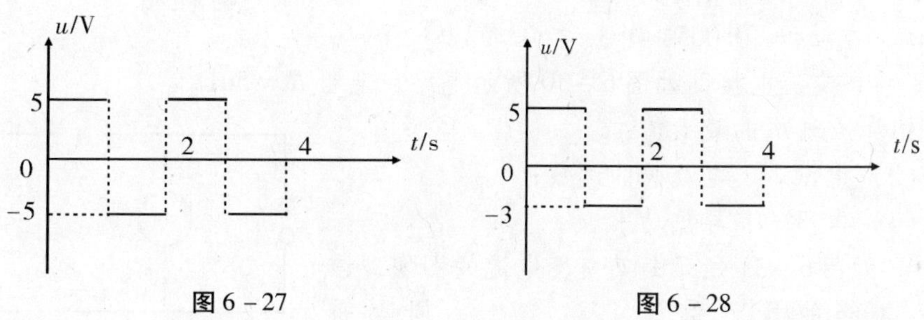

图6－27　　图6－28

［问题4］将阻值为2Ω的电阻接在电压随时间按图6－28所示规律变化的交变电流上。求：

（1）该交变电流的周期是多少？

（2）前半个周期内和一个周期内电阻消耗的电能分别是多少？

（3）一个周期内电阻两端电压的有效值是多少？（提示：可以根据电流的热效应来解答）

★总结

1. 表征交流电的物理量有：瞬时值、峰值、__________、__________和有效值等。

2. 有效值。

（1）对于正弦交流电，峰值和有效值的关系：E_m = __________ E，

$U_m=$ ____________ U，$I_m=$ ____________ I。

（2）对于非正弦交流电，有效值则通过交流电与恒定电流做功等效的方法求解。

【巩固与提高】（课后作业）

1. 交变电流的电压表达式为 $u=311\sin 314t$（V），求这个交变电压的最大值 U_m、有效值 U、周期 T、频率 f。

2. 有一小型交流发电机，矩形线圈在匀强磁场中匀速转动，产生的感应电动势随时间变化关系如图 6－29 所示，此线圈与一个 50Ω 的电阻构成闭合电路，不计其他电阻。下列说法正确的是（　　）

A. 交变电流的频率为 0.5Hz

B. 交变电流的有效值为 2A

C. 电阻消耗的电功率为 400W

D. 用交流电压表测得电阻两端的电压为 141V

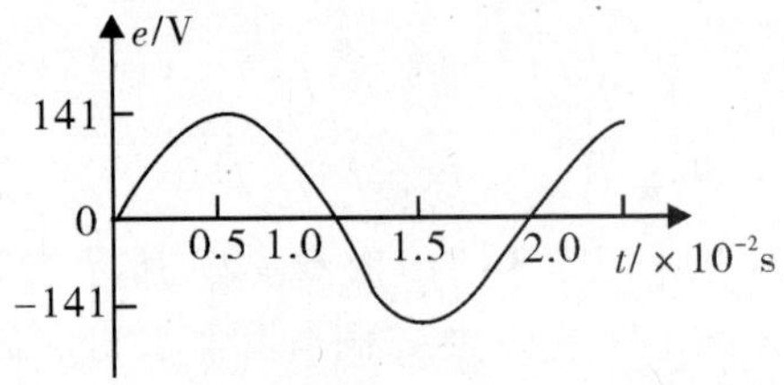

图 6－29

3. 某电路两端的交变电压 $u=U_m\sin 100\pi t$，在 $t=0.005\text{s}$ 时，电压值为 10V。将该交流电接到如图 6－30 所示电路，电阻 $R=50\Omega$。求：

（1）交流电的最大值；

（2）电压表、电流表的读数；

（3）电阻的焦耳热功率。

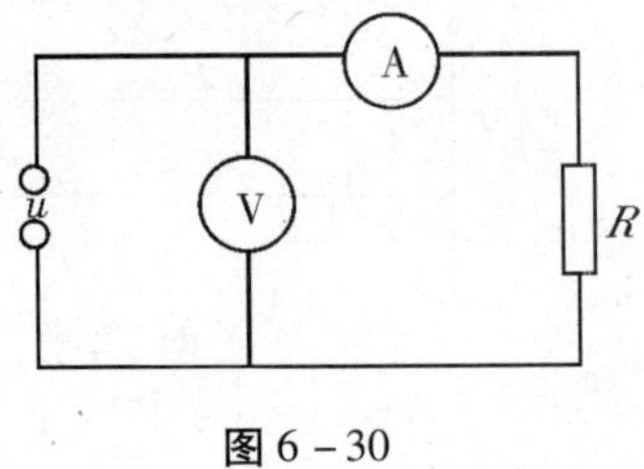

图 6－30

4. 如图 6－31 所示是某交变电流的图像，该交变电流的最大值为 ____________，周期是 ____________，频率是 ____________，有效值为 ____________。

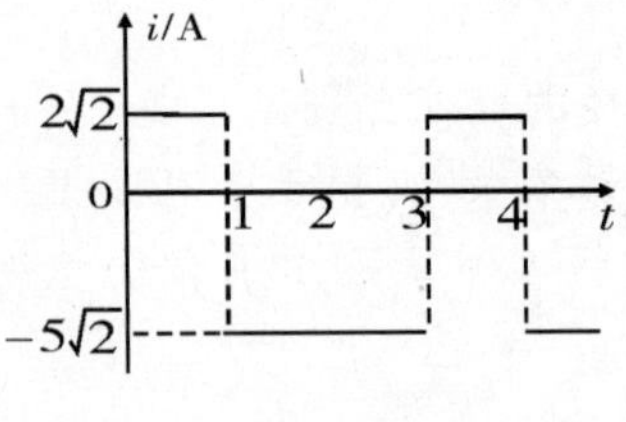

图 6－31

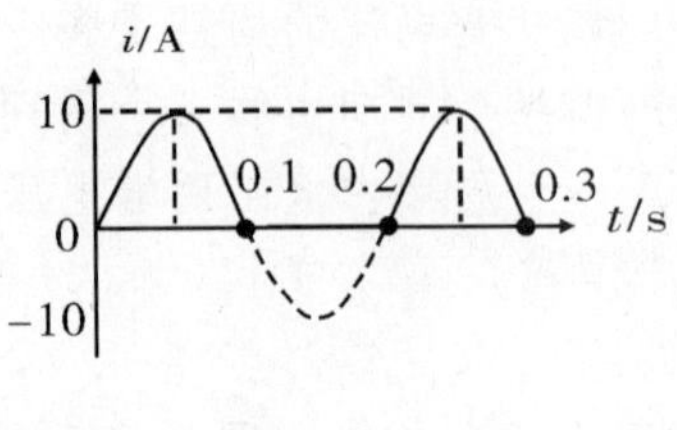

图 6－32

5. 如图 6－32 所示是某一正弦交流电经过整流后的波形图（图中的实线部分）。

（1）该电流属于（　　）

A. 交变电流　　　　B. 直流

（2）它的有效值是（　　）

A. 5A　　B. $5\sqrt{2}$A　　C. 10A　　D. $10\sqrt{2}$ A

6. 某一正弦式电流通过一个阻值为 100 Ω 的电阻，其热效应与 1A 的恒定电流通过该电阻所产生的热效应相同。求这个正弦式电流的电流、电压的有效值和峰值。

7. 一个矩形线圈在匀强磁场中转动产生的交流电动势为 $e = 220\sqrt{2}\sin100\pi t$。关于这个交变电流，下列说法中正确的是（　　）

A. 交变电流的频率为 100Hz　　B. 电动势的有效值为 220V

C. 电动势的峰值约为 311V　　D. $t=0$ 时，线圈平面与中性面垂直

8. 单匝矩形线圈边长分别为 a 和 b，在匀强磁场 B 中绕对称轴以角速度 ω 匀速转动，且对称轴与磁力线垂直。设 $t = 0$ 时线圈平面与磁力线平行，则线圈中产生的感应电动势的瞬时值表达式为（　　）

A. $2Ba\omega\cos\omega t$　　B. $Bab\omega\cos\omega t$

C. $2Ba\omega\sin\omega t$　　D. $Bab\omega\sin\omega t$

9. 一矩形线圈，绕垂直于匀强磁场并位于线圈平面内的固定轴转动，线圈内的感应电动势 e 随时间 t 的变化如图 6－33 所示，则下列说法中正确的是（　　）

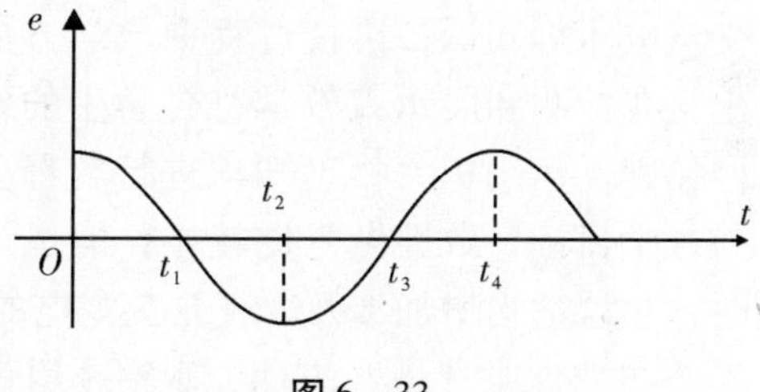

图 6－33

A. t_1 时刻通过线圈平面的磁通量为零

B. t_2 时刻通过线圈平面的磁通量最大

C. t_4 时刻通过线圈平面的磁通量的变化率的绝对值最大

D. 每当感应电动势 e 变换方向时，通过线圈平面的磁通量的绝对值都为最大

这次的教学设计与第一次相比，有了比较大的改进。但从校本的研究到区域教研，来自不同学校的教师，对这一“课例”也有很多不同的看法。围绕交流电有效值概念的引入、计算方形波有效值的最佳教学点、实验探究的

设计的可行性等进行了激烈的讨论。

【第三轮研究课后会议】（区教研活动）

课后会议由区教研员主持，先由执教教师谈自己的教学体会，之后，由课堂观察小组对一些观察点进行反馈。

执教者教学中的教学感悟和反思是我们特别关注的问题。区域开展课例研究的目的不是对教师本身作出评价，而是通过“课例”这一载体，推动校本教研的开展，建构本学科教师的实践共同体。这次课例研究过程中，执教教师亲身体验到备课的重要性，特别是大多数教师往往不太重视亲自动手提前完成学生实验这一环节。这样可以从中发现很多问题，并对自己设计的实验进一步完善。执教老师说自己有课前亲自做实验采集数据的习惯，本次公开课也不例外。而且，从中收获不少。

课例研讨中，执教教师的反思和观课教师对课堂的深度观察都会给执教者完善教学设计提供新的思路。课堂观察小组对“教学设计和备课”、“课堂环境”、“课堂教学”和“教师发展”等作了现场观察和记录。①

在“教学设计和备课”方面，观察小组认为：

教学内容讲授正确，能及时纠正学生出现物理量无单位等一些常见的错误；能关注本学科的前提性知识，如 $Q=I^2R$，热效应的概念，以及万用表测交流电压等知识；讲授过程中教学方法运用适当，有学生的互动和探究，学生自我检测和展示；教学符合学生的好奇心理特点，如利用国外、国内的电器铭牌，运用相关物理知识进行解释。总体学习目标明确，教学活动的设计与教学目标一致性做得比较好；但也认为未很好解决有效值意义的引入，同时，建议适当增加涉及非正弦交流电的有效值问题。

在“课堂环境”方面，观察小组认为：

师生互动次数多达20次，通过设问、提问、演板等形式进行互动，教师语言有较强的亲和力，会用鼓励的语言激励学生。学生能积极参与课堂教学，各小组能相互讨论并得到正确的结论。注意实验的安全性，学生座位远离电源，提醒学生完成实验后，将多用表开关扭到“OFF”……

在“课堂教学”方面，观察小组对“师生交流”、“提问与讨论”、“学生状态”、“教师反馈”和“应变能力”等方面也进行了分析和记录。“教师发展”则由教研员与研究小组、科组长进行访谈记录的反馈。

---

① 课堂观察量表见附录10“‘课例研究’课堂观察记录表”。

课堂观察小组汇报之后，参加区教研的其他教师就观课的感想，进行分享和交流。之后区教研员对本课例作进一步总结。

五、教师反思

华东师范大学郑金洲教授曾说：案例本身只是素材（或经验），关键是对案例本身的反思和重建。课例研究对教师的发展有积极的作用。促进教师的自我反思，基于校本的“课例研究”是一个很好的载体，可以促进教师的成长。以下是执教教师课后写的教学反思的其中一段：

经过精心准备，终于顺利完成了本次公开课。得到了区教研员和多位兄弟学校教师的指导。在最后的研讨会上，很多教师都谈了自己的看法，领悟到各兄弟学校教师们的独特见解，再一次体会到集体智慧的重要性。下面，将兄弟学校老师们提出的精彩思想“碰撞”作简单总结：

(1) 肯定了我所在科组教师的集体智慧，对我们确实落实到位的课例分析与集体备课大为赞赏。比如：对学生探究实验电路的改进，确实简化了操作，且学习目标能达到预期。对于第五组生源的学校，大多数学生合作小组都能独自得到比较准确的数据进行分析并得出结论，这是一种很大的突破。

(2) 有老师提出“方形”电流在介绍有效值之后就立即引入会更顺畅一些。因为他们认为，虽然“方形”电流学生没有见过，但是只要引导学生进行合理拆分（比如先分析半个周期），便成为简单的直流电。然后用电流的热效应进行计算求解有效值。这样处理的好处在于能帮助学生理解有效值这个概念。

(3) 课堂上较少有学生主动提问，以后的课堂应当多留时间让学生思考。应当加强小组之间的合作和交流，让学生小组之间也有思想“碰撞”，使课堂更精彩。

我的反思：老师们对“方形”电流的引入问题存在不同看法，我觉得这是件很好的事情。周恩来总理还曾经提出“求同存异”的外交政策呢，我们为什么不能有这样不同的看法存在呢？要是有机会，我很希望能学习兄弟学校老师在实际中是如何处理这个知识点的，同时要是能同学生的掌握情况进行对比分析就更完美了！这次区公开课是一次难得的挑战，更是一次很好的机遇，它不仅使自己开阔了视野，而且对教学各个环节有了进一步的思考，更对教育教学理论有了进一步的学习和理解。学习是人永不止步的需要，博采众长，逐步把别人的智慧变成自己的智慧，把集体智慧变成个人的智慧。

艺术无止境，教育亦无止境，希望能有更多这样的机遇，使自己更快成长起来。

同时，在教学的细节处理上，也有一些体会：

任何知识，只有与生活、生产相结合，才会有活力。我们生活当中的现象和物理知识，是培养学生学习兴趣的源泉，是培养学生问题意识、观察能力、实践能力的重要途径。有很多高中生感觉高中物理所学知识太理论化，与实际生活没太大联系，所以他们的学习兴趣一直不太浓。因此，在平时的教学当中，我很重视对学生所学知识学以致用的教育，努力挖掘材料，让学生知道高中物理其实与生活的联系更紧密，以此来激发他们学习的兴趣。毕竟，兴趣是学习的动力源泉。本节课如何让学生感到所学“有用”呢？我在几次备课中发现教材有提及收集家用电器的铭牌和说明书，便灵机一动，将家中饮水机的说明书带到课堂投影，并在网络上寻找国外的一些电冰箱的技术参数，让本节课的新知识——频率得到了复习，且形成鲜明对比。学生对此非常好奇，既激发了兴趣活跃了课堂气氛，又增长了知识。

教学行为反思记录是对教学实践者在实施教学实践后对其做的反思行为跟踪记录，这一反思策略贯穿于整个实践活动中。反思探讨交流策略就是教师将自己对某一问题的思考与解决过程展现给小组的其他成员，在充分交流、讨论的基础上，反省自己的意识与行为，同时在此基础上修正。反思活动是在集体互助合作的氛围中进行，它不仅是个体反思行为，还是合作者之间的对话，使人的思维清晰，交谈对象的反馈又会激起对方深入的思考。最后，实践者把自己的体会诉诸笔端，撰写成反思札记，这在课例研究中是很有意义的。

六、课例研究材料的整理

研究材料的整理是课例研究中的重要环节，最终形成课例研究报告。课例研究报告由课例主持人组织，研究小组其他教师共同参与。要收集过程性素材，包括：课例研究计划、每次的教学设计和修改、研讨记录、教学反思等。研究日志是一种记录课例研究过程的很好形式。[①]

---

① 由广州市第66中学戚彭凤老师提供。

时间及主要内容	研究日志
2012年9月14日 初步设计	今天下午，物理科组的全体老师在办公室一起商讨课例研究的课题，考虑到上课的进度和其他方面的因素，最后确定课题为：第一章第七节了解电容器。确定课题后，我们一起商议该课的初步设计。大家觉得可以根据学生认知的过程，按这样的顺序讲课：识别电容器（初步认识）—电容器的充放电（工作原理）—电容器的电容（加深了解）—决定电容的因素（进一步了解）。而且先由我写个教学设计大家再来讨论。
2012年9月20日 完成第一次教学设计	今天，终于有时间静下心来备课，之前几天课太多，杂事也多，虽然脑子里一直在思考课该怎么设计，却没有时间动笔写出来。上完课后，一直在努力完成第一稿，按照之前大家的设想，初步写好了第一稿。但在写的过程中，如何才能使学生对于电容器电容的理解更加容易呢？我当时也没有很好的方法。此外，这节课的内容如果是根据以前的经验和学生的基础，可能要用两个课时完成，现在用一个课时完成，时间上可能有点紧，而且练习是没有时间做的。
2012年9月21日 研究组讨论第一次教学设计修改	今天下午大家又坐到一起，对我的教学设计提出了不少的意见，其中对于电容的理解，徐老师提议用水杯与电容器类比的方法，类比的对象是：电荷量Q—体积V，电势差U—水位h，电容C—横截面积S，可能会让学生更容易理解，我们都觉得可以一试。
2012年9月29日 第一次教学后的讨论	今天下午第一节课，徐老师在高二（1）班第一次上课。教学一开始，徐老师就利用图片和实物给学生展示电容器，学生兴趣比较高，在徐老师的娓娓道来中，学生对电容器有了初步的了解，但这时已经花去了十多分钟。接着徐老师再介绍电容器的充放电过程，利用课件和演示实验给学生详细讲解，使学生明了电容器的工作过程，但此时也花了十多分钟。在讲电容器的电容时，徐老师利用了类比的方法，把电容器与水杯类比，类比的对象是：电荷量Q—体积V，电势差U—水位h，电容C—横截面积S，讲解得也比较清晰，学生都明白电容器的电容与电荷量Q和电势差U无关，在讲完电容器的电容这个内容的时候刚好下课，第四部分的内容没有办法完成。 反思这节课，有比较好的地方：①前三部分内容都讲得比较到位，学生也能较好地理解；②徐老师以引导为主，发挥学生的主观能动性，与学生间有比较多的互动。同时也存在一些问题：①时间的控制方面做得不够好，在第一、二部分花的时间较多，导致后面的内容无法完成；②在内容的引入时，情景不够新颖，没有吸引到所有学生的注意；③在讲

（续上表）

时间及主要内容	研究日志
2012年9月29日 第一次教学后的讨论	电容器充放电时，先做实验然后展示动画，最后才分析电路，导致学生在观看演示实验时不知道该观察些什么，实验的作用没有突显出来；④在讲电容器电容时，用了类比法，学生虽然知道电容器的电容与板间电荷量和电压无关，但课后有学生提到：电容器是用来储存电荷的，电容既然是表示电容器容纳电荷的本领，为什么不是用杯子的容量来类比电容器的电容，而是用横截面积 S 来类比电容 C。
2012年10月1日 第二次修改教学设计	根据第一次上课所出现的问题，并经科组的老师讨论后，我在教学设计上也作了一些修改：①在引入上，尝试利用实物，用相机给学生照相，通过闪光灯的工作，引出电容器；②在讲电容器的充放电时，先与学生一起分析电路，再通过演示实验，让学生获得对充放电过程的感性认识；③在讲电容器电容时，我们还是用类比的方法加深学生对这个知识的理解，但我们是用杯子的容积来类比电容器的“容量”——电容，使学生明白不同的电容器储存电荷的本领（即电容）是不一样的，是由自身的结构决定的，并由此引入第四部分内容“决定平行板电容器电容的因素”；④在时间上尽量控制第一部分和第二部分的内容不要超过20分钟。
2012年10月9日 第二次教学后的讨论 第三次修改教学设计	第二次教学是黄惠琴老师在高二（2）班上课，这次的教学效果比第一次的好很多。主要体现在：①时间的安排上比较合理，基本上把本节课的内容讲完；②通过相机闪光灯的工作，把学生都“闪”了，一下子吸引了他们的眼球，同时很好地引出电容器，过渡非常自然；③对于电容器的充放电过程，学生的理解更加深刻，对于充放电的电流的流向和能量的转化更加清楚；④水杯容积与电容器的电容的类比，学生更容易理解和接受。 但也存在一些不足，在处理决定平行板电容器电容的因素这部分内容时，黄老师处理的方式是先与学生共同分析这些因素，然后写出决定式，再分析实验装置，最后由学生观察实验，而且时间上也比较紧。科组的老师讨论后，在保证时间足够的情况下，觉得对于决定平行板电容器电容的因素这部分的处理，还是宜于先引导学生对影响平行板电容器电容因素的猜想，然后师生通过演示实验共同探究，且在此过程中，可以温习物理实验中常用的方法——变量控制法。

（续上表）

时间及主要内容	研究日志
2012 年 10 月 10 日 完成第三次教学	第三次教学是由我在高二（3）班上课，这次教学的效果不错，完成得也很好，还留有时间给学生进行知识回顾，对本课知识进行总结。通过回顾总结，理清本节的知识结构，加深对所学知识的记忆和理解。学生在探究的过程中，积极主动，观察细致。在课后的巩固练习中，大部分学生能区分电容的定义式和决定式，并能灵活运用公式解决问题。
2012 年 10 月 26 日 完成体会反思	历时差不多一个月的课例研究，无论是我还是身边的老师都感到了巨大的压力，但在这个过程中，我还是收获良多，也在这场历练中成长。 通过这次课例研究，我觉得课例研究就是聚焦课堂教学，以课堂教学为载体，重视教师的行为跟进、理论提升、能力提高以及个体的自我反思以促进教师群体的共同成长。它依据教师个人已有的教学经验，在此基础上关注新的教学理念和学生的行为，寻找自身的差异，不断改进已有的教学方式方法。 教学反思：我们本着“从生活走向物理”的理念，让学生充分了解电容器在生活中的广泛应用，从而增加学生的感性认识，激发学习热情。在教学过程中，将教科书上电容器的充放电示意图里的灯泡改为灵敏电流表，学生可以根据充放电时电流表指针的偏转方向不同，更好地理解充放电过程中电流的流向。在知识讲授时，有意识地渗透物理学的研究方法，如比值定义法、类比法，进一步加强学生对电容物理意义的理解。 在处理“平行板电容器电容的影响因素的探究”时，注重体现教师的主导作用和学生的主体地位。引导学生主动提出问题、大胆猜想假设、进行实验、归纳总结，从而体验探究的整个过程。通过教师的适时引导和学生的探究，促进师生之间、学生之间的合作互动，使学生在体验探究的乐趣和曲折的过程中，完成对重点知识的建构，感悟科学思想，培养科学精神，实现知识和能力的协调发展。 最后，课堂总结以学生为主体来完成，通过学生自己对知识的总结，理清本节的知识结构；通过对方法、过程的回顾与思考，提升分析、解决问题的能力。

“课例研究”报告的撰写。由执教教师执笔，研究小组其他教师一道参与。认真撰写课例，问题提出、解决问题过程中的主要事件及策略、反思等内容。课例要有合适的主题、独特的思考，着眼于教育教学问题的解决，突

出教学反思，对研究资料进行归纳分析，探寻具有规律性的东西，赋予事件以教育的意义。但在实际教学中往往会出现难以预设的主题，这就需要在总结过程中进行提炼。而提炼主题的过程，也是教师集体反思过程的一部分。

常见的“课例研究”报告的体例一般包括：课例标题、课例背景、课例事件和过程、对课例事件的反思等四个部分。另外，有些课例还有附录材料（有关课例主题的补充材料，如对具体问题的访谈记录、能够反映课例主题的数据和表格，甚至学生的作业等）。

（1）课例标题。标题最好能够突出案例中的典型情景或反映出课例中事件的主题。一般而言，有两种确定标题的方法：一是用事件定标题，即用课例中的突出事件作为标题；二是用主题定标题，把事件中包含的主题析离出来，作为课例的标题。

（2）课例背景。所有的课堂事件都是发生在特定的时空框架与背景之中的。课例背景一般简要介绍课例所发生的时间、地点以及原因、条件等方面的基本情况，以使其他教师能完整地理解课例的过程，评判案例中问题解决的策略是否合适。实际上课例背景就是课例事件和过程的“前因”，有此“前因”，才能有课例的发生过程这一“后果”。不同的背景前因，常常会导致不同的问题解决后果。故对课例背景的叙述要简明、清楚。

（3）课例事件与过程。如实描述课堂教学的实际进程，课例的主体就是对课例事件以及课例发生过程的描述。在描述的时候要围绕课例的主题，说明事件是如何发生的，是怎样发展的；产生了哪些突出的问题，原因有哪些，是怎样解决这些问题的；问题解决过程中出现了哪些反复、挫折和困难，问题解决的效果等。总之，要对事件的发生、发展以至结果有较为完整的描述。在描述课例中事件发生的过程时，要注意有详有略、详略得当，有目的地对整个事件的发生过程加以取舍。

（4）对课例事件的反思。对课例事件进行分析与反思是一个完整的教学案例的必要组成部分。教师撰写教学案例的过程，其实是对自己解决问题过程的回顾与再分析的过程，也是对自己在解决问题的过程中的经验和教训的总结过程。在反思部分，一般主要涉及以下内容：①案例事件的发生和问题的解决过程中有哪些经验和教训；②有哪些利弊得失；③问题解决中还将发生或存在哪些新问题；④在以后的教育教学中，如何进一步解决这些新的问题；⑤问题解决中有哪些体会、启示等。

当然，每一个教学案例的反思都会有所侧重，不需要面面俱到，主要还是抓住案例撰写者感触最大的方面进行剖析。

第五节　研究的不足

“课例研究”作为教师行动研究的范式，已经呈现出不同的格局。但仍然有值得担忧的一些问题：一是行动研究范式的研究过程中，或多或少关注不同学科的共性的东西多，对学科本身的特点关注比较少；二是缺少相应的理论去指导教学实际。香港的课堂教学会给我们一些有益的启示，有变易理论框架去研究的课例，是不是比没有这个理论框架去研究更好？这一理论框架是不是适合所有的学科？同时还要考虑用相应的理论框架去研究“课例”，教师会不会感到更多的困惑。

很显然，理论的缺失是教师行动学习的一个障碍，因此，对一节课的评价，老师往往习惯性地从某些“专家”或有经验的教师那里得到结论。这就涉及是基于经验，还是基于一定理论框架上的“课例”研究，教师更容易接受？这是值得思考的问题。

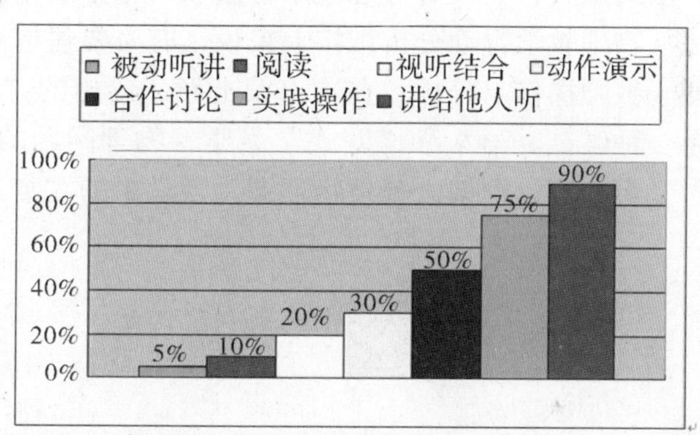

注:这是由美国学者、著名的学习专家爱德加·戴尔1946年首先发现并提出的。其中前四种被称为“被动式学习”，后三种被称为“主动式学习”。

图6－34　知识在人头脑中的留存率

对于教师的教学理论与教学实践能否真正地相匹配，从而促进教学中“课例”研究行动学习的发生，可从三个层面去研究：一是用教育哲学的认识论去看课堂教学，它的关注点是最宏观的，有学者认为，建构主义理论指导的课堂教学，实际也是哲学层面的指导，而基于“个人建构主义”和“社会建构主义”对知识的建构的认知也大相径庭。二是学习理论层面的理论也不少，在学习理论层面上也有不少理论成果被介绍到教学领域，如有一项研究成果是“知识在人头脑中的留存率”（如图6－34），其认为，“将知识讲给他人听”在人的头脑中留存率最高，现在不少教学改革以此为依据，进行课堂改革。但是若把教学都改为由学生来授课的方式，其实是不切合实际的，教学效果也不一定好。因此，学习理论指导课堂教学的“中观”性的理论，其实并不能直接用于课堂

教学的指导。三是处于“微观”层面的教学理论就应该能直接用于课堂教学研究的实际理论，这也是教师最为关心的，遗憾的是这方面的发展，并没有满足教师的需要。

对于学科教师而言，教学是以什么为导向是非常重要的，若以知识目标为导向，教学可能会关注最终目标的达成，中考或高考的“出口”使得教师在教学内容的选择上，只选取与中考或高考最相关的内容，因此，教学目标的设定至关重要，但实际表述上“三维目标”中的“过程与方法”、“情感、态度和价值观”的定位往往是困难的，操作上带来不可测量性。教学方法和学习方法是服从“教学目标”和“学习内容”的，学习内容是通过教学方法和学习方法的“手段”，达到“教学目标”的，而现在评价标准过分重视教学方法的形式，而没有考虑教学方法和学习方法与教学内容的匹配。

从物理教学行动分析结构上来说，有必要建构“课例”研究分析的框架，以便于教师操作与分析，在本书第七章，给出的“同课异构”课例研究框架就是一种尝试。第八章“变式”教学：物理问题的构造与教学策略，将尝试通过一定的理论框架去分析物理课堂教学中的“变式”教学的策略。

第七章

课堂观察：教师教学行为分析

第一节　研究发展概况

科学视角下的“课堂观察”源于西方科学主义思潮，作为一种研究课堂的方法，发展于20世纪五六十年代，美国课堂研究专家弗兰德斯（N. A. Flanders）于1960年提出，后经不断修正。“互动分类系统”，即运用一套编码系统（coding system），记录课堂中的师生语言互动，分析、改进教学行为，则标志着现代意义的课堂观察的开始。一般地，课堂观察是指观察者带着明确的目的，凭借自身感官（如眼、耳等）及有关辅助工具（观察表、录音录像设备等），直接或间接（主要是直接）从课堂情境中收集资料，并依据资料作相应研究的一种教育科学研究方法。课堂观察强调“观课”的目的性，有别于传统听课的随意性。

20世纪70年代质性研究方法被引入到课堂观察中，自此，研究者可根据自身经验用文字描述和诠释课堂事件。近年来，研究者们倾向于将定量与定性的研究方法相结合，在运用量表记录课堂信息的同时，对某些课堂事件进行主观的描述与诠释，以期更全面客观地展示课堂的全貌，便于课后分析与推论结果。课堂观察不仅是一种重要的教育科学研究方法，更是教师获得知识的重要来源和基本途径，在教育理论研究和实践探索中都发挥着极其重要的作用。学者们主要从教育人种志、教师专业化和合作共同体三个视角对课堂观察进行了研究。

教育人种志视角下的课堂观察是一种致力于教育微观领域的质性研究方法，直到20世纪70年代才被广泛应用。它以“田野工作”为其方法论，以教育人种志为其理论指导，通过观察和诠释课堂活动进而探究师生教育理念和行为等，其优势在于所收集的资料较真实。人种志的核心是“田野调查”

(fieldwork)，它是一套包括长期参与、观察、写田野笔记和访谈处于特定社会、社区或群体的当地人在内的系统调查方法。在“田野工作”之后，人类学家依据他们所获得的社会知识写成专著或报告。可以集中考察当地社会的某一方面，也可以整体表现这个地方的社会风貌。人种志的目的在于让我们更广泛地探讨文化在各地人们生活中的作用。

近些年，国内有学者提出合作的听评课，尝试构建一种新范式。付黎黎更直接批评听评课存在合作性缺失现象。例如：①拒绝合作；②表面合作；③不合而作。从听评课的实践看，新课程倡导教师间的合作行为，传统的个体式听评课模式已经不能适应当前听评课走向专业化的要求，构建指向合作的课堂观察范式已是大势所趋。崔允漷认为，在技术或工具层面首先要明确的是关于听评课的活动程序：课前会议、课堂观察和课后会议。课前会议主要关注内容主题、教学目标、活动设计、区别指导、观察重点以及课后讨论的时间和地点等问题；进入课堂观察，观课者根据课堂观察工具，选择观察位置、观察角度进入实地观察，做好课堂实录，记下自己的思考；课后会议阶段主要关注定量或定性分析、有效学习的证据、资源利用的适宜性、预设与生成以及上课教师的自我反思等，围绕课前会议确立的观察点，基于教学改进提出建议和对策。图7－1提供的就是课前会议与课后会议需要关注的问题框架。崔允漷提出的课堂观察模式为促进指向合作的课堂观察的发展提供了一种范例。

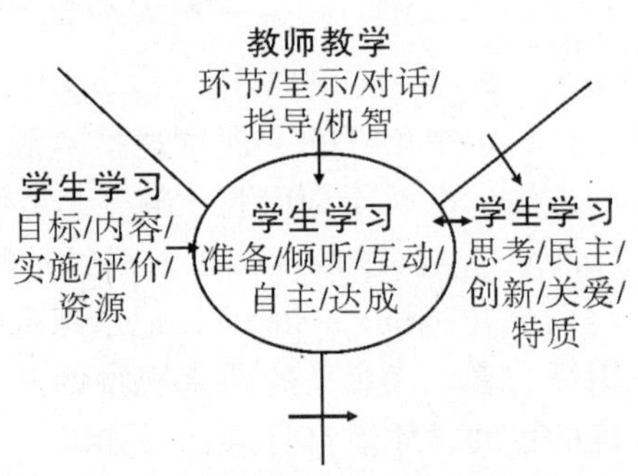

图7－1　课堂观察框架简图

第二节　课堂观察理论基础

课堂观察是对采访教师教学行为分析，作为一种科学的研究方式，是有着广阔的理论基础的。比如定量观察依托实证主义，定性观察依托现象学、解释学理论等。从实践层面来看，对于我们进行课堂观察的启迪是较大的，那就是知识冰山模型、建构主义与扎根理论。

（一）以经验资料为基础：扎根理论

1967 年，西方著名学者格拉斯和施特劳斯就教学的理论与实践关系，提出了“扎根理论”。“扎根理论”特别强调从行动中产生理论，从理论研究者与实践研究者的共同行动中构建理论。理论必须来自第一手的资料，理论的源泉在于从第一手资料中进行原创性科学研究。“扎根理论”中“从资料产生理论”的思想对课堂研究的转型有很大的指导作用——研究的第一手资料只能从课堂教学活动中获取。在深入“课堂田野”进行研究之前，一般是没有理论假设的，而是直接从课堂观察记录的材料中归纳出概念与命题，然后上升到理论。“忠实于现象，提升于累积”，这就是扎根理论的精髓，也是课堂观察法的基本原则。课堂观察必须“忠实于现象”，从现象出发，进行理性的分析，最后建构可能的现象；课堂观察必须“提升于累积”，个人理论形成不易，改变更难，个人理论的提升是一种累积的过程，虽然其间也有“顿悟”，但这种顿悟式的变革本质上是一种累积过程中的飞跃。有的老师会通过课堂观察迅速得到某种改变，但有的老师的改变却比较缓慢，有的行为的改变比较显性，有的行为的改变却要有待时机的成熟。

（二）回到实事本身：现象学的理论

现象教育学的观点是“回到实事本身”研究方法的反映。真正教学研究的生命力和生长点在于课堂。国内有学者已经指出了当前教学研究的最大问题在于教学的研究者“迷失于教学的观念世界中，而失去了教学的生活世界。任何一个教学研究者都会自觉不自觉地接受着一种教学思想或教学理论，由此便进入了一个教学观念世界。但是，任何一个教学研究者同时也面对着真实的教学生活世界，这是他教学研究的基础和归宿”。现象教育学从儿童的生活世界入手来研究教学，从儿童的生活世界入手来反省自己的工作，现象学对我们国家的教育改革的意义不仅是使一线教师懂得如何改善自己的工作，如何使自己成为研究者，而且对我们的教师教育的潜在影响也非常大。因此，我们要把目光更多地关注到我们的课堂，关注课堂中的种种教学现象。同时，现象教育学认为教育应是一种反思性的实践活动，这种反思包括行动前的反思、行动中的反思和对行动的反思。有了这种对实践的反思，观察问题就有了新的视角和新的理解。因此，教育者有必要进行自我反思，并在此过程中，形成真正的教育智慧。

（三）教学研究的“课堂志”人类学理论

在人类学领域，研究者们所做的是民族志（ethnography）。就是建立联系、选择调查合作人、做笔录、记录系谱、绘制田野地图、记日记等。这种深入研究对象的研究方法常常是田野工作、参与观察（participant - observation）、深度访谈（depth interview）、深度描述（thick description）等的综合运用，其中以田野工作最基础和最具有代表性。所谓田野工作，是指一种对社会及其生活方式亲身从事的长期性调查工作。研究者开展田野调查，其主要任务，也是最重要的工作，就是要深入浸泡在民族的生活中，学习当地的语言，参与当地的活动，尽可能地将自己融入当地人的日常生活中。借用这样的手段，人类学家才可能从当地的特殊经验里提炼出文化的内在意义。我们正是在基于人类学田野研究方法的基础上提出教学研究的“课堂志”方法，即研究者深入教学现象发生的“场域”——课堂当中，从事参与观察、深度访谈、深度描述等研究活动，搜集第一手的研究资料，通过撰写“课堂志”来完成对教学活动的实践研究。

课堂观察的前提是发现教学问题，课堂观察的目的是解决问题。课堂观察的类型一般有三种：一是有组织的大规模的团队观察。此类观察追求规范化的程序，进行较为深入的分析和研讨，以求达到全面综合地解决一些教学重点或者难点问题。二是个体观察，是教师作为个体对他人课堂的观察。三是自我观察，是教师对自己课堂进行的实时观察。对于个体观察和自我观察，我们力求程序的简约化，期望尽量让观察和研究成为教师的日常生活。

由此看来，采用哪类观察，采用何种理论来指导，与我们的研究目的有关，与我们的观察技术有关。有时定量观察也不一定优于定性，在于我们是否恰当运用观察的手段和方法。

第三节　基于弗兰德斯互动系统的课堂教学研究

一、弗兰德斯互动分析系统

弗兰德斯互动分析系统（Flands Interaction Analysis System，FIAS）是美国学者弗兰德斯在20世纪60年代提出的结构性的、定量的一种课堂行为分析技术。此系统由三个部分构成：①一套描述课堂互动行为的编码系统，主要是对师生的言语互动的研究，将课堂的言语活动分成十个种类；②一套关于观察和记录编码的规定标准，弗兰德斯主要采用时间抽样的办法，在指定的一段时间内，每隔3秒钟研究者依照分类表记录最能描述教师和班级言语行为的种类的相应编码，记在相应的表格中；③一个用于显示数据，进行分析，实现研究目的的矩阵。弗兰德斯方法是一种比较理想的定量评价法。

FIAS的编码系统把课堂上的语言互动行为分为教师话语、学生话语、安静或混乱（无有效语言活动）三类，其中教师语言又分为间接影响（表达情感、鼓励表扬、采纳意见、提问）、直接影响（讲授、指令、批评学生或维护权威）两大类共七种，学生语言有应答、主动两种，安静或混乱作为一种，此编码系统共计十种。如表7－1所示。

表7－1 FIAS的课堂语言互动类别

教师话语	间接影响	1. 表达情感：以一种不具威胁性的方式，接纳及澄清学生的态度或情感语气。学生的情感可能是正向的，也可能是负向的。这一类也包括预测或回想学生的情感。 2. 鼓励表扬：称赞或鼓励学生的动作或行为。这一类也包括纾解紧张但不伤人的笑话；点头或说“嗯”或说“继续下去”等。 3. 采纳意见：澄清、扩大或发展学生所提出的意见或想法。这一类包括教师延伸学生的意见或想法，但是当老师呈现较多自己的意见或想法时，则属于第五类。 4. 提问：以教师的意见或想法为基础，询问学生有关教学内容或步骤的问题，并期待学生回答。
	直接影响	5. 讲授：教师就教学内容或步骤提供事实或见解；表达教师自己的观念，提出教师自己的解释，或者引述某位权威者（而非学生）的看法。 6. 指令：教师对学生指示做法、下达命令，期望学生服从。此类行为具有期望学生服从的功能。 7. 批评学生或维护权威：教师的话语内容为企图改变学生的行为，从不可接受的形态转变为可接受的形态；责骂学生；说明教师为何采取这种作为；教师极端地自我参照的话语。

（续上表）

学生话语	应答	8. 学生话语——应答：学生为了回应教师所讲的话。教师指定学生答问，或是引发学生说话，或是建构对话情境。学生自由表达自己的想法是受到限制的。
	主动	9. 学生话语——主动：学生主动开启对话。表达自己的想法；引起新的话题；自由地阐述自己的见解和思路，像是提出具思考性的问题；超越既有的架构。
安静或混乱		10. 安静或混乱：暂时停顿、短时间的安静或混乱，以至于观察者无法了解师生之间的沟通。

FIAS 分析系统对观察和记录编码有详细的规定，按照它的规定，在课堂观察中，每 3 秒钟取样一次，对每个 3 秒钟的课堂语言活动都按照编码系统规定的意义赋予一个编码，作为观察记录。这样，一堂课可以记录800 ~ 1 000个编码，它们反映了课堂上按照时间顺序发生的一系列事件，每个事件占有一个小时的时间片段，这些事件先后连续，连接成一个时间序列，表现出课堂教学的结构、行为模式和风格。

在记录方式上，FIAS 分析方法用“代码”客观地记录下了课堂内所发生的事件及其序列，这些“代码”能够基本上反映课堂教学的原貌，为随后进行的评价奠定了扎实的基础，克服了传统课堂教学评价的主观性，提高了评价的客观性和科学性。在处理方法和结果使用上，FIAS 分析方法把复杂的课堂教学现象转化为相对简单的数学问题，采用矩阵和曲线分析形成一定的数学结论。FIAS 还给出了矩阵相应的变项计算公式、意义及常模。

FIAS 把数学结论还原为教学结论，及时反馈教师在教学中存在的问题，提出改进方案，具有较强的诊断性。FIAS 方法主要用于研究课程之间教学模式的差异和解释教学行为及引起的教学结果的差异。

FIAS 互动编码体系中，事件可以是观察的焦点，但是时间抽样始终占支配地位。3 秒钟的时间抽样单位把课堂时间和行为较为严格地分割开，可以很方便地统计出记录的时间段内教师和学生的个体行为。在分类的过程中不作好坏的评价，只是客观地评价事实。

FIAS 方法的优点在于以量化的方式对课堂教学中师生言语交互行为进行统计、分析处理，这样可以以量化的数据对教师的教学进行分析和反思，结合课堂观察所得到的有关教学的质性的描述，可对课堂教学进行全面的认识和分析。

二、教学案例分析

（一）基本情况

内容：认识交变电流
年级：高二
教师：广州市某中学 W 老师
时间：2009 年 3 月 6 日

（二）主要教学过程描述

教学手段：黑板、多媒体投影设备、示波器、电流表、手摇交流发电机模型等。

表 7－2　一节高二物理课的课堂记录表

时间	组织	活动	内容特征	内容描述
0：01	课前活动			
0：27	引入课题	教师演示与学生参与	原理、性质、定义	教师拿出手摇发电机模型进行演示，学生通过观感小灯泡的亮度和电流表的指针变化了解线圈中产生的是什么电流。
5：03	新课教学	教师演示与学生参与；师生对话和互动		用示波器观察 3V 干电池与 3V 交流电的波形，提出直流和交流电的概念。
8：18				干电池演示，观察波形。
9：45				教师边演示边用 PPT 投影展示放大的交流电波形图。
10：45				小结：交流电的概念。
11：12			基本原理的应用	探究正弦交流电的产生。
11：18		观察		观察交流发电机模型与实验装置的结构，了解为何会产生交流电。

（续上表）

<table>
<tr><th>时间</th><th>组织</th><th>活动</th><th>内容特征</th><th>内容描述</th></tr>
<tr><td>13：28</td><td></td><td>理论探讨以及师生互动与对话</td><td></td><td>正弦交流电产生过程的研究，PPT 呈现线圈的转动过程。 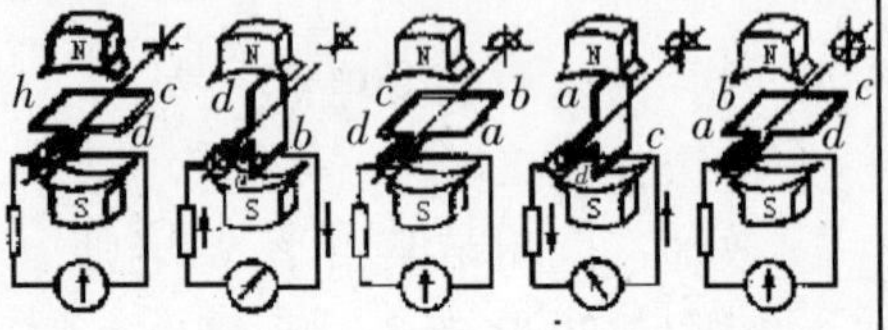
a　b　c　d　e</td></tr>
<tr><td>14：31</td><td></td><td>引导学生完成物理过程的分析</td><td></td><td>提出问题，讨论分析：
<table>
<tr><th>从 a 位置起旋转角度</th><th>位置变化</th><th>磁通量变化特点</th><th>感应电流方向</th></tr>
<tr><td>0°→90°</td><td>a→b</td><td>磁通量减少</td><td>$abcd$</td></tr>
<tr><td>90°→180°</td><td>b→c</td><td>磁通量增加</td><td>$abcd$</td></tr>
<tr><td>180°→270°</td><td>c→d</td><td>磁通量减少</td><td>$dcba$</td></tr>
<tr><td>270°→360°</td><td>d→e</td><td>磁通量增加</td><td>$dcba$</td></tr>
</table></td></tr>
<tr><td>27：01</td><td>讨论</td><td>师生互动</td><td></td><td>讨论交流电产生的特殊位置：中性面和中性面的垂直面的位置。
研究问题时要找特征：中性面、中性面垂直时的磁通量、磁通量变化、感应电动势、电流方向讨论。</td></tr>
</table>

（续上表）

<table>
<tr><th>时间</th><th>组织</th><th>活动</th><th>内容特征</th><th>内容描述</th></tr>
<tr><td>32：13</td><td>巩固、小结</td><td>多媒体呈现</td><td></td><td>用 PPT 呈现讨论结果：
<table>
<tr><td></td><td>中性面</td><td>中性面的垂直面</td></tr>
<tr><td>位置特点</td><td>线圈平面与磁场垂直</td><td>线圈平面与磁场平行</td></tr>
<tr><td>磁通量</td><td>最大</td><td>零</td></tr>
<tr><td>磁通量的变化率</td><td>零</td><td>最大</td></tr>
<tr><td>磁感应电动势</td><td>零</td><td>最大</td></tr>
<tr><td>电流方向</td><td>改变</td><td>不变</td></tr>
<tr><td>周期性</td><td>一个周期两次经过，电流方向改变两次</td><td>一个周期电动势两次最大，最大值方向相反</td></tr>
</table></td></tr>
<tr><td>32：16</td><td>课堂反馈</td><td>学生思考回答</td><td>巩固中性面的特征</td><td>例：关于中性面，下列说法正确的是(　　)
A. 线圈转动中经过中性面时，穿过线圈的磁通量最大，磁通量变化率为零
B. 线圈在转动中经过中性面时，穿过线圈的磁通量为零，磁通量变化率最大
C. 线圈在转动中经过中性面时，感应电流的方向改变一次
D. 线圈转动一周经过中性面一次，感应电流的方向就改变一次</td></tr>
</table>

（续上表）

时间	组织	活动	内容特征	内容描述
34：16			例题解后引发的思考	线圈转动过程中何时感应电动势最大？线圈每转一圈，电动势最大值出现几次？线圈转至与中性面垂直位置时，穿过线圈的磁通量是多少？此时感应电动势是否最大？
35：13		学生思考回答	巩固磁通量、磁通量变化率与感应电动势的关系	例：如图所示，闭合线圈 $abcd$ 在匀强磁场中以 OO' 为轴匀速转动，以下说法正确的是（ 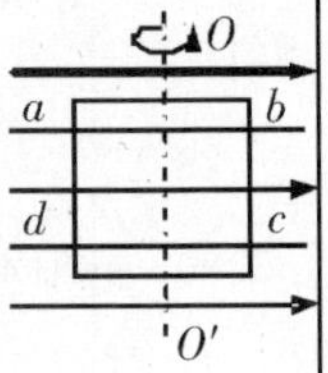　　） A. 线圈平面平行于磁场时，线圈中的电流最大 B. 线圈平面垂直于磁场方向时，线圈中的电动势最大 C. 线圈平面垂直于磁场方向时，线圈中的电流为零 D. 线圈平面垂直于磁场方向时，线圈中的电流最大
37：31	小结		小结此类问题的解题思路	确定线圈位置→确定磁通量→确定磁通量变化率→确定感应电动势、感应电流的大小。
39：36	课堂作业	教师点拨与学生回答		请学生用右手定则判断以下装置图中感应电流的方向的变化情况。 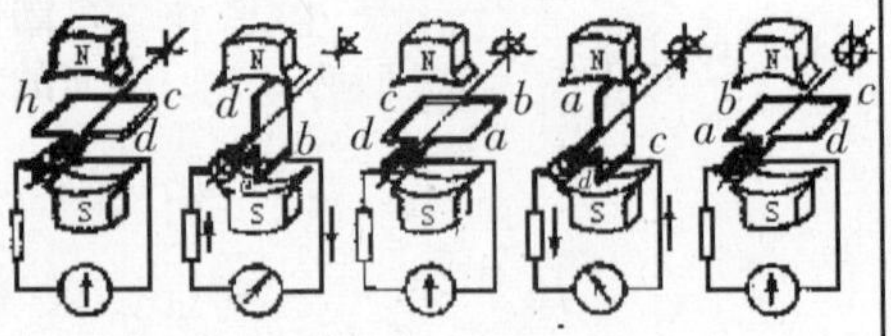
41：21	布置课后作业			练习册第 34 页自测自评题。

（三）FIAS 方法分析结果

1. 时间线标记（time line coding）进行分析

时间线标记即将所观察到的类别资料以图形的方式加以呈现，观察数据可以转换成图 7－2 形式，横轴为观察记录的序数；纵轴为 10 种行为分类。因为每 3 秒钟记录一次，所以每一细格上的长度即代表该 3 秒钟内所观察到的行为。此外，纵轴上的每一列代表一个或两个分类，中间的横列代表教师问题（第 4 类行为）；间接教学风格（第 1、2、3 类行为）在上半部，属于较开放性的行为，此种教学风格较能引起学生主动表达自己的想法（第 9 类行为）；直接教学风格（第 5、6、7 类行为）在下半部，属于较结构性的行为，这种教学风格会限制学生表达自己的想法，变成有问才有答（第 8 类行为）；第 10 类行为（静止或疑惑）并未在纵轴的横列上划记。

本节课长 40 分钟，采用 3 秒的抽样间隔，得到的时间线和矩阵如图 7－2 所示：

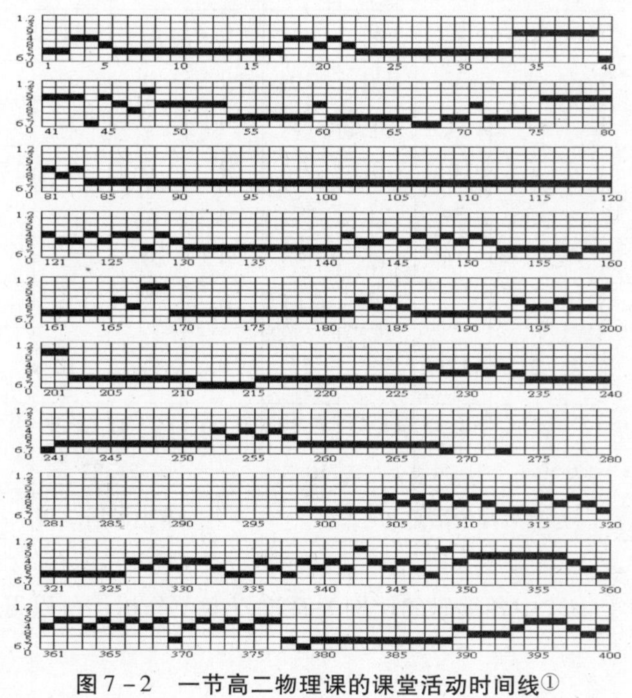

图 7－2　一节高二物理课的课堂活动时间线①

① 可用 Flanders 互动分析系统辅助软件生成。

图7－2的第1行（纵轴）上各细格均无划记，表示第一个3秒的行为分类是第10类。某些行为分类共享一列，如第1、2类行为及第6、7类行为，则是为了节省空间。经由如此的互动分析行为分类时间标记法，可以帮助教研人员及老师发现教室中之语言行为类型。如图7－2的时间线标记所示，大部分的划记在中间位置的下方，表示此次所观察的课程中使用的是直接教学风格。

2. 互动分析矩阵（interaction analysis matrix）分析

根据每隔3秒记录的数据，按FIAS方法整理后的弗兰德斯互动矩阵表如表7－3所示：

表7－3　一节高二物理课的弗兰德斯互动矩阵表

类别	1	2	3	4	5	6	7	8	9	10	合计
1	0	0	0	0	0	0	0	0	0	0	0
2	0	0	0	0	1	0	0	0	0	0	1
3	0	0	11	4	5	0	0	0	1	0	21
4	0	0	0	22	6	0	0	67	24	2	121
5	0	0	1	37	314	10	0	0	5	0	367
6	0	0	1	2	6	33	0	2	5	3	52
7	0	0	0	0	0	0	0	0	0	0	0
8	0	0	4	39	21	5	0	25	0	0	94
9	0	1	4	16	12	3	0	0	73	0	109
10	0	0	0	1	1	1	0	0	2	52	57
合计	0	1	21	121	366	52	0	94	110	57	822
%	0.00	0.12	2.55	14.72	44.53	6.33	0.00	11.44	13.38	6.93	
	17.40				50.85			24.82		6.93	100
总和	教师说话总和							学生说话总和		安静	

通过对以上矩阵中各编码的比例关系进行变项分析，可以得出以下数据，如表7－4所示：

表7－4 变项分析表

变项	TT	PT	SC	i/d	TRR	TQR	PIR	TRR89	TQR89	CCR	SSR	PSSR
%	68.25	24.82	6.93	42.31	29.73	24.00	53.69	52.94	62.50	72.51	64.48	48.28

对变项分析的结果如下：

（1）教师话语百分比（percent teacher talk）$TT = \left[\sum_{i=1}^{7} Row(i)\right] \times 100 \div Total = 68.25\%$，说明教师话语时间占全部教学时间的比例与常模（约为68）较为一致。

（2）学生话语百分比（percent pupil talk）$PT = \left[\sum_{i=8}^{9} Row(i)\right] \times 100 \div Total = 24.82\%$，说明上课时学生讲话的比率较高（常模约为20）。

（3）安静或混乱百分比（percent silence or confusion）$SC = Row(10) \times 100 \div Total = 6.93\%$，是指安静或混乱的时间占全部教学时间的比例，数据愈高，表示师生间的语言互动“量少质差”。常模为11或12。本节物理课教师让学生思考的时间也计入这一项。

（4）教师间接与直接影响比率（indirect-to-direct ratio）$i/d = \left[\sum_{i=1}^{3} Row(i)\right] \times 100 \div \sum_{i=6}^{7} Row(i) = 42.31\%$，说明教师采用间接影响的话语时间小于采用直接影响的话语时间。

（5）教师反应比率（teacher response ratio）$TRR = \left[\sum_{i=1}^{3} Row(i)\right] \times 100 \div \left[\sum_{i=1}^{3} Row(i) + \sum_{i=6}^{7} Row(i)\right] = 29.73\%$，是教师对学生的观念和感觉加以反应的话语时间占教师与教学无直接相关的话语时间（即教师话语时间扣除发问与演讲的时间）的比率，数据愈高，表示教师愈能回应学生的观念和感觉。本节课TRR低于常模（常模约为42）。

（6）教师发问比率（teacher question ratio）$TQR = Row(4) \times 100 \div \sum_{i=4}^{5} Row(i) = 24.00\%$，是教师发问时间占教师与教学有直接相关的教学时间（即教师发问与演讲的时间）的比率，数据愈高，表示上课时教师愈常利用发问来进行教学。本节课教师发问的比例与常模接近（常模约为26）。

（7）学生自发比率（pupil initiation ratio）$PIR = Row(9) \times$

$100 \div \sum_{i=8}^{9} \mathrm{Row}(i) = 53.69\%$，是指由学生主动引发的话语时间占学生话语时间的比率，数据愈高，表示学生愈勇于主动表达自己的意见，从本节课可反映学生能主动表达自己的意见（常模约为34）。

（8）教师即时反应比率（instantaneous）$\mathrm{TRR89} = \left[\sum_{i=8}^{9}\sum_{j=1}^{3} \mathrm{cell}(i,j)\right] \times 100 \div \left[\sum_{i=8}^{9}\sum_{j=1}^{3} \mathrm{cell}(i,j) + \sum_{i=8}^{9}\sum_{j=6}^{7} \mathrm{cell}(i,j)\right] = 52.94\%$，是指学生停止说话，教师立即称赞或总结学生观念和感觉的话语时间，占教师立即以与教学无直接相关的话语回应学生的话语时间的比率，数据愈高，表示教师愈能立即以间接教学风格来回应学生的话语。本节课较常模略低一些（常模约为60）。

（9）教师即时发问比率（instantaneous）$\mathrm{TQR89} = \left[\sum_{i=8}^{9} \mathrm{cell}(i,4)\right] \times 100 \div \left[\sum_{i=8}^{9}\sum_{j=4}^{5} \mathrm{cell}(i,j)\right] = 62.50\%$，是指当学生停止说话，教师立即使用发问的方式以回应学生的话语时间，占教师立即以与教学有直接相关的话语（发问与讲授）回应学生的话语时间的比率，数据愈高，表示教师愈能即时追问学生的话语，本节课反映出教师能即时地进行追问（常模约为44），对教学有效性会产生直接的影响。

（10）内容十字区比率（content）$\mathrm{CCR} = \left[\sum_{j=4}^{5} \mathrm{Col}(j) + \sum_{i=4}^{5} \mathrm{Row}(i) - \sum_{i=4}^{5}\sum_{j=4}^{5} \mathrm{cell}(i,j)\right] \times 100 \div \mathrm{Total} = 72.51\%$，是指教师以与教学有直接相关的话语（发问与讲授），接续前一话语或衔接后一话语的时间，占全部教学时间的比率。数据较高（常模约在55）。这表示师生的语言互动较能以对教材内容的发问及讲授为重心。

（11）稳定状态区比率（steady state ratio）$\mathrm{SSR} = \left[\sum_{i=j=1}^{10} \mathrm{cell}(i,j)\right] \times 100 \div \mathrm{Total} = 64.48\%$，是指师生言谈停留在同一话语类别达3秒以上的话语时间，占全部教学时间的比率。本节课可以看出师生间的交谈互动较稳定（常模约为50）。

（12）学生稳定状态区比率（pupil steady state ratio）$\mathrm{PSSR} = \left[\sum_{i=j=8}^{9} \mathrm{cell}(i,\right.$

$j)]\times 100\div\sum_{i=8}^{9}\mathrm{Row}(i)=48.28\%$，是指学生持续说话达 3 秒以上的话语时间占学生话语时间的比率。本节课学生的言谈风格很稳定（常模约为 35 或 40），与日常教学中教师与学生的良好的互动形成有关。

三、改进与建议

FIAS 作为一种课堂分析技术，具有强烈的结构化、定量化研究的特点，但这为它在课堂分析中的运用带来极大的局限。原因在于：仅仅以一个技术性的结构，难以表现课堂教学生动丰富的意义。因此，宁虹老师等人对 FIAS 进行了改进：①对编码的赋值赋予意义的联系；②绘制主要参数的动态特性曲线描述课堂教学过程；③以描述性观察、访谈所获得的质性资料与 FIAS 互动分析主要参数及其动态特性曲线相结合进行深入分析。（宁虹、武金红，2003）

从新课改的实施理念的角度来看，FIAS 也具有不足之处，具体如下：①重视教师在课堂教学中的行为表现（7 个类别），忽视学生在课堂教学中的行为表现（2 个类别），无法真实地了解课堂中学生的学习行为；②信息技术作为课堂教学中一个不可忽视的要素，在教学过程中与教师和学生都会产生丰富的交互活动，但 FIAS 无法反映出这一类互动；③“沉寂”表达的情形是复杂的，含义也有所不同，把它们归为一类无法分清真实情况；④FIAS 转化后的变量数据无法回溯。（顾小清、王炜，2004）基于此，顾小清老师等人对 FIAS 作了进一步的改进，形成 ITIAS 编码系统（information technology - based interaction analysis system）。

这两种改进后的 FIAS 均是从时间间隔取样的角度来进行观察，为了能够全面地记录，最好是借助于录像等信息技术手段把课堂教学拍录下来，对课堂实录进行回放予以编码。但在深入课堂教学研究的过程中，对课堂教学现场的观察更为普遍，上述两种改进后的 FIAS 依然存在编码量太大、不易操作等困难。另外，无论是 FIAS 还是 ITIAS，分析的重点都是师生言语（教师有 8 项、学生有 4 项，占总项目数的 2/3），因此，运用该方法全面地描述或揭示鲜活的课堂还是不尽如人意。

批判总是容易的，建设却更为困难。因为不同的课型、不同的学科在课堂观察中的侧重面有所不同，课堂结构特征也不相同，采用通用的分析结构总会带来分析的困难或解释的偏颇，因此，建构符合中学物理实际的课堂教学行为观察框架具有重要的意义。

第四节　同课异构：研究的框架与案例分析

一、问题的提出

随着“教师即研究者”理念在我国基础教育界的逐步普及和深入，具有理论与实践密切结合等特点的课例研究日益成为当前我国中小学教师校本研究的重要形式。“同课异构”又称“一课两讲”或“一课多讲”，是近年校本教研的一种重要形式。同课异构是在相同内容下，发现不同的教学构思。这个构思，包括教学设计、教学策略和方法、教学风格和课堂结构等。同课异构课例研讨为教师们提供了一个面对面交流互动的平台，使教师能在案例科学的分析和比较中，不断开阔视野，不断提升业务水平，不断反思自己的教学方法，实现教师的专业发展和教学质量的提升。同时，案例研究对于建构新的理论和指导教学实践都有重要的价值。

不过，在实践中由于缺乏相应研究方法的指引，教师在操作中往往或盲目求“异”，或为“异”而“异”，或重“同”轻“异”，或独自求“异”等，这些做法都使人们对“同课异构”理念的认知走入误区，不能有效发挥其作用。同时，活动后对课例的分析也往往流于形式，或者少有严谨的态度进行观察和分析，没有充分发挥课例研究应有的作用。这里可能存在两个问题：①教师本身难用比较科学的方法进行分析，感性的东西比较多；②国内学者对基础教育中这种教研形式的研究比较少，而上升到研究方法论的高度去思考的更少。

因此，同课异构课例有必要建立合理的研究框架，便于实际工作者运用和操作。案例研究作为一种研究方法，已在法律和医学教育领域中成功地激励了教育领域应用。同课异构课例分析可借鉴案例研究方法，特别是多案例研究中的选择、设计与分析方法。

二、研究分析的框架

社会研究方法包括很多种，如实验法、调查法、档案分析法、历史分析法。各种方法都有其特点，如表 7－5 所示，Robert K. Yin 认为研究者在进行研究之前，决定采用何种研究方法首先要考虑三个条件：①需要解决的问题类型；②研究者对研究对象的控制能力；③关注的中心是历史现象还是当前问题。

表7－5 不同研究方法的适用条件①

研究方法	问题的类型	是否需要过程控制	焦点是否为当前问题
实验法	怎么样、为什么	需要	是
调查法	什么人、什么事 在哪里、有多少	不需要	是
档案分析法	什么人、什么事 在哪里、有多少	不需要	是/否
历史分析法	怎么样、为什么	不需要	是
案例分析法	怎么样、为什么	不需要	是

同课异构是以课例为载体进行课堂教学的实践研究。课例本身就是教与学的案例。课例研究是以具体的课为对象的研究。要了解“为什么”（教学目标、教学设计等）、“怎么做”（教学方法、策略等）以及“怎么样”（教学评价、反思等）。课例研究关注的焦点是教师如何对教学本身改进、优化和提高，并给出解决问题的示例。因此，在同课异构课例的研究上可以借鉴案例研究的一些基本方法。案例研究作为一种研究思路的案例研究包含了各种方法，涵盖了设计的逻辑、资料收集技术，以及具体的资料分析手段。案例研究在各领域的运用差别，究其原因，还要回到案例本身的特性。课例研究更偏向于对教师、教学事件或情景的概况作出准确的描述，研究教学过程是如何达到教学目标和要求的。

有学者认为教学案例研究可以分为证实性案例研究和探索性案例研究。前者通过对自己或他人案例的描述和分析，展示解决某个实践问题的具体方法，证实某个已有理论的价值。后者通过对自己或他人的案例的描述和分析，提出新的假说，归纳出新的结论。相对而言，探索性案例研究的难度更大，其实践和理论价值也更大。同课异构课例可以是证实性案例研究或探索性案例研究，这与课例研究的目的有关。除了追求实证的验证性实验（如通过对比，验证某种教学模式的效用等）外，大多数教师进行同课异构课例的研讨

① 罗伯特·K. 殷. 案例研究：设计与方法［M］. 周海涛等译. 重庆：重庆大学出版社，2004. 7.

都是探索性的。教师通过对相同课题不同教学构思的比较，进行跨个案的分析和比较，期待发现对教学有直接借鉴的东西。

基于一般的案例研究方法，考虑到教学案例特征和同课异构课例的研究目标，建立研究框架（如图 7－3）：①界定与设计。建立构想，确定课题，研究教材，分析学情与教学资源形成教案（或教学设计）。②观课、收集资料与分析，观察不同课例和记录教学过程中出现的现象。③总结与反思。进行跨个案研究，修改假设，形成教学建议（或理论构想），最终形成案例的研究报告。

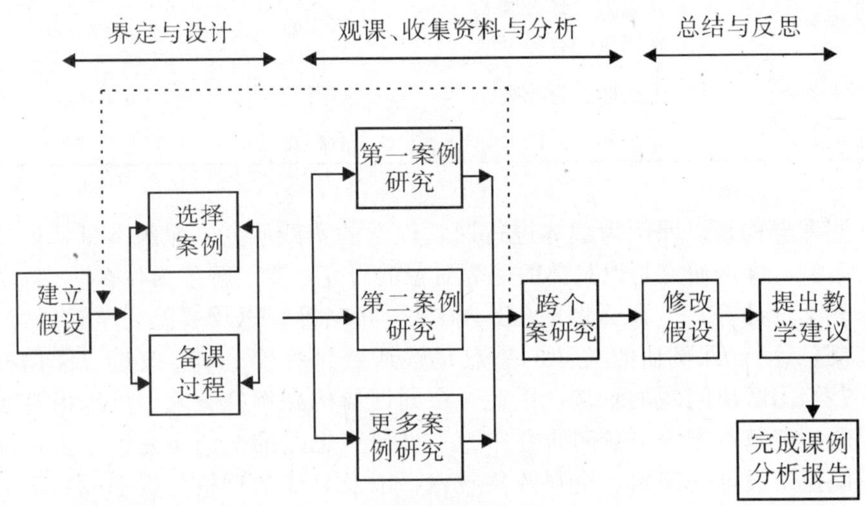

图 7－3　同课异构课例研究的框架

第一阶段：界定与设计案例。根据理论构想需要提出假设，只有明确假设研究才有目标。如果同课异构课例本身就是探索性案例研究，就不可能事前提出假设，但仍然要明确研究目的，通过对“异构”的比较，分析课例对教师的启发作用。课例的选择要考虑：①典型性。课例具有一定的代表性，反映的问题是其他教师在教育实践中也很可能遇到的，或正困扰着其他教师。②创新性。教师提出了别人困惑还没有明确的问题，但更表现在教师运用了别人还没有运用过的策略和方法并很好地解决了问题，或在此基础上提出了新的假说。③启发性。课例的内容能够引起别人联想，能够吸引教师的注意，发人深思。备课过程包含教师（或相关参与者）对材料的收集、分析形成教学设计的整个过程。

第二阶段：课堂观察、收集资料与分析过程。首先要界定分析单位，同课异构课例会涉及教学过程的分析。这涉及教学系统的各种要素（教师、学生、教材和教学媒体等），以及要素间的相互联系、相互作用。但是，研究不可能涉及教学过程的方方面面，只可能是某方面的研究，如教学目标确定、教学内容的选择、教学活动设计等。从案例研究设计来看，有整体性和嵌入性分析两类。“嵌入性”概念最早用于经济理论分析，其认为“经济生活以互惠或再分配的方式为主，嵌入在社会和文化结构之中”。“嵌入性分析”是相对案例整体分析而言的，是一种多分析单位的研究（如图7-4）。在“同课异构”课例研究中，可以从教学过程的某一进程（课题的引入、组织教学等）或教学要素的某个侧面（学习材料的呈现方式、教学反馈环节等）去提取分析单元。分析不一定面面俱到，但要有重点，分析结果可观察到。在多个案例嵌入性研究的基础上进行跨个案分析，而跨个案分析的重点是“异构”。跨个案分析案例剖析成功解决了教育实践问题的各种影响因素，并区分出主要因素和次要因素。

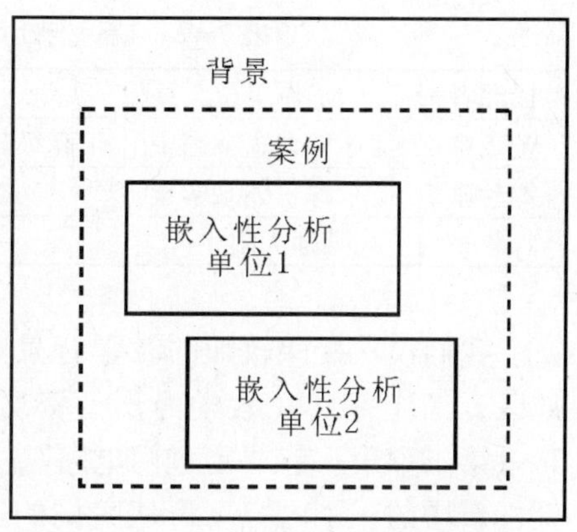

图7-4 案例嵌入性分析研究设计

第三阶段是总结和反思。第一，通过案例分析，验证提出的假说（证实性案例研究），并解释结论，提出教学建议或理论构想（探索性案例）。第二，概括案例，完成课例分析报告。

三、案例分析

（一）案例选择

案例选择与课例设计意图和目的有直接关系。2010年下学期，广东省教育厅教研室在某师大附中“自主课堂同课异构”开展研讨活动，其研讨活动中的物理学科授课老师及背景如下（见表7-6）：

表7－6 研讨活动中物理学科授课老师及背景

授课者	工作单位	职称	课题	使用教材
W老师	江苏省太仓某高中	正高级教师，特级教师	走进门电路	粤教版高中物理选修3－1
Z老师	广东省东莞某学校	二级教师		
L老师	某师大附中	一级教师		

我们仅从授课教师的教学背景和材料本身特点来看：授课者来自不同的地区，工作背景（教学经历、资历等）也不相同。教学内容都是物理选修3－1第二章第6节“走进门电路”，本节内容并不是高考的热点内容，而是新课标新增的一个内容。再从案例的选择来看：一方面可体现不同教学背景的授课老师对课题的理解，可创新的空间比较大；另一方面突出“自主课堂”的研究目标，对观课老师有启发作用。

（二）嵌入性分析

分析单元可以从教学过程的各个阶段去考察，也可以从教学策略运用等方面去考察。对同课异构课例分析是一种多案例、多分析单位的嵌入性分析。这里记录了“自主课堂同课异构”课例的3位老师“课题引入”阶段的教学过程，对教学过程按时间顺序观察记录（见表7－7）。

表7－7 “课题引入”部分的嵌入性分析

教师	Z老师	L老师	W老师
教学程序（教师和学生的活动描述）	教师：白天走过楼道声控开关控制的电路，灯亮不亮？ 学生：不亮！ 教师演示：声控开关控制电路，发声后灯不亮，遮住声控开关，有微弱光后小灯亮。 PPT呈现：声控开关的内部结构。 教师：（指着电路）这里面有个芯片就是“门电路”。	教师：漆黑的夜晚，有一个保险柜。 教师演示：搬出保险柜道具，保险柜正面撬开，报警器响；从上面钻洞，手电筒照射，报警器响。 教师：这里面有感光功能的门电路，大家想不想知道它的设计原理？ 学生：想！ 教师：现在一起走进门电路。	教师：同学们先来看一个实验，同学们都可能见过，楼道声控开关。 教师演示：模拟晚上的情景，用纸将感光部分遮住，拍手，灯亮（再演示一遍）。 教师：这个灯光要发光要满足两个条件，是哪两个条件？ 学生：有声音、没有光亮。 教师：声音、光亮是存在的两种状态。“有”和“无”，生活中还有许多对立的状态，物理中用“1”、“0”表示，请你说说对“1”、“0”这两种特殊符号的理解。
时间	2min 20s	1min 30s	2min 30s

从表 7－7 中可以看出 Z 老师从生活中的楼道声控开关引入生活中门电路的应用，情景设置真实。L 老师情景创设很吸引人，使用道具呈现现实的场景。W 老师演示楼道声控开关，没有直接引入门电路，而是引导学生尝试对数字电路中“1”和“0”的理解。三位老师的共同点是通过演示创设情景，带学生探究门电路，感受门电路。不过，从整体教学的角度看，“课题引入”是为整个课题做铺垫，W 老师对整体的呈现显得非常突出。从“1”和“0”的引入到二进制，再到门电路，很自然，同时其中内在的逻辑关系也很明显。对“课题引入”部分的嵌入性分析，可以看出不同教学构想具有不同效用。

（三）跨个案研究

跨个案研究要从多个课例嵌入性分析中找出影响教学效果的原因，要从一系列分析中进行概括和总结，提出有针对性、有价值的教学建议。2011 年上学期，笔者与本区的部分教师一同参与对两所学校三位老师的“习题课同课异构”课例进行研究。L 和 H 是同一所学校同一个备课组的两位老师，他们通过集体备课形成了相同的“学案”（为学生课堂教学提供的学习材料）。在这所学校观课后，笔者从“学案”中抽取有代表性的问题给另一所学校的 S 老师，在习题课教学也插入这一问题，最后把收集课例的质量性资料进行比较研究。这次习题课采用了以下相同的问题解答材料：

【例 1】现有一种特殊的电池，它的电动势 E 约为 9V，内阻 r 约为 50Ω，已知该电池允许输出的最大电流为 50mA，为了测定这个电池的电动势和内阻，某同学利用如图 7－5（a）所示的电路进行实验，图中电压表的内阻很大，对电路的影响可不考虑，R 为电阻箱，阻值范围 0～9 999Ω，R_0是定值电阻，起保护电路的作用。

（1）实验室备有的定值电阻 R_0有以下几种规格，本实验应选用（　　）。

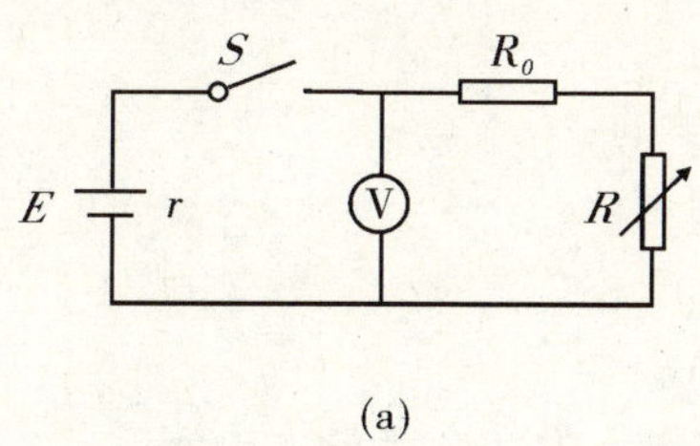

(a)

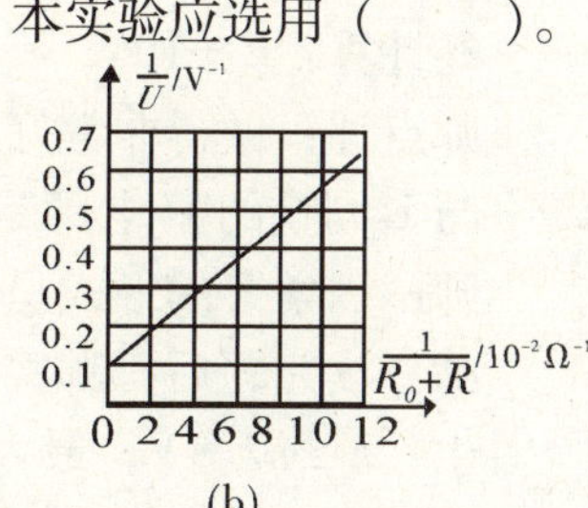

(b)

图 7－5

A. 10Ω　2.5W　　B. 100Ω　1.0W

C. 200Ω　1.0W　　D. 2 000Ω　5.0W

(2) 该同学接入符合要求的R_0后，闭合开关S，调整电阻箱的阻值，读出电压表的示数U，再改变电阻箱阻值，取得多组数据，然后通过作出有关物理量的线性图像，如图7－5（b）所示，求得电源的电动势和内阻。请写出该线性图像对应的函数表达式________（用字母E、r、U、R、R_0表示），由图线可求得该电池的电动势E为________V，内阻r为________Ω。

第一节课听的是L老师的课。

课前老师已让学生完成学案中的【例1】，教师检查学生的学案后让学生回答（1）的答案。学生回答后，老师点头表示满意，强调了实物电路的连线，板书画出如图7－5（a）所示。

师：实物连线按两个回路来进行连线。现在请一位同学写出U与$\frac{1}{R+R_0}$的关系。

A生把自己做在学案上的试题抄在板书上：

$$\begin{cases} I=\dfrac{U}{R_0+R} \\ I=\dfrac{E}{R_0+R+r} \end{cases} \Rightarrow \frac{U}{R_0+R}=\frac{E}{R_0+R+r} \Rightarrow \frac{1}{U}=\frac{1}{R+R_0}\cdot\frac{r}{E}+\frac{1}{E}$$

师：不错，那请把E和r数值写出来。

A生补充写出如下：

$$\frac{1}{E}=0.1, \frac{r}{10}=k=\frac{0.56-0.1}{10^{-2}}$$

由图可知：

经计算：$E=10\text{V}$　$r=46.2\Omega$

师点评：做得非常好。

与L同校的H老师是这样实施教学的：

师：以学案的形式呈现【例1】材料。

师：读完题后有哪些关键的信息？

生：E约为9V，最大电流为50mA。

师：对，约为9V意味着非精确的数，为什么给最大电流？

生：R_0是保护电阻，使最大电流不超过50mA。

师：R_0至少为多少？

生：电阻箱 $R=0$ 时，R_0能起保护作用。

……

学生分别计算后得出结论。$R_0>130\Omega$，$P<0.5\text{W}$ 。答案选 C。

师：还有什么不同看法?

生：在安全的情况下选择 R 尽量小的。

师：对!

师：请 A 同学写出第二问的表达式。

A 生：黑板板书：$\frac{1}{U}=\frac{1}{R+R_0}+0.1$

师：要写出 $y=kx+b$ 的形式。本题 $\frac{1}{U}=k\frac{1}{R+R_0}+b$ ，本题 $k=?$，$b=?$

师：我们过去不是讲过了？不记得了？（学生还是不知所云）

教师开始演板：

$E=U+U_{内}=I(R+R_0)+Ir$

又 $I=\frac{U}{R+R_0}$，代入：$E=U+\frac{U}{R+R_0}r$

整理得：$\frac{1}{U}=\frac{1}{R+R_0}\cdot\frac{r}{E}+\frac{1}{E}$

这时，下课铃声响，老师略为小结就下课了。

以下看看，另外一所学校的 S 老师的课。教学过程描述如下：

师：今天复习测电源电动势和内阻实验，同学们，请先将本章学生分组实验的电路图默写画出。

A 学生：上讲台演板画出实验电路图，如图 7－5（a）所示。

师巡视学生的作业后，点评 A 学生的演板：画得不错!

师：那么电流表和电压表的测量目标是什么？测量原理是什么?

生：讨论。

师写出测量原理：$E=U+Ir$，问：电压表是测什么的?

生：路端电压。

师：电流表是测什么的?

生：干路电流。

师：那如何测出 E 和 r?

……

师：如果只有一个电表可不可以测量？变换一下，能不能测出？画出电路图，这里只有一个电压表，R 是电阻箱。

生：那可以。

师：少了电流表，干路电流怎么测？

生：$I = \frac{U}{R}$

师：能写出测量原理的表达式吗？

学生说老师板书：$E = U + \frac{U}{R} r$

……

课堂反馈环节：呈现上述例题，学生很快地写出测量的表达式：$E = U + \frac{U}{R + R_0} r$

变形后得到：U 与 $\frac{1}{R + R_0}$ 关系：$\frac{1}{U} = \frac{1}{R + R_0} \cdot \frac{r}{E} + \frac{1}{E}$，整个教学过程进行得非常顺利。

例题中，第（1）问是器材选择问题，第（2）问是实验的测量原理问题。这些都是物理教学中比较典型的。跨个案研究要对课例的质量性资料进行分析，需要研究者更努力重复地阅读记录下来的质量性资料，特别是按时间顺序记录下的课堂教学事件，并基于逻辑和判断来进行比较情境分析，寻找把资料连接成一个叙事结构的关键线索，因此，要做好跨个案的分析或综合并不是件容易的事。教学事件涉及原因可能有多种多样，各种要素对教学都可能有影响。本课例中我们作了以下分析（见表 7－8）：

表 7－8　研究要素及教学可能的影响因素分析

要素	可能的影响因素
资料	内在结构、与原始问题的相似性、问题信息中潜在的歧义性误导等。
学生	认知结构、数学变形和运算、学习风格等。
教师	问题呈现的方式、提问的有效性、阶梯性问题设置的逻辑性、点拨的方法、教学风格、教学策略等。

学习材料的呈现方式、教师采用的教学策略等对学生解决问题的能力，以及课堂效果有不同程度的影响（见表 7－9）。

表 7－9 教师教学策略对教学效果影响的分析

教师	学生对材料的熟悉程度	教学策略	学生反应	教学效果
L	熟悉	课前发学案给学生，进行批改，核对第（1）小题答案；抽取会做的学生对第（2）小题进行演板，教师点评。	回答第（1）小题答案，被抽取的同学正确解答第（2）小题。	课堂教学进展顺利，但很难确定教学效果。
H	熟悉	课前发学案给学生，进行批改；分析第（1）问给予的关键信息，呈现分析过程；抽取会做的学生对第（2）小题进行演板，教师点评。	第（1）小题大多数学生参与分析，学生发言积极，第（2）小题被抽取的同学没有理解题意，教师讲解完成解题。	（1）教学效果很好，（2）对老师的讲解，还是有不少学生不理解。课后教师感觉效果不太好。
S	不熟悉	回顾教材相关内容，进行拓展，重点对第（2）问进行分析讲解。	整个过程大多数学生能很好地完成，电路图 1 到电路图 2 的拓展比较好理解，电路图 2 到电路图 3 台阶小。	抓住难点，整个教学效果好。

看看三组同学在解答第（2）小题时的解题过程和思路，以及影响问题解决的因素（见表 7－10）。

表 7－10 学生问题解决过程的分析

对象	L 班 A 学生	H 班 B 学生	S 班 C 学生
思路	通过图像分析得到： $\frac{1}{U}=\frac{1}{R+R_0}+0.1$	$I=\frac{U}{R_0+R}$ $I=\frac{E}{R_0+R+r}$ 联立消去 I，得到关系式	$E=U+Ir$ $E=U+\frac{U}{R}r$ $E=U+\frac{U}{R+R_0}r$ 递进式推演

（续上表）

对象	L班A学生	H班B学生	S班C学生
分析	从给出的图像直接得出，可能是对题目给出信息误解，但如果斜率和截距的物理意义不知，仍然不能完成第（2）题的第二空。	联立闭合电流欧姆定律和部分电流欧姆定律，求出电流表达式，找到两式的联系（即电流相等），从而得出结论。	思路比较清晰：从课本中伏安法测电源电动势实验原理出发，进行拓展和比较。

聚焦分析S教师的教学流程和问题的呈现过程：回归教材，明确学习目标，回顾基本的测量电路过程和测量原理，对问题进行阶梯性拓展，拓展过程探究物理模型（电路）之间存在的内在联系（如图7－6）。问题的呈现过程抓住问题变式，测量原理“变”和“不变”的关系，呈现新情景，进一步拓展，学生在问题比较中，很快找到方法，问题就这样迎刃而解了。

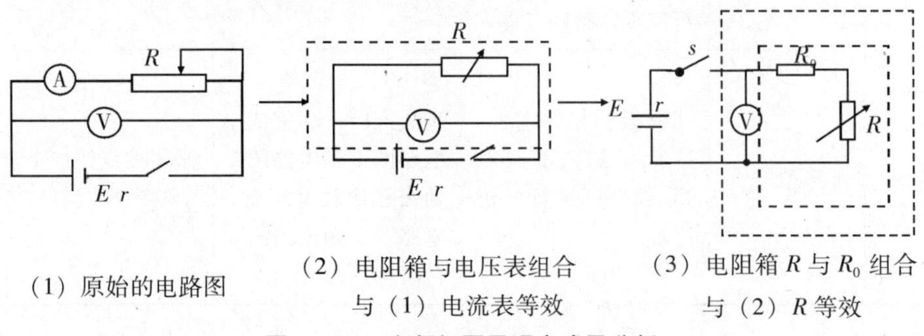

图7－6　S老师问题呈现方式及分析

通过跨个案分析比较发现：①教学中让学生呈现学习过程非常重要。一方面能观察学生解决问题的过程，另一方面又能真实反映学生学习的效果。②教学中提问策略具有重要性。要明确课堂是要展示优生的“完美”作业，还是要发现存在的问题，帮助学生去解决。有时老师教学很顺利，但很难确定教学的真实效果。③阶梯性问题的设计和呈现，可以促进知识的同化和顺应的过程。S老师教学采用阶梯性问题设置和拓展，在过去很多老师把这类问题归为“伏伏法”、“安安法”等，不断建构新的物理模型，教学效果实际并不好。

（四）教学建议

这是我们很期待的事。通过分析概括，归纳出了一定的结论，这些结论有的是教师在实践过程中已经认识到并加以具体运用的既有理论，有的是在实践基础上提出的新的假说。在上述“习题课同课异构”课例中，通过对同课异构的质性资料分析，组织教师进行反思，在此基础上提出了习题课要“立足教材，呈现过程，适度拓展，促进迁移”的教学策略。这里说的“立足教材”就是“回归课本”，从简单问题（或原始问题）出发，使问题拓展和变式，使学生理解找到很好的支撑点。这里的教学建议或策略可能还处在理论的基层，建构理论还需要研究者对更多的样本进行归纳和概括，上升到理论，并进行必要的信度和效度的检验。

四、结语

案例研究与统计调查的“统计性归纳”不同，是一种“分析性归纳”方法，研究者要尽量从一系列研究中总结出更抽象、更概括的理论或构想。课例研究与案例研究的思路实际上大体相同，同课异构有必要借鉴案例研究方面的已有成果，并考虑教学的实际，对研究范式进行思考。本文给出的研究框架，有待于教育实际工作者和研究者去实践和验证。同课异构课例研究目前仍是一个很重要的校本研究形式，在研究中要充分发挥基层学科教研组或备课组的作用，特别是校际“同课异构”教研活动，组织者要精选课题，创造使各种教学理念发生碰撞、从不同角度进行教学设计、让同课教师展示亮点和特色的条件。同时，要淡化“打擂台”意识，使“同课异构”产生引领、示范和研究的效用。同课异构课例研究要成为教师共同研究的平台，教师“话语权”的重要载体，教师在参与活动过程中不能仅仅停留在听专家们的点评，重要的是通过这种形式，开阔视野，提高自己的研究能力和反思水平，实现专业发展和教学质量的提升。

"变式"教学：物理问题的构造与教学策略

第一节　"变式"及其教学的价值

查阅"维普"期刊网数据库2000—2012年论文，主题含"变式"的有3 631篇，关键词含"变式"的有2 830篇，主题或关键词含"物理"与"变式"的有92篇；2008—2012年主题或关键词"物理"与"变式"共54篇，而"数学"与"变式"504篇。显然，有关"变式"的研究和应用，数学教学方面已远远走在前面，作为自然科学的学科，在学习上本身也具有一定的共通性。从"变式"教学的理论基础——现象图式学原理出发，借鉴数学教学已有的成果，对目前中学物理教学中教师进行的"变式"训练和"变式"教学的重新审视，用变易理论去分析物理课堂教学，用理论去指导实践，应该说都是具有一定意义的。

变式教学与变式训练是不等同的。这里教师往往会有两个误区：一是教学中的变式训练就是我们说的"变式教学"；二是由于"变式训练"在物理习题课中被广泛采用，"变式教学"只能在习题课中运用。在实际教学中我们经常把"变式教学"与"变式训练"等同起来，把"一题多解"和"一题多变"看成是习题教学的"万丹灵药"，实际上是错误的。"变式教学"有其必要的条件，怎样对物理问题进行"变式"的构造，是值得我们思考的问题。

一、"变式"的概念

"变式"是通过变更对象的非本质特征而形成的表现形式。变更人们观察事物的角度或方法，以突出对象的本质特征，突出那些隐蔽的本质要素。变式就是在教学中应经常变换所用具体材料的样式。变式对学生领会概念及事物的因果联系等都具有极其重要的意义，它可以使学生更好地区分事物的各种因素，并确定哪些是主要的、本质的，哪些是次要的、非本质的。利用变式是防止扩大和缩小概念外延的有效方法，对防止学生颠倒因果关系，和发展学生的归纳能力都有重大意义。

要让学生在变式中思维，从而掌握事物的本质和规律。运用变式是使学生形成一般表象的必要条件。在讲惯性时，不能只举固体的惯性现象，也要举液体、气体的惯性现象，否则学生将会认为只有固体才有惯性现象。在实践中，有的教师不去分析课题的本质属性与非本质属性的矛盾，在这种教法下，学生往往只是盲目地模仿教师作辅助性的狭隘经验的总结，并没有真正理解。因此教师在教学中，必须掌握变式规律，指导学生学会在各种不同的变式中掌握课题的本质属性，学会这种思维方法。

变式是重要的，但在教学中也不可过多地运用。变式的成效并不取决于运用的数量，而在于是否具有广泛的典型性，能否使学生在领会科学概念时，摆脱感性经验和片面性的消极影响。同时，材料的变式也不必都在讲授过程中进行，有些也可在练习或巩固作业中让学生来领会。此外，教师在运用变式时，要对学生提出明确的要求，引导学生观察、思考，才能使变式达到预期的教学效果。

二、“变式”的理论基础

（一）现象图式学概述

变异学习理论（theory of variation）是由瑞典歌德堡大学学者马顿所领导的一个研究小组提出的，他们总结了一种名为“现象图式学”的研究理论，主要探索及描述人们对于世界上的某个特定现象或属性如何作出理解、体验和思考。通过大量的研究，他们得出的主要结论是：从本质上说，人们常会以不同的方式理解同一现象；但严格地来说，这些不同的理解方式是有限的(1977)。

现象图式学认为，学习是“一种个体与世界的内在的关系”。学校的教学目的是为学生如何面对不断复杂化的未来社会做准备，这样学习的最重要形式是使学生能够以不同的方式看待某个学习对象。马顿（1999）进一步指出，学习意味着引导学生看待事物（对象）的一种方式，而这种方式的建立是基于学习对象关键特点（critical aspects）的分辨（discernment）及对这些特点的同时聚焦。正是由于变异，我们能够体验与分辨学习对象的关键方面。当不同的变异出现在同一时段时，它们使学习者认识到学习对象的不同方面。

现象图式学主要的研究方法是第二位视角。它是在科学领域和日常生活中，很多关于世界、现象、情境的阐述。经验（或体验）世界、现象、情境的各种方式通常是被经验者想当然地认定的，他们看不到也意识不到这些方式。在现象图式学中，基于第二位视角，这些经验世界、现象、情境的根本方式被看作现象图式学的“第二位视角”。这里引用 Bowdeneal（1992）的“火车中的球”来理解其在物理教学中的含义。

【例题】火车里有一个球向车尾滚动，3s 滚动 2m，同时，火车以 10m/s 的匀速向前行驶。讨论球在 3s 内球对地的位移值。例题中球的位移可以从数量上很容易得出答案——就火车行进方向来说，球的位移是 28m，但对答案的得出却有不同性质的识见方式，正确答案可通过一系列地思考而得出。

首先，火车的位移 30m，其次，球在火车地板上的位移 2m，30m 减去 2m 得到 28m。用这种推理方法，每一过程中位移的部分都是隐晦的，最后把它们联系起来得出结果：位移值被看作是各部分的和。换一种方式，答案可以很明确，即同时思考两个过程，30m 是火车相对地面来说在它前进的方向上移动的距离，2m 是球相对火车地板来说以另一个方向移动的距离，最后得出的 28m 是球相对于地面来说的位移值。

物理学家，或物理老师对这个问题一般都是寻找数量意义上的答案，即正确的数值，他们正是以第一位视角来考虑问题的。对他们来说，30m－2m＝28m 是正确的，而 2m 或 30m 都是错误的。他们以第一位视角描述情境，检查结果是否与预定答案符合；学生的思考方式，或经验中的某些活动的方式对他们来说却无足轻重。但是，如果出现了错误的答案——2m，物理老师就有可能成为现象图式学者，他会这样问：“你是怎样得出那个答案的？你是如何思考这个问题的？你能说说这个问题是什么意思吗？”这就是采用了第二位视角，当对答案进行分析时，就是用第二位视角来描述对这一现象的经验。这些描述是根据人们如何理解或经验中的相关活动而表达的，而不是首先判断其正确与否。在学生回答“2m”这个事件中，教师可能会总结出学生是站在火车上考虑问题，然后从这个角度出发继续考察其他错误答案。

用现象图式学观点看待现象，关注的是不同现象的意义，特别是各个知识领域中那些现象对学习者的意义。各个领域中固定化的想当然的方式被摈弃，而关注的是识见方式。更有时候，特定的现象如何被经验识见可能成为研究的中心问题。在现象图式学研究中，当提出问题、收集资料、分析资料时，都在运用第二位视角。这意味着以他人的眼睛识见现象和情景，以代理的身份重现他人的经验。在现象图式学研究的每个步骤中，研究者都要有意识地回避自己的经验方式，仅用它来客观描述他人交谈、解决问题、经验和理解世界的方式。

根据变异学习理论，变异是有效分辨的必要条件，而分辨是学习的必要条件。如果没有变异，世界上的许多概念就没有意义或不存在。例如，假如世界上只有一种颜色，那么颜色的概念就没有意义（顾泠沅等，2003）。从以上对变异学习理论的论述，可以认为变异学习理论就是以事物或现象呈现的原初状态为“基值”，通过不同形式变换“基值”，使学习者逐渐认识事物或现象本质的一种理论，其中“基值”意指一种判断标准或参考值。

（二）变异学习理论的内容

变异学习理论的重要要素，包括“对学习的看法”，“学习内容（object of learning）”、“关键特征（critical aspects）”、“辨识（discernment）”及“变异（variation）”（卢敏玲，2005）。根据对诸多材料的总结，可以概括出变异学习理论要素如下：

1. 对学习的看法

简单地说，变异学习理论指出，学习一定是指向某项要学的东西，即“学习的内容”。此概念源于布伦塔诺（Brentano，1874）的“意向性”（intentionality）原则。在意向性的原则下，所有精神活动均是指向某事物的，而这也是精神现象中值得关注的特征。而学习的意义在于对同一学习内容，学习前后应产生不同的理解。

2. 学习内容和学习者

变异学习理论相信学习内容是特定体系的内容，而体系是有其逻辑结构和思维特点的。变异学习理论正是从学生学习的事物出发，分析其在学科中的地位和其他要素的联系，正确处理学习内容，促进学生对内容的全面的认识，发展他们的能力。行为者包括学习者和教授者即教师。变异学习理论相信，学生作为学习者，只有与学习内容的直接接触，才能取得对事物的直观和深刻的认识。教师的角色在于作为学生学习的引导者，指引学生去辨识事物的关键特征和本质。

3. 关键特征

任何事物都有很多特征，若要对事物得到特定的认知，要聚焦“关键”特性，使之是从背景中辨识出来变成前景。关键特征是变异维度上的一个值。例如，我们描述“做功”时，我们指的关键特征是：力、位移、位移是在力的方向上发生的。在设计“功”作业时，任何一个维度都可能发生“变异”。能确定关键特征有助于教师制定预期的学习内容。

4. 辨识

任何一种经验都意味着将事物的某些重要方面从整体环境中凸显出来。

5. 变异

要在知觉上能够凸显这些重要方面，就必须经历这些方面的变化和异同。

变异学习理论的实施条件是：

①学生与学习内容的直接接触。变异学习理论认为，学生与学习内容的直接接触是进行学习的前提条件，目的是发展学生对学习内容的感受力。

②以了解学生的知识基础为起点。了解学生对学习内容的基础是通过对学生的各种测试和访谈等方法实现的。通过熟悉学生对现有学习内容的理解，为后续的学习作进一步的准备。

③变异空间的营造。要让学生体验到事物的“基值”和“基值”变化后所造成的反差，在这样的一个空间里为体验变异提供前提。

④关键特征的同时聚焦。教师要做的一项工作就是把事物或现象的关键特征同时呈现给学生，让他们在变异空间内同时感受学习内容的各个关键特征。

⑤学生体验变异。关键特征的同时聚焦未必会引起学生的体验，教师的任务是一步步引导学生体验学习内容的各个方面，作出比较、分析、综合，加深对事物的认识。不同学生对同一事物或现象的不同体验，也可以在教师的引导下在同学间做交流，内化为学生的知识结构。

（三）变异学习理论在教学上的研究与应用现状

变异学习理论的运用由来已久，只是人们在运用中的叫法有差别。内地称为变式教学，香港称为变易教学。这里采用变异学习理论的叫法。“异”体现变后之不同，为营造学习的变异空间之需。而“易”仍是变的含义。因此，变式问题作为一种评估工具，可为教师提供学生数学学习结果的反馈。

1. 变式理论发展在数学领域

由于变式教学的运用由来已久，被广大教师自觉或不自觉地运用着，所以不乏经验性的教学研究。正是在这个基础上，顾泠沅（1981）对变式教学进行了系统而深入的研究。主要的研究领域是数学学习领域，这也是该理论运用最广的领域。顾泠沅在《学会教学》中对变式教学加以研究，并取得了丰硕性的成果。在经验与实验的基础上，在数学领域，对变式理论作了如下发展：

（1）概念性变式——对概念的多角度理解。包括通过直观或具体的变式引入概念；通过非标准变式突出概念的本质属性；通过非概念变式明确概念的外延。

（2）过程性变式——教学活动的有层次推进。包括用于概念的形成过程；用于问题解决的教学；用于构建特定的经验系统。概念性变式的创设，是为了让学生多角度地理解概念：由具体到抽象，由具体到一般，排除背景干扰，突出本质属性和外延特征等。有利于学生真正理解概念的本质属性，进而建立起新概念与已有概念的本质联系。过程性变式的利用，可以帮助学生体验新知识是如何从已有知识逐渐演变或发展而来的，从而理解知识的来龙去脉，形成一个知识网络。将这种有层次推进的变式用于概念的形成、问题解决和构建活动经验系统，可以帮助学生融会贯通、优化知识结构。于是，前后知识之间便建立了合理的本质联系。关于如何判断学生是否真正理解新知识，一个有效的手段是给学生提供一组相关知识的变式问题让学生去解决。如果学生能解决这些问题，说明他们是真正理解了所学的知识，而且这个知识已经融入了他们已有的知识结构。因此，变式问题作为一种评估工具，可为教师提供学生数学学习结果的反馈。

2. 香港教育学院的研究与运用

香港教育学院卢敏玲等通过对变异理论的应用，以照顾学生个别差异为视角，以课堂学习研究为基础，经过三年的系统的研究，在国语、英语和常识等学科取得了很大成绩。他们重视对学习内容的处理，认为妨碍学生掌握学习内容的主要原因，并非学生缺乏能力，也非教师策略的安排，而是由于他们对学习内容持有不全面的观点。出现这种情况有以下几方面的原因：

①某些学生本身对事物既有的直观认识，可能成为他们重新审视事物的障碍，因为两者存在抵触。

②某些学生未把注意力集中于所学事物的关键特征或属性。

③某些学生没有接触过适当的、可以帮助他们学习这一事物的学习经验。

因此在教师精心的教学设计中，以学生现有认识为基础，引导学生自行审慎地辨识事物关键特征并构建意义就成为教学的关键。他们运用变异学习理论作为指导教学设计的工具，谨慎地选择有价值的学习内容，在前测的基础上了解学生在学习上出现困难的关键属性，鉴别学生在理解上有什么差异，然后运用适当的变异图式，设计学习经验来帮助学生聚集于关键属性。其图示如图 8－1 所示。因此，在教学中，教师应该做到以下几点：

①谨慎地选择有价值的学习内容。

②针对预设的学习内容，以及那些会使学生在学习内容上出现困难的相对应的关键属性，鉴别学生在理解上有什么差异。

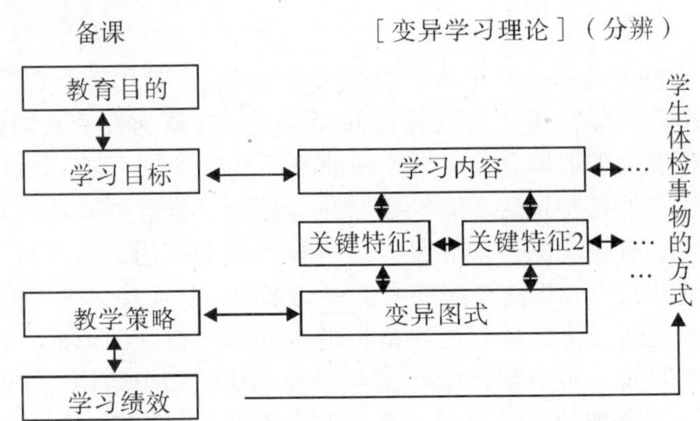

图 8-1　课堂设计的几个重要阶段与变异理论在改善教与学方面的贡献①

③运用适当的变异图式，设计学习经验来帮助学生聚焦于关键属性。每套理论都有它的局限，我们必须指出，变异学习理论并不是适用于每种学习内容的，一般来讲它比较适合抽象内容的学习。当然这样说，并不是说在运用这种理论学习时就需脱离直观材料，一切学习都须以直观认识为基础。只是说变异学习理论在运用时，要更注意内容的选取和设计。

第二节　物理“变式”题的编拟与构造

我们一般把将原问题加以变化而成的新问题，称为变式题。将原问题加以变化，称为问题变式。应用变式题进行教学是物理教学的重要特征，也是中学教师自觉或不自觉运用的常用方法。变式题教学在传授基础知识和培养学生基本能力方面发挥着重要的作用。那么，变式题教学的本质是什么？物理变式题究竟有着怎样的构造策略？如何进行变式题教学？这是摆在物理教师面前的几个问题。

变式题就是通过对某一题目进行条件变换、结论探索、逆向思考、图形变化、类比、推广等多角度、多方位的探讨，使一个题变为一类题，达到举一反三、触类旁通的作用，进而培养学生良好的思维品质以及创新能力。运用变式题教学，教师能够根据不同的教学目标、教学任务和不同的生源状况构造出相应的变式题来。教学实践中编拟变式题的方法很多，但常见的有如

① 魄峰等．变异学习理论及其应用［J］．上海教育科研，2008（6）：56.

下几种：

一、变换背景构造变式题

（一）给物理命题配置实际背景

【原题】一质点在某高度以 10m/s 的速度匀速竖直上抛，经 17s 后到达地面。求抛出时物体离地的高度。

【变式】气球以 10m/s 的速度匀速竖直上升，从气球上掉下一个物体，经 17s 到达地面。求物体刚脱离气球时气球的高度。($g=10m/s^2$)

事实上，这一实际问题所反映出的物理问题就是原题。

（二）实际背景的配置转换

【原题】小船横渡一条宽 100 米的河流，船在静水中的速度为 5m/s，水流速为 3m/s，要使渡河时间最短，船的实际位移是多少？

图 8－2 骑射

【变式】民族运动会上有一个骑射项目，运动员骑在奔驰的马背上，弯弓放箭射击侧向的固定目标，如图 8－2 所示。假设运动员骑马奔驰的速度为 v_1，运动员静止时射出的弓箭速度为 v_2。跑道离固定目标的最近距离为 d。假定运动员射箭时所用力量都相同，要想命中目标且射出的箭在空中飞行时间最短，运动员放箭处离目标的距离应是多少？（本题忽略竖直方向的运动的影响。）

本题物理模型是完全一样的。牵边速度：水流速度－马速；横向位移：河宽－跑道离固定目标的最近距离；相对速度：船在静水中的速度－运动员静止时射出的弓箭速度。实际位移大小：船的实际位移大小一运动员放箭处离目标的距离。这些都是一一对应的关系。

二、逆向思考构造变式题

把原命题的“条件”（或部分条件）和“结论”（或部分结论）在一定条件下进行转换，得到原题的变式题。这种反向变式题可以发展学生的逆向思维能力，增强思维的灵活性。

【原题】一列火车由静止从车站出发，做匀加速直线运动。一位观察者站在这列火车第一节车厢的前端，则第1节车厢、第2节车厢、第3节车厢通过观察者所在位置的时间比为多少？

【变式】如图8－3所示，完全相同的三块木块，固定在水平地面上，一颗子弹以速度 v 水平射入，子弹穿透第三块木块后，速度恰好为0，设子弹在木块内做匀减速运动，则子弹先后射入三块木块过程中的时间之比为多少？

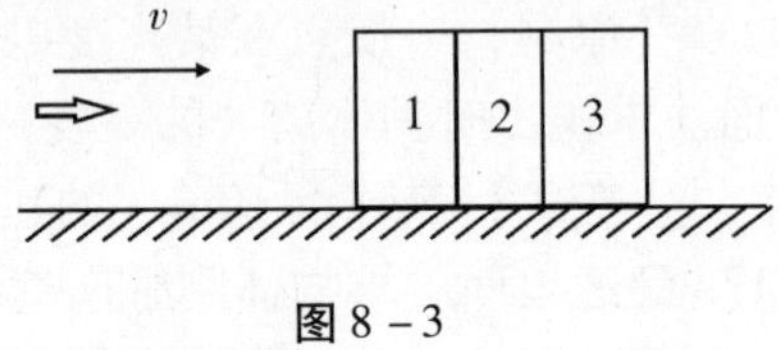

图8－3

这种变式若沿正向思维的思路来解，将是十分烦琐的。不过若倒过来考虑，将子弹的运动逆时间顺序倒推过去，则减速过程看作初速度为零的匀加速运动的逆过程，最后通过的相同位移就变成了匀加速运动，从初速度为0开始，求通过相同位移的时间比，这样，物理情景与原题就完全一样了。根据匀变速直线运动规律，可得原题的答案为：$1:(\sqrt{2}-1):(\sqrt{3}-\sqrt{2})$；而变式的答案是：$(\sqrt{3}-\sqrt{2}):(\sqrt{2}-1):-1$。

在习题课教学中，对某些题目进行逆向置换，即从事物的反面提出问题，以加强学生的逆向思维能力训练，可培养思维的灵活性。

三、利用类比构造变式题

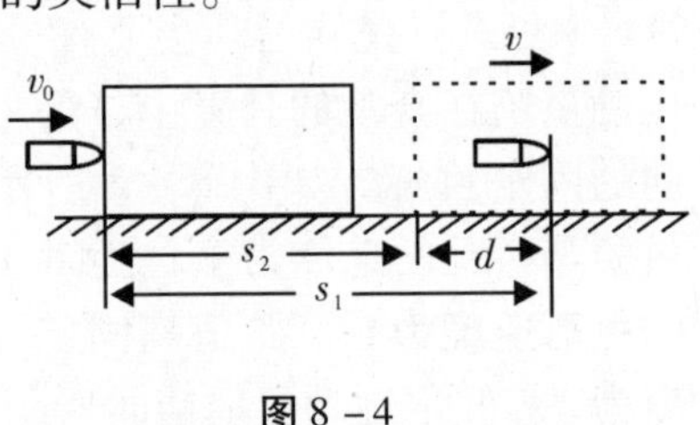

图8－4

所谓类比，是指由一类事物所具有的某种属性，推测与其类似的事物也应具有这种属性的一种推理方法。类比是一种发现的方法，也是人们构造变式题的一种方法。

【原题】设质量为 m 的子弹以初速度 v_0 射向静止在光滑水平面上的质量为 M 的木块，并留在木块中不再射出，如图8－4所示。求：整个过程中子弹和木块系统动能的损失是多少？

【变式1】如图8－5所示，木块A的右侧为光滑曲面，曲面下端极薄，其质量 $M_A=2\text{kg}$，原来静止在光滑的水平面上，质量 $M_B=2.0\text{kg}$ 的小球B以 $v=2\text{m/s}$ 的速度从右向左做匀速直线运动中与木块A发生相互作用，求：B球沿木块A的曲面向上运动中可上升的最大高度。（设B球不能飞出去）

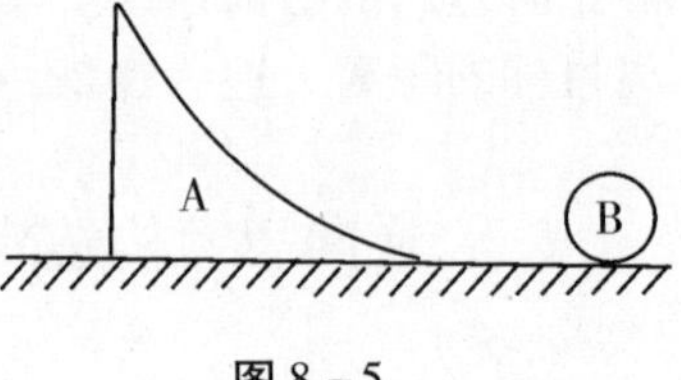

图8－5

【变式2】如8－6图所示，距离为L的两块平行金属板A、B竖直固定在表面光滑的绝缘小车上，并与车内电动势为U的电池两极相连，金属板B下开有小孔，整个装置质量为M，静止放在光滑水平面上，一个质量为m带正电q的小球以初速度v_0沿垂直于金属板的方向射入小孔，若小球始终未与A板相碰，且小球不影响金属板间的电场。假设小球经过小孔时系统电势能为零，则系统电势能的最大值是多少？

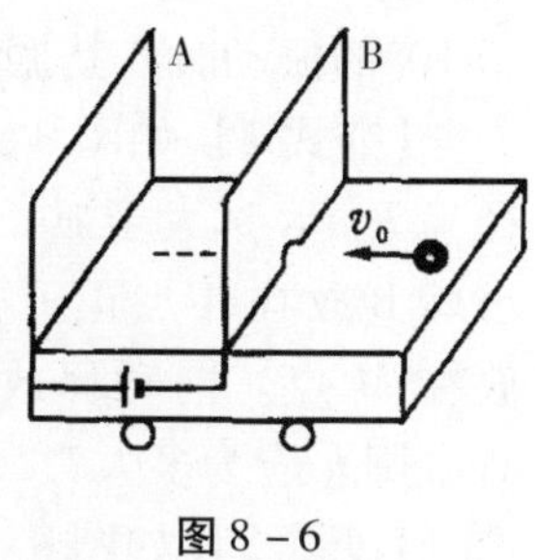

图8－6

【变式3】两根足够长的固定的平行金属导轨位于同一水平面内，两导轨间的距离为L。导轨上面横放着两根导体棒ab和cd，构成矩形回路，如图8－7所示。两根导体棒的质量均为m，电阻均为R，回路中其余部分的电阻可不计。在整个导轨平面内都有竖直向上的匀强磁场，磁感应强度为B。设两导体棒均可沿导轨无摩擦地滑行。开始时，棒cd静止，棒ab有指向棒cd的初速度v_0。若两导体棒在运动中始终不接触，求：在运动中产生的焦耳热最多是多少。

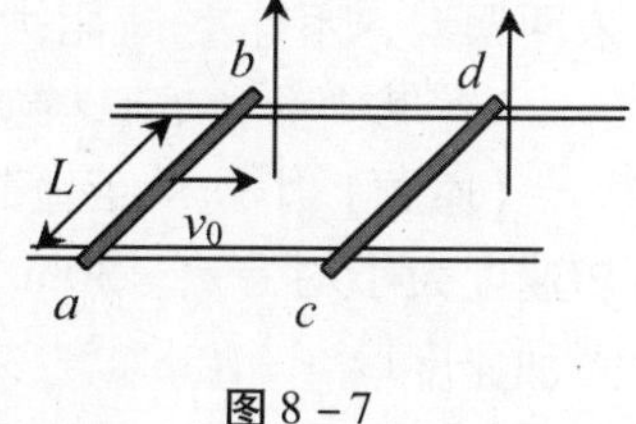

图8－7

原题与变式题运用的力学规律基本相同，只是系统动能的减少转化成了不同类型的能量。尽管物理过程不一样，分析上可采用类比的方法进行分析。

四、物理模型推广构造变式题

推广是扩大题目的条件中有关对象的范围，或扩大结论的范围。一个题目经过推广后，原来的题目就是它的特殊情形，两者具有包含与被包含的关系。推广分为两种类型。

1. 概念型（实物模型类）

【原题】如图8－8所示，置于地面上的一单摆在小振幅条件下摆动，摆长为l，周期为T。可求得该处的重力加速度g。

【变式1】如图8－9所示为一双线摆，它是由在一水平天花板上用2根等长的细线悬挂一小球构成的。绳的质量和球的大小可忽略，设图中角θ和线长l为已知，则当小球在垂直于纸面的平面内做摆角小

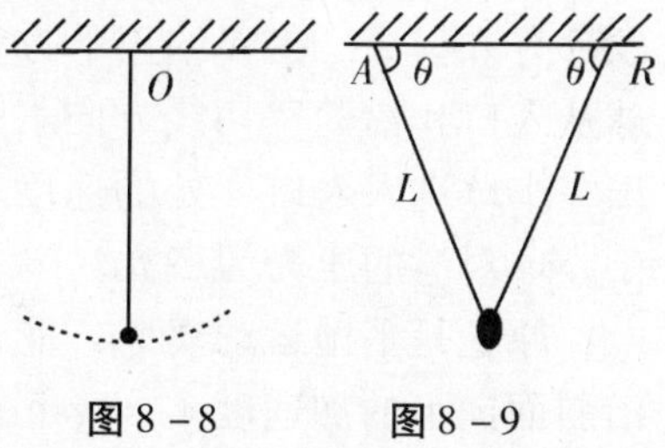

图8－8　　图8－9

于10°的振动时，其振动的周期为多少？

【变式2】如图8－10所示，光滑的弧形槽的半径为R（R远大于弧长MN），A为弧形槽的最低点。小球B放在A点正上方离A点的高度为h，小球C放在M点。同时释放两球，使两球正好在A点相碰，则h应为多大？

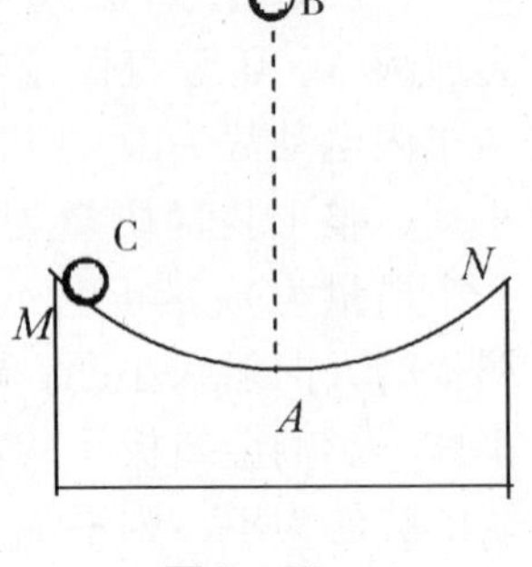

图8－10

【变式3】如图8－11所示，在倾角为θ的光滑斜面上，一根长为L的轻绳一端固定在斜面上，另一端系一个可看成质点的小球静止在斜面上，今将小球拉离平衡位置 一段很小的距离，放手后小球在斜面上来回摆动，不计空 气阻力，求其周期。

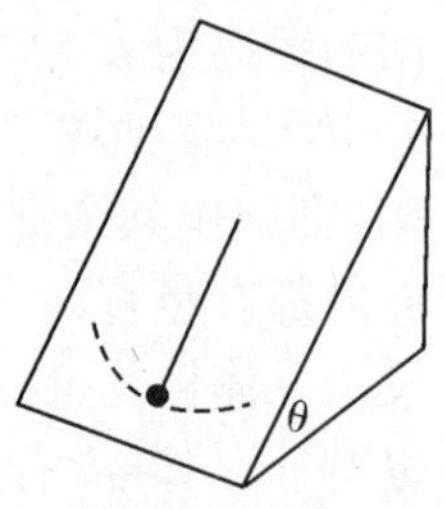

图8－11

2. 规律型（过程模型类）

【原题】小球从距地面高为$h=15\text{m}$处的同一点抛出，初速度大小均为$v_0=30\text{m/s}$水平抛出，空气阻力不计，重力加速度取$g=10\text{m/s}^2$。求：球经多长时间落地。

【变式1】如图8－12所示，将质量为m的小球从倾角为θ的光滑斜面上A点以速度v_0水平抛出（即$v_0 /\!/ CD$），小球运动到B点，已知A点的高度h，则小球到达B点时的速度大小为多少？

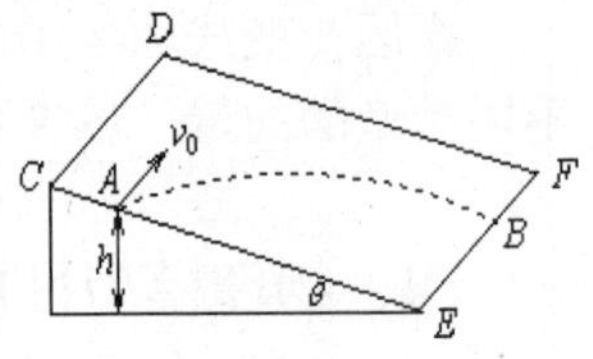

图8－12

【变式2】如图8－13所示，有一个很深的竖直井，井的横截面为一个圆，半径为R，且井壁光滑，有一个小球从井口的一侧以水平速度v_0抛出与井壁发生碰撞，撞后以原速率被反弹，求小球与井壁发生第n次碰撞处的深度。

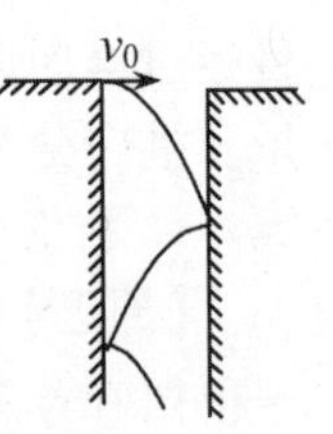

图8－13

【变式3】如图8－14所示，竖直圆筒内壁光滑，半径为R，顶部有入口A，在A的正下方h处有出口B，一质量为m的小球从入口A沿筒壁切线方向水平射入圆筒内，要使球从B处飞出，小球进入入口A处的速度v_0应满足什么条件？在运动过程中，球对筒的压力为多大？

原题是平抛运动模型，重力加速度为g，变式1是斜面内的类平抛运动，沿斜面向下的加速度$g'=g\sin\theta$，相当原题的g。变式2展开后情景也与原题大体相同。变式3小球受重力和筒壁的支持力，并且具有水平初速度v_0，因此，小球在筒内的运动可看作竖直方向的自由落体运动和水平方向速度为v_0

的匀速圆周运动两个分运动的合运动，好像是一个卷成圆筒状的平抛运动，其中抛出高度为 h。

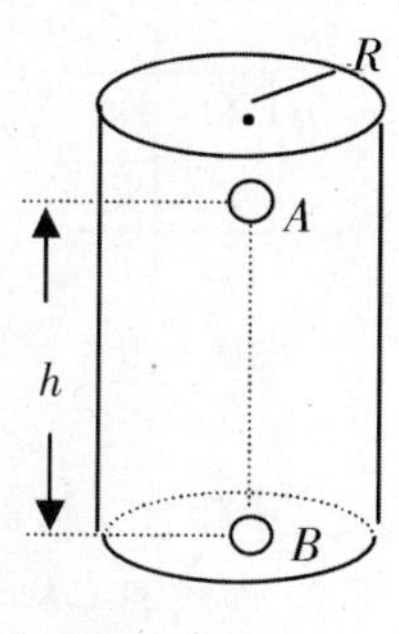

图 8－14

五、概念或过程"属性"变化构造变式题

对问题所包含的某些"属性"进行变化，这是从原问题出发，产生新问题。通过否定假设构造变式题对于问题提出的认知策略，研究者也从方法论的角度积极地探索，其代表人物为美国学者布朗及瓦尔特（Brown &Walter）。他们进行了大量的实证研究后，提出了"否定假设法"（what—if not 如果它不是这样的，那么也可能是什么呢）。这一方法的核心是对原问题的条件与限定进行思考和自由改变来产生新问题。

1. 物理过程的限制条件改变或条件开放构造出新的题

【原题】物体从地面以 10m/s 的初速度竖直上抛一小球，抛出后，求：1s 末、2s 末小球下落速度和距离抛出点的距离。（忽略空气阻力的影响，取重力加速度 $g=10\text{m/s}^2$）

【变式 1】在离地面 15m 的高处，以 10m/s 的初速度竖直上抛一小球，抛出后，求：1s 末、2s 末、3s 末小球下落速度和到抛出点的距离。（忽略空气阻力的影响，取重力加速度 $g=10\text{m/s}^2$）

【变式 2】一辆汽车以 9m/s 的速度运动，进站后刹车制动，以加速度大小为 3m/s^2 做匀减速运动。求：从刹车开始计时，汽车 5s 内通过的位移。

原题是匀变速直线运动，第一阶段是上升过程，匀减速运动到最高点，以后做匀加速直线运动。变式 1 是抛出点位置改变，较变式 1 第二阶段的位移放宽增加 15m；变式 2 隐含第二阶段处于静止状态。同样，若条件开放，题目的结果会是多种多样的。

2. 物理过程的背景条件改变构造出新的题

这类题型相当多，问题变式的两类结构：水平变式和垂直变式。新问题相对原问题来说，学生能区分问题表面形式特征变化背后的结构特征变化，不带来认知负荷，变化为水平变式。水平变式是问题表面部分的重复，如：

【原题】如图 8－15 所示装置（俯视图），电阻忽略不计，足够长的光滑金属导轨处于水平面内，两导轨间连接一电阻 R，导轨所在区域的匀强磁场竖直向下，金属杆 ab 垂直导轨放置。现用一水平恒力 T 拉杆 ab，使杆 ab 沿导轨从静止起向左运动，试分析杆 ab 的运动状态如何？

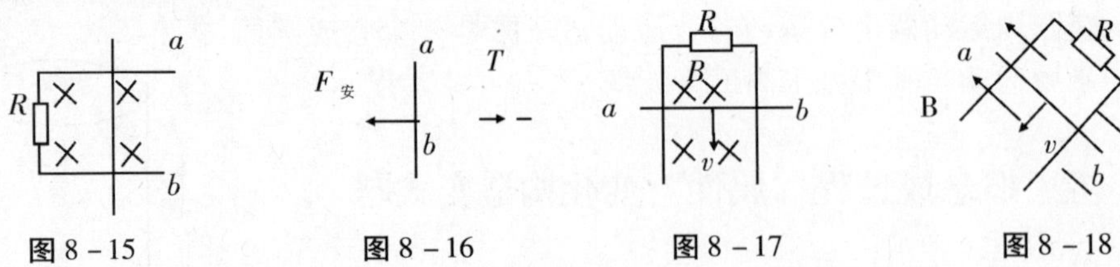

图 8－15　图 8－16　图 8－17　图 8－18

【变式1】改变图 8－15 装置的位置，使导轨处于竖直面内如图 8－17 所示，现将杆 ab 由静止开始释放，使其沿导轨滑下，杆与导轨保持接触，试分析杆 ab 的运动状态如何？

【变式2】改变图 8－15 装置的位置，使导轨处于斜面内如图 8－18 所示，现将杆 ab 由静止开始释放，使其沿导轨下滑，试分析杆 ab 的运动状态如何？

原题中 ab 在运动方向上受到拉力 T 和安培力 $F_{安}$ 作用，其受力情况如图 8－16所示，速度 v 增大⟶感应电动势 E 增大⟶感应电流 I 增大⟶安培力 $F_{安}$增大⟶合外力减小⟶加速度 a 减速小⟶杆做加速度不断减小的加速运动⟶当 $F_{安}$ 增大至与 T 相等时 $a=0$ ⟶v 不变⟶ab 杆最终做匀速运动动。【变式1】装置竖直放置，拉力 T 换成重力，分析的过程与原题基本一样。【变式2】装置导轨倾斜，从导轨平面来看，受力情况也与原题大致相同。

学生不能区分问题表面形式特征变化背后隐藏着的结构特征变化，带来认知负荷，变化为垂直变式。如：

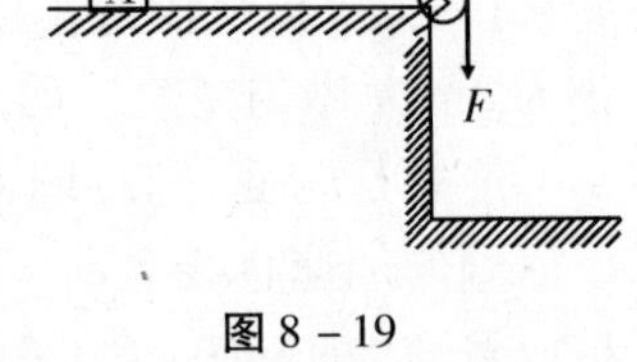

图 8－19

【原题】如图 8－19 所示，在光滑的水平面上有一质量为 m 的物体 A，求：$F=2mg$ 的作用下物体 A 的加速度。(假设绳子的质量以及绳子与定轮之间的摩擦力都可以忽略不计)

【变式1】如图 8－20 所示，如果用质量为 $2m$ 的物体 B 代替力 F，则物体 A 的加速度为多大？

【变式2】如图 8－21 所示，若将光滑的水平桌面改成倾角为 30°的光滑斜面，则物体 A 的加速度又为多大？

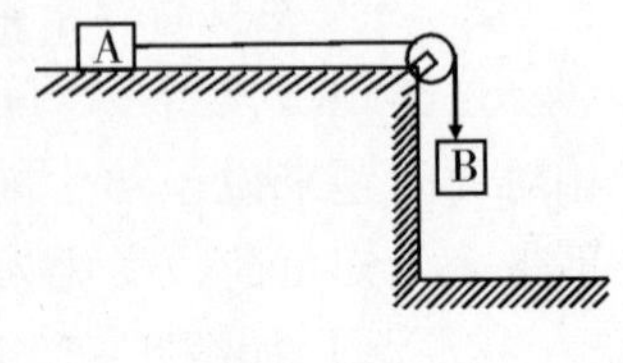

图 8－20

【变式3】若在图 8－21 中的斜面与物体 A 之间的动摩擦因数为 0.2，则物体 A 的加速度又为多大？

变式 1 与原题比较，通过两个物理情景分析，可以批判地、辩证地思考拉力是否等于物体的重力。由变式 1 到变式 2，学生相应解决问题的认知负荷增加，需要调用的解题难度增大，需要用力的合成与分解的知识。还可以认为变式1是变式2的一种特例。同样，在变式2的基础上还可以变化，变式3使问题更具一般性。物理过程的背景条件改变而构造出新的题，将条件一般化，或变更求解的问题，都可以将思维引向深入。

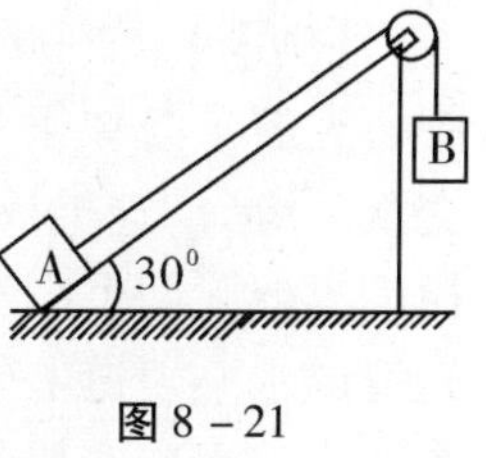

图8－21

第三节 物理“变式”教学的基本原则和教学策略

一、变式教学的基本原则

尽管变式题有着不同的编拟与构造方式，但是，在物理教学过程中仍有其基本的教学原则

1. 逐渐变化原则

变换是变式中非常重要的教学方法和思想，而不变量与不变性才是变换的本质特征。变式题教学为引导学生发现变化中不变的本质，引导学生发现变化的规律，教师应对问题采取“循序渐变”的原则，即根据教学目标决定对变化部分有序考虑。

如：前节所举的垂直变式案例，从变式1到变式2，再到变式3，实际上是从特殊到一般的有层次的演变过程，在这一过程中，三道题不是简单的重复，彼此之间有密切的联系，前一问题的活动组织成为后一问题的分析对象；前一问题的运算内容又成为后一问题的题材。通过特殊问题的解决逐渐达成对一般问题的解决，使学生在问题情境中“拾阶而上”。

2. 掌握原理原则

变式教学的基本思想是运用变式题，对有关物理概念、定理、公式、法则及课本上的习题进行不同角度、不同层次、不同情形、不同背景的变化，有意识地引导学生从“变”的现象中发现“不变”的本质，从“不变”中探求规律，逐步培养学生灵活多变的思维品质，增强其应变能力，从而获得或巩固已经获得的具有普遍意义的基本规律。所以在变式题教学中，应该不只看到表面，还要看到其背后的东西，应引导学生对这一组变式题进行反思，弄清这些变式题之间的实质联系，揭示其物理原理。

【例题】（2000 年全国高考题）在原子核物理中研究核子与核子关联的最有效途径是“双电荷交换反应”，这类反应的前半部分过程和下述力学模型类似，两个小球 A 和 B 用轻质弹簧相连，在光滑的水平轨道上处于静止状态。在它们左边有一垂直于轨道的固定挡板 P，右边有一小球 C 沿轨道以速度 v_0射向 B 球，如图 8－22 所示。C 与 B 发生碰撞并立即结成一个整体 D，在它们继续向左运动的过程中，当弹簧长度变到最短时，长度突然被锁定，不再改变。然后，A 球与挡板 P 发生碰撞，碰后 A、D 都不动，A 与 P 接触而不粘连，过一段时间，突然解除锁定（锁定及解除锁定均无机械能损失）。已知 A、B、C 三球的质量均为 m。求：

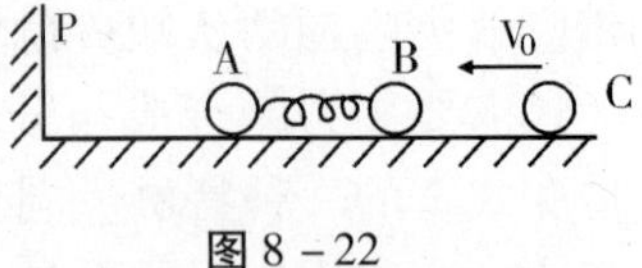

图 8－22

①弹簧长度刚被锁定后 A 球的速度。

②在 A 球离开挡板 P 之后的运动过程中，弹簧的最大弹性势能。

这是一个经典的实际情景的力学模型，对于实际情景还可以进行变式，来分析学生对原理掌握的情况。如把此题改为：

【变式】两个小车 A 和 B 用轻质弹簧相连，在光滑的水平轨道上处于静止状态。一只小狗（未画出）跳上小车 B 后，立即相对 B 车静止，B 车在向左运动的过程中挤压弹簧，当弹簧长度变到最短时，突然被锁定，两车距离不再改变。然后，A 车与 P 碰撞，碰后 A、B 都不动，A 与 P 接触而不粘连，过一段时间，突然解除锁定（锁定及解除锁定均无机械能损失）。如图 8－23 所示，已知小车 A、B 以及小狗的质量均为 m。求：

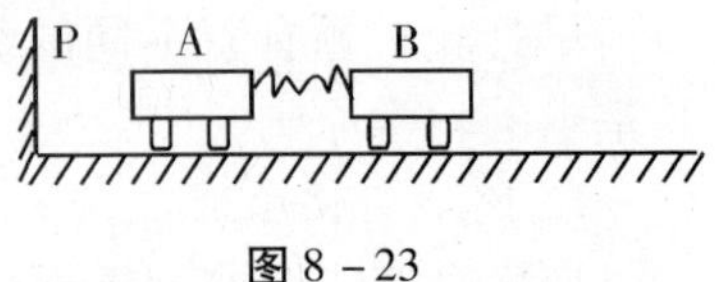

图 8－23

①弹簧长度刚被锁定后 A 车的速度；

②在 A 车离开挡板 P 之后的运动过程中，弹簧的最大弹性势能。

这种实际背景的配置转换，解题所用的概念和规律都是一样的。对应的物理概念和原理有：完全非弹性碰撞，动能与弹性势能转化和守恒，弹簧压缩最小（弹簧的最大弹性势能）的条件等。解决问题所用的公式完全一样。由此看来，实际背景的配置转换的关键是“物理模型”的建立，相同的物理模型，对应的物理原理是相同的。变式教学，不是为了变式而变式，变式教学的目的是让学生掌握物理原理，培养学生分析问题和解决问题的能力。

3. 反思性原则

在变式题教学中，通过一组变式题练习，引导学生对它进行反思，弄清这些变式题之间的实质联系。通过反思，引导学生发现这组变式题的实质内容，使这一系列题目以一种知识块的形式贮存在大脑中，这样的知识块容量大、质量高，便于贮存、提取和应用，促进了知识向能力的转化。

二、变式教学的基本策略——结构与功能的统一

变式教学是指应用变式题进行教学的一种教学方式。变式教学不是简单的重复，每一次变式，都要有助于学习者关注问题或概念的不同方面，都要让他们觉得有新的想法冒出，也要让他们从不同的角度看问题，从而引导学生发现变化中不变的本质，引导学生发现变化的规律，进而加深他们的理解。问题变式的发展，是为了概念发展的螺旋式改变而设计的，通过“结构”问题产生认知“功能”，达成教学“目标”。

1. 对概念教学的启示

对于概念教学至少可以得到以下两点重要启示：

①在概念的习得阶段，教师应提供尽可能多的特例，包括较多的正例和一些反例，使学生获得较大的辨别空间。一辨“是”与“不是”，将正反例区分开来；二辨正例特有的共同属性，能较为迅速地初步抽象出所学概念的本质属性，甚至直接得出概念的定义。

②在概念的巩固阶段，教师应充分地“变换”概念，让学生从各个不同的侧面来认识概念。这里的“变”又有两种变化，一种是形变实不变，让学生辨“是”；另一种是实变形不变，让学生辨“非”。通过两种变化，提高学生的辨别能力，求得学生对概念的理性把握。

如“功”的概念学习，如何正确计算恒力的功，通常利用功的定义式 $W = Fs\cos\theta$ 进行计算。公式中 F 是作用力，s 是物体的位移。高中物理题中经常出现用细绳拉物体的模型。可以用下面三种情况来判断位移。如图 8－24 所示，恒力 F 通过细绳使物体运动了 l，求三种情况下力做功分别为多少？

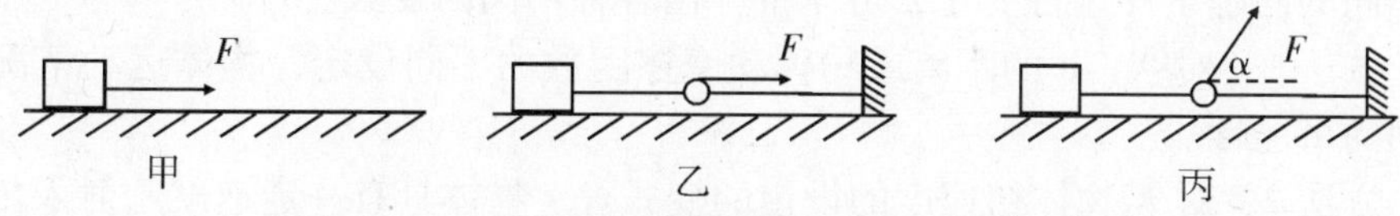

图 8－24 力通过细绳作用时，求力 F 所作的功①

可以通过变式的分析与比较，抓住作用力 F 与力所作用物体位移 s 的本

① 鲍建生，黄荣金，易凌峰，顾泠沅．变式教学研究［J］．数学教学，2003（13）．

质理解，掌握 $W = Fs\cos\theta$ 的计算和“功”概念的理解。

2. 对问题解决教学的启示

物理问题解决的一条基本思路是将未知的问题转化为已知的问题，将复杂的问题转化为简单的问题。但由于未知（复杂）问题与已知（简单）问题之间往往没有明显的联系，因此需要设置一些变式在两者之间进行适当铺垫，作为转化的台阶。运用变式为转化作铺垫，是教师引导学生进行问题解决的关键环节。学生的物理活动经验在一定程度上就体现在变式问题的丰富性及转化策略的多样性上。

例如传送带类问题难点在于：

①对于物体与传送带之间是否存在摩擦力、是滑动摩擦力还是静摩擦力、摩擦力的方向如何、摩擦力何时发生突变等，这些关于摩擦力的产生条件、方向的判断等基础知识模糊不清。

②对于物体相对地面、相对传送带分别做什么样的运动，判断错误。

可以从简单问题出发掌握分析问题的基本方法，再把问题进行变式和拓展，使学生逐渐掌握这一类题型的解法。

【例题】如图 8－25 所示，一平直的传送带以速度 $v=2\text{m/s}$ 匀速运动，传送带把 A 处的工件运送到 B 处，A、B 相距 $L=10\text{m}$。从 A 处把工件无初速度地放到传送带上，物体与传送带的动摩擦因数为 0.1，求物体经过多少时间能传送到 B 处？

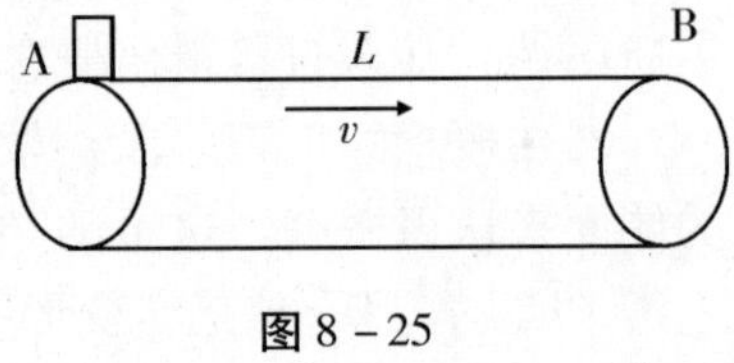

图 8－25

【分析】物体可能存在两种运动情况，一是一直加速运动，二是先加速后匀速。可通过题目所给的条件进行分析。本题中物体若一直加速，则物体运动的最大位移是 $S=\dfrac{v_0^2}{2a}$，可求得：$S=20\text{m}>L$。故物体是先加速后匀速。对于不同的问题条件进行变化，可以推导出各种不同的变式：

方法 1：对 A、B 的距离或物体动摩擦因数的不同设定，物体运动情况有不同的可能性。

方法 2：对 A 物体初速度的设定的变式。A 物体具有一定速度 v_0 射入传送带，有两种可能，$v_0>v$ 和 $v_0<v$。

方法 3：传送带的方向改变或物体射入传送带的方向变化，物体运动情况有不同的可能性。

方法 4：传送带与地面存在一定的角度，需重新思考各种变化的可能。

……

总之，此类问题的分析，抓住分析方法的不变，才是根本。因此，传送带问题常作为摩擦力对物体运动限制和调控的典型案例来进行教学是有一定道理的。

3. 对规则教学的启示

对于规则教学，我们也能得出相应的启示：应努力加强“变式教学”，也就是说“要关注练习中所包含的变异性质”。这里我们有意对“变式教学”和“题海战术”作一比较，用现象图式理论能较清楚地看到题海战术的迷性。题海战术强调练习的数量，其信念是“刺激—反应—强化”说。题海战术往往也能取得一些效果，但我们必须清楚地看到，题海战术效果取得的真正原因，一是由于训练次数的不断增加，也必然包含了变化的因素，正是这样不自觉地获得的变化使训练本身具有了一定的学习空间，从而促进了学习；二是题海战术更多的是数量上重复，而重复也是学习必不可少的条件，故而也促进了学习。我们不能完全否认推行题海战术的教师们在实践中也常常考虑变化的因素，然而他们更多是以猜押多种题型进而方便学生考试为出发点的。从以上反面的分析中我们更可以清楚地看到变式教学的合理性、先进性。它不只是简单地增加重复训练的次数，而是突出训练中所包含的变异的性质，这是一种积极的“重复”，这种重复更加提高了学习的质量和效率。并且由于变式教学突出了教学中“变”的因素，还有利于克服题海战术中由于过度单调重复训练引起的学习厌烦情绪。因此变式教学是提高学习质量和效率的有效教学策略。在实际教学中，我们应摈弃题海战术，积极采用变式教学。“变”可以变内容，可以变形式，还可以变问题的情境等。例如，学生学了闭合电路欧姆定律之后，往往不会运用公式解题，教师通过情景变化，进行问题“变式”，使学生在情景比较中，找到解决问题的方法和途径。

附录1　中学生物理学习适应性问卷调查表

各位同学：

你们好！这个调查不是要了解你的能力和性格，而是要详细地调查研究，如何进行学习才能充分提高你的物理学习能力。你实际上是怎么做的，怎么想的，就怎么回答。本调查每一问题都有三个可供选择的答案，只能选择一个答案，如果认为没有合适的答案，可以写出与自己比较接近的答案。回答时间没有限制，但不要过分考虑，请写出你最初想到的答案。请将答案填在答题卡上。谢谢！

1. 你对物理课程感兴趣吗？

A. 感兴趣　　B. 有时感兴趣　　C. 不感兴趣

2. 物理课上，你是否积极思考老师提出的问题？

A. 是　　B. 有时是　　C. 不是

3. 你是否经常与同学一起讨论物理问题？

A. 是　　B. 有时是　　C. 不是

4. 你是否经常阅读科普书籍或老师未讲到的物理知识方面的课外书籍？

A. 是　　B. 有时是　　C. 不是

5. 你是否认为学习物理没有意思？

A. 不认为　　B. 有时认为　　C. 经常认为

6. 没有大人督促，你能主动学习吗？

A. 主动　　B. 有时主动　　C. 不主动

7. 在家或在校自习时，你是否规定好什么时间学习什么功课？

A. 一般规定　　B. 有时规定　　C. 没有规定

8. 你是不是遵守自己制订的学习计划？

A. 经常遵守　　B. 有时遵守　　C. 几乎不遵守

9. 你有没有因为看电视、玩游戏或与同学朋友玩耍的时间过长而挤掉了学习的时间？

A. 不这样　　B. 有时这样　　C. 经常这样

10. 学习时，你能努力在规定时间内完成任务吗？

A. 总是努力　B. 有时努力　C. 不努力

11. 上物理课进行课堂练习或探究活动时，你是否积极参与并认真完成？

A. 是　B. 有时是　C. 不是

12. 上物理课时，你是否因精神不集中做小动作或其他事而影响上课效率？

A. 不是　B. 有时是　C. 经常是

13. 上课时，你是如何记笔记的？

A. 以听为主，关键的内容记下来

B. 不记笔记

C. 老师讲的和板演的，不管懂不懂全记

14. 课本学完之后，你是否用参考书和习题集（练习册）等来测试自己的学习结果？

A. 基本上是　B. 有时是　C. 不是

15. 在阅读课本和参考书时，你是否对感到麻烦的问题跳过不看？

A. 不跳过　B. 有时跳过　C. 经常跳过

16. 学过课本和参考书之后，你是否会再考虑一下重要的地方？

A. 基本上考虑　B. 有时考虑　C. 不考虑

17. 学习参考书或做习题集（或练习册）习题时，你能否和课本的内容联系起来？

A. 基本上联系　B. 有时联系　C. 不联系

18. 你是否尝试利用课外书和参考书的目录和索引，来检查自己记住了多少？

A. 经常是　B. 有时是　C. 不是

19. 你是否在课前预习？

A. 预习　B. 很少预习　C. 不预习

20. 听课中有不明白的地方，你是否在下课后向老师或同学请教？

A. 基本上那么做　B. 有时不那样做　C. 常常不那样做

21. 老师讲过的内容，你是否及时复习？

A. 基本上及时复习　B. 有时及时复习　C. 往往不及时复习

22. 你是否经常概括归纳学过的物理课程内容？

A. 经常　B. 有时　C. 不是

23. 在学习必须记住的东西时，你是否思考它是什么意思，哪里重要？

A. 基本上考虑　B. 有时考虑　C. 不考虑

24. 课本学过之后，你是否尝试过不看书而回想出它的要点？
A. 基本上是　B. 有时是　C. 不是
25. 在学习课本和参考书时，你是否尝试自己提出和解答问题？
A. 经常这样　B. 有时这样　C. 不这样
26. 解题时，你是否回想和利用以前学过的知识？
A. 基本上是　B. 有时是　C. 不是
27. 遇到不会解答的难题时，你是否并不灰心，而是从多方面去思考？
A. 基本上是　B. 有时是　C. 不是
28. 问题解答后，你是否重新检查，总结解题方法，并把它记住？
A. 基本上那样做　B. 有时那样做　C. 不那样做
29. 考试前，你是否制订了计划进行复习？
A. 总是制订　B. 有时制订　C. 不制订
30. 考前，你是否忙于突击复习，临时抱佛脚？
A. 是　B. 有时是　C. 不是
31. 即使考前作了充分准备，考试时，你是否仍感到非常紧张？
A. 是　B. 有时是　C. 不是
32. 考试时，你是否从简单的题目开始做起？
A. 总是这样　B. 有时这样　C. 不这样
33. 你父（母）的文化水平
A. 高等教育　B. 中等教育　C. 初等教育或以下
34. 当你在学习上遇到困难时，家里人持什么态度？
A. 给予指点　B. 不管不问　C. 包办代替
35. 家里人对你的学习进步是否给予表扬或鼓励？
A. 经常是　B. 有时是　C. 不是
36. 你父母对你的学习成绩表现是否满意？
A. 满意　B. 一般　C. 不满意
37. 你是否认为物理老师对你学习指导认真、耐心？
A. 经常认为　B. 有时认为　C. 不认为
38. 你对物理老师所上的课满意吗？
A. 满意　B. 一般　C. 不满意
39. 物理老师对你取得的成绩是否给予表扬或鼓励？
A. 是　B. 有时是　C. 不是
40. 你认为班级里学习气氛较差吗？
A. 总是这样认为　B. 有时这样认为　C. 不这样认为

41. 你看到朋友成绩好，学习进步，你是否也想像他那样，并且努力学习？

A. 经常想　　B. 有时想　　C. 不想

42. 在学习中，你和同学互相鼓励和竞争吗？

A. 经常这样　　B. 有时这样　　C. 不这样

43. 遇到难题，你是否耐心而努力坚持到底？

A. 能够　　B. 有时不能　　C. 基本上不能

44. 做物理题这样单调的学习，你是否会立即感到厌烦？

A. 不厌烦　　B. 有时厌烦　　C. 常常厌烦

45. 在课堂探究活动或其他共同参与的活动中，如果不顺利，你是否会马上发牢骚不参加活动？

A. 从不这样　　B. 有时这样　　C. 常常这样

46. 你是否在一项工作开始后，立即会被其他事情吸引注意力？

A. 不是

B. 有时被其他事情吸引

C. 经常被其他事情吸引

47. 遇到问题时，你是否能独立思考、钻研？

A. 能　　B. 有时能　　C. 不能

48. 即使没人看见，你也能遵守纪律吗？

A. 基本上遵守　　B. 有时遵守　　C. 几乎不遵守

49. 你是否把一次考试失败总放在心上？

A. 是　　B. 有时是　　C. 不是

50. 你稍有一点学习过度就会身体不适吗？

A. 经常有　　B. 有时有　　C. 没有

附录2　中学物理教学过程中学生自主能力评价量表（学生用表）

指导语：

谢谢你参与自主能力评价！自主能力评价目的是为了使同学们了解自己在物理教学过程中自主学习能力状况，使同学们提高自主学习的意识，促进同学们自主学习能力的发展。请按要求写出“√”。

为了使调查真实可靠，请同学们务必独立完成。本评价量表不作为你学业成绩的依据。

学校＿＿＿＿＿ 班级＿＿＿＿＿ 姓名＿＿＿＿＿

编号	能力	等级			
		从不	很少	经常	极为经常
1	我相信自己能更好地控制自己的学习。				
2	在他人的帮助下，我能够实现自己的学习需要。				
3	我能看到老师逼自己学习与自己在没有逼迫的条件下主动学习上的区别。				
4	我能够利用同伴作为学习上的帮助者、鼓励者，而不是学习的替代者。				
5	我能够把自己的学习需要转换成学习目标和行为，能够识别这些行为并付诸行动。				
6	我能够识别有效的学习策略，并有充分的能力运用这些策略。				
7	我能够识别有助于完成学习目标的信息资源。				
8	我能够收集证据证明自己实现学校规定的目标并有进步。				

（续上表）

编号	能力	等级			
		从不	很少	经常	极为经常
9	在没有外界引导、学校规则和成人压力下，我能够推动自己学习自己想学的东西。				
10	我能够反思和改善自己的学习行为和技能。				
11	我能够根据要求，灵活设计实验并尽可能实施。				
12	我在听课中能够抓住重点有条地记笔记，而不是从头到尾地全部记录。				

附录3　中学物理教学过程中对学生自主学习的评定（教师用表）

学校__________ 班级__________ 姓名__________

编号	项目	等级			
		从不	很少	经常	极为经常
1	该学生会另外收集一些关于物理课程学习的信息。				
2	该学生会收集一些关于老师所布置的家庭作业的信息。				
3	在你作出学业评定之前，该学生能够表现出对自己考得好坏的意识。				
4	该学生对规定的物理作业总能按时完成。				
5	该学生对每天的物理课堂学习有计划和安排。				
6	该学生表现出对物理学科内容的兴趣。				
7	该学生有时能提供物理课本或课堂上没有讨论过的相关信息。				
8	在物理学习遇到困难时，该学生会自觉地向你寻求帮助。				
9	在课堂上，该学生会提出一些不同寻常或有见地的问题。				
10	该学生自愿从事一些与课程学习有关的任务或活动。				
11	该学生表达、维持与你或其他同学不同的观点。				
12	该学生对你给他作出的评价，会产生正确的认识。				

附录4　高中生物理问题解决中对给予信息的理解水平测试题（A卷）

姓名______年级______班级______座号______性别：男□ 女□

指导语：

谢谢你参与这项测试！本测试的目的是为了了解同学们在物理学习中，对物理问题的认知和操作过程，便于教师在教学中更好地进行教学，本测试不计分。请按要求写出答案，有些题的知识点你可能在教学中还没学过，但题目给予的信息有助于你对试题的理解。

此项测试是大面积调查的一部分，为了使调查真实，请同学们务必独立完成。本测试不作为你学业成绩的依据。

【例】（某一中高一上学期使用的练习册第4页）如图所示，矩形均匀薄板长 $AC=60\text{cm}$，宽 $CD=10\text{cm}$，在 B 点以细线悬挂，板处于平衡状态，$AB=35\text{cm}$，则悬线和板边缘 CA 的夹角 α 为多大？

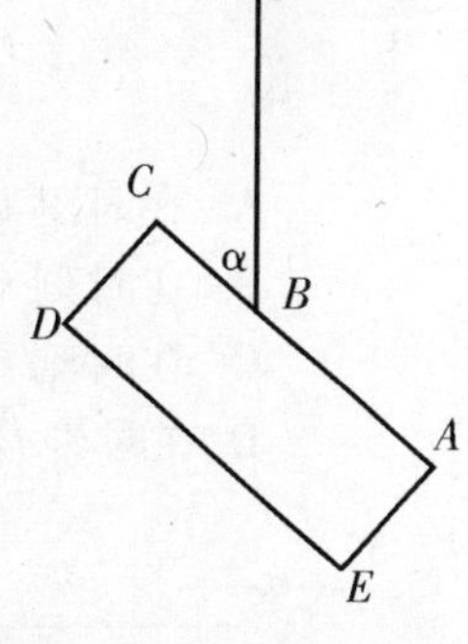

★信息的识别：

①陈述表述物理信息的识别：

理解关键词：矩形均匀薄板：可以用几何方法确定重心。

板处于平衡：满足力的平衡条件。

②图形表述物理信息的识别：

关键信息：重心的确定，悬挂法测重心方法。

★用数学表征物理问题：

已知：矩形 $AC=60\text{cm}$，宽 $CD=10\text{cm}$，$AB=35\text{cm}$，则求矩形 $AEDC$ 的几何中心 O 到 B 的连线 OB 与 BA 的夹角 α 为多大？

【题1】测定患者的血沉，在医学上有助于医生对病情作出判断。设血液是由红细胞和血浆组成的悬浮液，将此悬浮液放进竖直放置的血沉管内，红细胞就会在血浆中匀速下沉，其下沉的速率称为血沉。某人的血沉 v 的值是

10mm/h。如果把红细胞近似看成半径为 R 的小球，且认为它在血浆中下沉的黏滞阻力为 $f=6\pi R\eta v$。在室温下 $\eta=1.8\times10^{-3}\mathrm{Pa\cdot s}$。有关数据及数学公式：血浆的密度 $1.0\times10^{-3}\mathrm{kg/m^3}$，红细胞密度 $1.3\times10^{-3}\mathrm{kg/m^3}$。球的体积公式 $V=\dfrac{4}{3}\pi R^3$。试由以上数据估算红细胞半径的大小。

★信息的识别：

★求解的过程：

【题2】两木块从左向右运动，现有照相机在同一底片上多次曝光，记录下木块每一次曝光时的位置，如图所示，连续两次曝光时间间隔是相等的，由图可知：

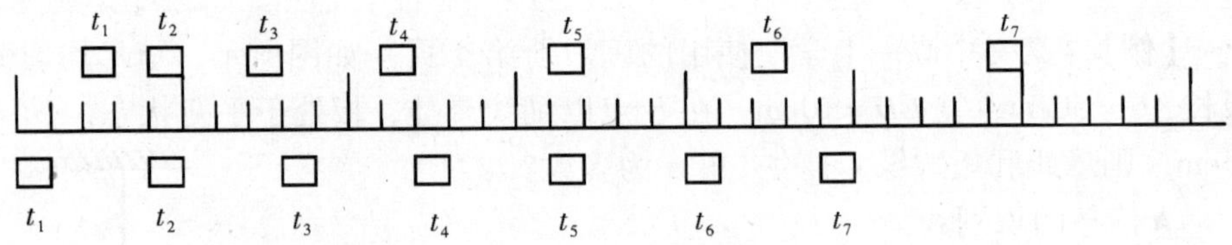

A. 在时刻 t_2 以及时刻 t_5 两木块的速度相同
B. 在时刻 t_3 两木块的速度相同
C. 在时刻 t_3 以及时刻 t_4 之间某瞬间两木块的速度相同
D. 在时刻 t_4 以及时刻 t_5 之间某瞬间两木块的速度相同

答案____________

理由：

★信息的识别：

从图中可直接得到的有用信息或转化的有用信息

★求解的过程：

【题3】用金属制成的线材（如钢丝、钢筋）受到的拉力会伸长，17 世纪英国物理学家胡克发现，金属丝或金属杆在弹性限度内的伸长量与拉力成正比，这就是著名的胡克定律。这一发现为后人对材料的研究奠定了重要基础。现有一根用新材料制成的金属杆，长为4m，横截面积为0.8cm^2，设计要求它受到的拉力后伸长不超过原长的1/1 000。选用同种材料制成样品进行测试，通过测试取得数据如下：

长度 L	截面积 S ＼ 伸长 x ＼ 拉力 F	250N	500N	750N	1 000N
1m	0.05cm^2	0.04cm	0.08cm	0.12cm	0.16cm
2m	0.05cm^2	0.08cm	0.16cm	0.24cm	0.32cm
3m	0.05cm^2	0.12cm	0.24cm	0.36cm	0.46cm
4m	0.10cm^2	0.08cm	0.16cm	0.22cm	0.32cm
4m	0.20cm^2	0.04cm	0.08cm	0.12cm	0.16cm

（1）请根据测试的结果，写出伸长量 x 与材料的长度 L、材料的截面积 S 及拉力 F 之间的函数关系。（形式为 $x=$　　　　　）（简述理由或方法）

（2）在表中把有明显误差的圈出来。（简述理由或方法）

【题4】把一个可视为质点的金属块 A，轻轻放到一块在水平地面上向右匀速运动的薄木板上，刚放在木块上时，A 可视为速度为 0，且离左端的距离为 d，A 与木块的静摩擦系数为 μ，A 放上后木块在外力作用下仍做匀速直线运动，问木块的速度应满足什么条件才可以把木块从金属板上抽出？（$g=10\text{m/s}^2$）

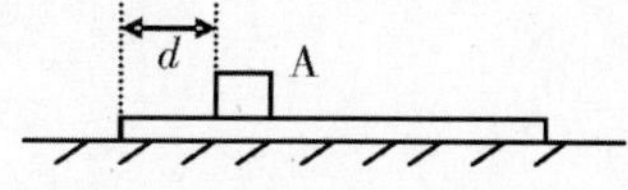

关键信息：把木块从金属板上抽出对这一信息的理解和表征是解决这一问题的关键。

可用两种表达式，请完成下表的两个空格：

关键信息	用物理语言来表征问题	用数学方程来表征物理问题
把木块从金属板上抽出	当二者速度相等时，二者的相对位移超过 d	
		设 A 的速度为 v，运动时间为 t，加速度为 a，当 $vt - at^2/2 = d$ 时，则 $v > at$。

【题 5】以下是高中练习册中的几个牛顿运动定律运用的练习题。所给实际情景不同但物理模型是完全相同的是哪几个题？说明理由。

（1）火车在水平路面做匀加速运动，车厢内顶上用细绳悬挂一个小球，乘客观察到细绳与竖直方向的夹角为 30°，由此可判断出火车的加速度大小为__________ m/s。

（2）客车以某一速度冲上一倾角为 α 的斜坡，乘客发现悬于天花板上的小球的悬绳方向始终垂直，如图所示，试计算冲上坡过程中的加速度的大小。

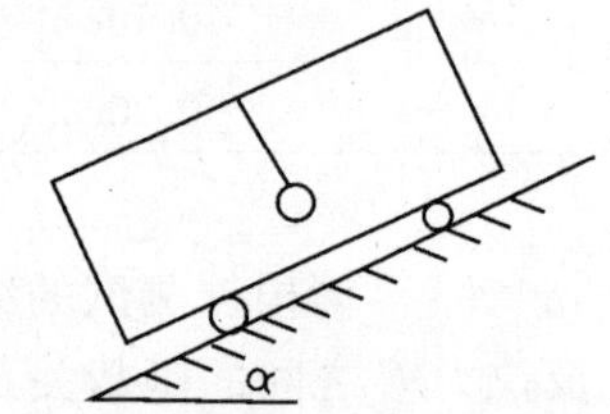

（3）如图所示，水平面上一光滑的斜面，其倾角为 θ，在其上放一小木块，质量为 m，为了使小木块相对斜面保持静止，斜面的加速度应为多少？

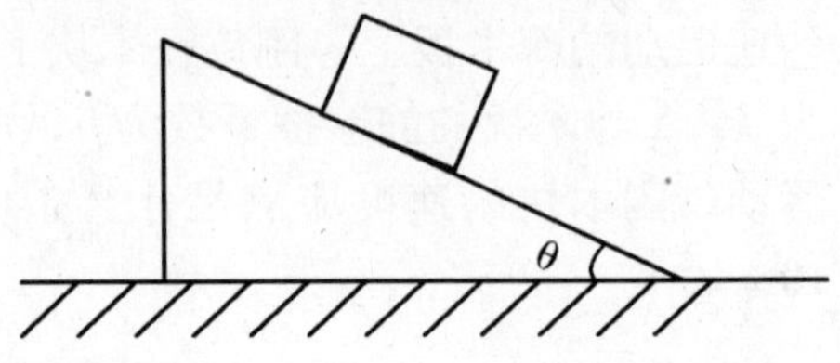

（4）在一条河道上两个纤夫拉船，使船在河道上做匀加速直线运动，甲用 F 拉力，与运动方向成30°，乙用力与运动方向成45°。已知船的质量为 m，水的阻力忽略不计，求船的加速度大小为多少？

（5）如图所示，小球处于静止，轻弹簧 BC 水平，AC 与水平面成45°角，求剪断绳的瞬间小球的加速度。

判断的结论及理由：

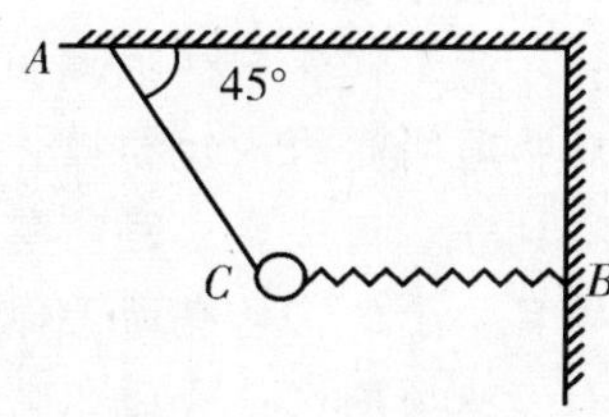

附录5　高中生物理问题解决中对给予信息的理解水平测试题（B卷）

姓名______年级______ 班级______座号______性别：男□女□

指导语：

谢谢你参与这项测试！本测试的目的是为了了解同学们在物理学习中，对物理问题的认知和操作过程，便于教师在教学中更好地进行教学，本测试不计分。请按要求写出答案，有些题的知识点你可能在教学中还没学过，但题目给予的信息有助于你对试题的理解。

此项测试是大面积调查的一部分，为了使调查真实，请同学们务必独立完成。本测试不作为你学业成绩的依据。

【例】（某一中高一上学期使用的练习册 p.4）如图所示，矩形均匀薄板长 $AC=60\text{cm}$，宽 $CD=10\text{cm}$，在 B 点以细线悬挂，板处于平衡状态，$AB=35\text{cm}$，则悬线和板边缘 CA 的夹角 α 为多大？

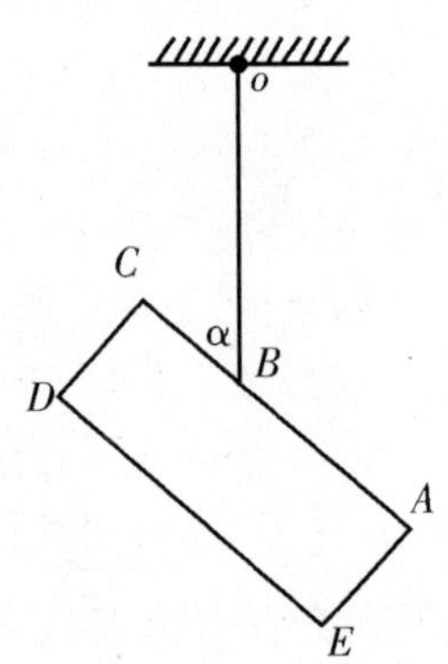

★信息的识别：

①陈述表述物理信息的识别：

理解关键词：矩形均匀薄板：可以用几何方法确定重心。

板处于平衡：满足力的平衡条件。

②图形表述物理信息的识别：

关键信息：重心的确定，悬挂法测重心方法。

★用数学表征物理问题：

已知：矩形 $AC=60\text{cm}$，宽 $CD=10\text{cm}$，$AB=35\text{cm}$，则求矩形 $AEDC$ 的几何中心 O 到 B 的连线 OB 与 BA 的夹角 α 为多大？

【题1】阅读如下资料并回答问题：

自然界中的物体由于具有一定的温度，会不断向外辐射电磁波，这种辐射因与温度有关，称为热辐射。热辐射具有如下特点：①辐射的能量中包含各种波长的电磁波；②物体温度越高，单位时间从物体表面单位面积上辐射的能量越大；③在辐射的总能量中，各种波长所占的百分比不同。处于一定温度的物体在向外辐射电磁能量的同时，也会吸收由其他物体辐射的电磁能量，如果它处于平衡状态，则能量保持不变。若不考虑物体表面性质对辐射与吸收的影响，我们定义一种理想的物体，它能100%地吸收入射到其表面的电磁辐射，这样的物体称为黑体。单位时间内从黑体表面单位面积辐射的电磁波的总能量与黑体绝对温度的四次方成正比，即 $P_0 = \sigma T^4$，其中常量 $\sigma = 5.67 \times 10^{-8}\mathrm{W}/(\mathrm{m}^2 \cdot \mathrm{K}^4)$。在下面的问题中，把研究对象都简单地看作黑体。有关数据及数学公式：太阳半径 $R_s = 696\ 000\mathrm{km}$，太阳表面温度 $T = 5\ 770\mathrm{K}$。火星半径 $r = 3\ 395\mathrm{km}$。球面积 $S = 4\pi R^2$，其中 R 为球半径。

（1）每小时从太阳表面辐射的总能量为多少？

★信息的识别：

写出求解这一问题所用的关键信息：

★求解的过程：

（2）火星受到来自太阳的辐射可认为垂直射到面积为 πr^2（r 为火星半径）的圆盘上，已知太阳到火星的距离为太阳半径的400倍，忽略其他天体及宇宙空间的辐射，试估算火星的平均温度。

★信息的识别：

写出求解这一问题的关键信息：

★求解的过程：

【题2】如图所示为水平面上一物体，在一变力作用下从静止开始做匀加速直线运动。这一变力的力—时间图像（$F-t$ 图像）如图所示，已知物体的质量为 m，物体受的阻力与速度成正比。

试根据图像得出描述物体的动力学量或运动学量。（尽量多写出）

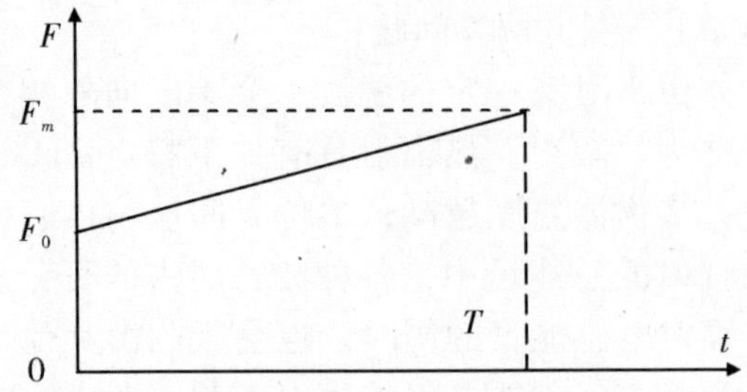

（1）从图像直接得到的物理量。

（2）通过题目中的已知条件和图像所给的信息，用所学的物理学知识可求出其他的物理量及其求解过程。

【题3】数据分析：

1. 某同学为了观察汽车的速度随时间的变化关系，坐在驾驶员旁边，观察速度计，并记录下间隔相等的各时刻的速度值（见下表）。

时刻 t/s	0	5	10	15	20	25
速度 v/（$m \cdot s^{-1}$）	10.9	15.6	20.1	24.5	27.3	33.7

2. 在“研究匀变速直线运动”的实验中，下表为一次记录小车运动情况的纸带，*AB*、*BC*、*CD*、*DE*、*EF*、*FG* 为连续相邻的记数点之间的距离，已知相邻记数点的时间间隔相等。

记数点	*AB*	*BC*	*CD*	*DE*	*EF*	*FG*
距离（cm）	7.00	10.40	14.10	18.50	22.90	24.60

如果上述两表中的物体均做匀变速直线运动，请根据所学的知识判断两表格数据的测量中误差最大的是哪个？写出判断的理由或方法。

【题4】实际问题情景转化为物理表述及数学问题：

项目	表征内容
实际问题	在单杠上做引体向上时，甲同学两手距与肩同宽，乙同学两手距大于肩宽，哪种省力

（续上表）

项目	表征内容
用物理语言表述问题	
用数学语言表述问题	

【题5】从以下各异的实际情景中判断，哪几个最终转化的物理模型是一样的？

（1）如图（1）所示，质量为 m 的球和固定的支架 ABC 的 C 端相连，一起以一定的加速度 a 在水平地面上做匀加速度运动。已知 BC 与竖直方向夹角为 30°。则杆 BC 对球的作用力为：

A. $mg/\cos30°$　　B. $ma/\sin30°$　　C. $m\sqrt{g^2+a^2}$　　D. 不能确定

（2）火车在水平路面做匀加速运动［见图（2）］，车厢内顶上用细绳悬挂一个小球，乘客观察到细绳与竖直方向的夹角为 30°，火车的加速度大小为 a，细绳对球的拉力为：

A. $mg/\cos30°$　　B. $ma/\sin30°$　　C. $m\sqrt{g^2+a^2}$　　D. 不能确定

（3）一箱装得很满的土豆，以一定的加速度 a 在水平地面上做匀加速度运动［见图（3）］，则其中一质量为 m 的土豆受到其他土豆的作用力为__________。

（4）一斜面在外力的推动下在水平面上做加速度为 a 的匀加速运动［见图（4）］，且斜面上有一木块与斜面保持相对静止一起运动，如图所示，斜面倾角为 30°。则木块受到斜面的作用力为__________。

（5）一小车上固定一倾角为 30°的斜杆［见图（5）］，光滑的杆上套一质量为 m 的环，小车与环保持相对静止，以一定的加速度 a 在水平地面上做匀加速度运动，则杆对环的作用力大小为：

A. $mg/\cos30°$　　B. $ma/\sin30°$　　C. $m\sqrt{g^2+a^2}$　　D. 不能确定

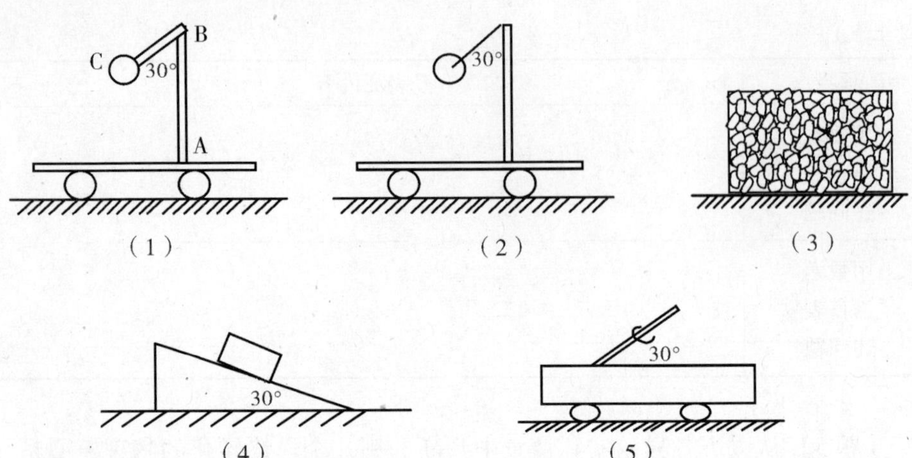

判断的结果和理由：

附录6　专题讲座课学生评价调查问卷

班级______性别：男□　女□

题号	内容	非常	比较	有点	很不	全不
1	老师所讲内容与你的学习有较大的关系吗？					
2	专题讲座的讲义对你有帮助吗？					
3	讲义上的问题引起你的深思了吗？					
4	老师上课的举例是否恰当？					
5	训练与讲解相相合的教学方法是否合适？					
6	老师是不是在平时的教学中也渗透学习方法的指导？					
7	本学期老师专题辅导课后你是不是经常使用老师讲的方法？					
8	专题讲座对你解题的理解水平的提高有一定的影响吗？					
9	你认为你这个学期物理学习有很大的进步吗？					

附录 7　新课程背景下物理教学策略的指标项目调查问卷

学校__________姓名__________

性别：A. 男　B. 女

职称：

A. 初级　　B. 中级　　C. 高级　　D. 未定级

学校班级规模：初二　　初三　　高一　　高二　　高三

年龄：

A. 25 岁以下　　B. 25 ~ 30 岁　　C. 31 ~ 35 岁

D. 36 ~ 40 岁　　E. 41 ~ 45 岁　　F. 46 岁以上

从事物理教学年限：

A. 1 年以下　　B. 1 年以上 ~ 3 年以下　　C. 3 年以上 ~ 5 年以下

D. 5 年以上 ~ 10 年以下　　E. 10 年以上 ~ 15 年以下　　F. 15 年以上

从事课题研究的年限：

A. 1 年以下　　B. 1 年以上 ~ 3 年以下　　C. 3 年以上 ~ 5 年以下

D. 5 年以上 ~ 10 年以下

对影响新课程背景下物理教学策略适切性的因素，请按你认为的重要性进行等级评价：

A. 非常同意　　B. 同意　　C. 无所谓（不确定）

D. 不同意　　E. 非常不同意

请你选择 A、B、C、D 或 E 填入括号中，还可在后面补充填入你认为其他影响教学策略适切性的因素，并进行相应的等级评价，谢谢！

（　　）1. 教学目标陈述准确、具体。

（　　）2. 教学目标陈述可以观察和测量。

（　　）3. 教学目标符合学生的基础和需求。

（　　）4. 教学目标的呈现领域符合课程标准。

(　　) 5. 选定的教学内容和学案（准备知识、练习等）符合学生的认知特点。

(　　) 6. 教学内容的呈现清晰、精确。

(　　) 7. 教学内容的呈现符合物理学科特点，科学性、逻辑性强。

(　　) 8. 教学活动的设计生动活泼。

(　　) 9. 教学活动的设计考虑到学生的能力。

(　　) 10. 注意学生的个别差异。

(　　) 11. 提供学生成功参与的机会。

(　　) 12. 教学时间把握得当。

(　　) 13. 教学内容的组织恰当。

(　　) 14. 教学方法和技巧。

(　　) 15. 教师的教学语言与表达。

(　　) 16. 教师与学生之间的沟通能力。

(　　) 17. 倾听学生说话的技巧。

(　　) 18. 重视学生之间的沟通。

(　　) 19. 促使学生思考并积极进行探究。

(　　) 20. 对教学内容的举例、解释能力。

(　　) 21. 教师的亲和力。

(　　) 22. 引起学生的学习动机与注意力。

(　　) 23. 指导学生遵守课堂纪律。

(　　) 24. 适当安排教学活动的顺序。

(　　) 25. 练习配合教学目标。

(　　) 26. 有诊断与补救的措施。

(　　) 27. 设计适当的评价方法。

(　　) 28. 有效地使用发展性评价。

(　　) 29. 给进步的学生给予正面的评价和反馈。

(　　) 30. 及时发现学生存在的问题并给予恰当的点拨与辅导。

(　　) 31. 对学生提出的问题给予即时回馈。

(　　) 32. 实验仪器的操作规范和实验后的器材放置。

(　　) 33. 营造愉快的班级学习氛围。

(　　) 34. 运用技巧激发学生的学习热情。

(　　) 35. 适切地使用多样化教学媒体。

(　　) 36. 保持有益的学习环境。

(　　) 37. 增加学生体验成功的经验。

(　　) 38. 教师的良好教学态度。

(　　) 39. 按时授课，不拖堂或迟到。

(　　) 40. 课后及时批改学生的作业。

(　　) 41. 对学生课后作业作适当的评价。

(　　) 42. 对教与学过程中未能达到目标的部分及时加以补救。

(　　) 43. 教师保持高度的教学热忱。

(　　) 44. 随时了解和关怀学生。

(　　) 45. 具有教学反思意识。

(　　) 46. 课后分析自己所使用的教学策略和方法是否有效，是否能促进学生的发展等。

(　　) 47. 具有教学研究能力。

(　　) 48. 高度的敬业精神。

(　　) 49. 良好的人际沟通能力。

(　　) 50. 教师品德和身心健康。

附录8 对教学策略初始问卷的项目分析

——高低分组独立样本的 *t* 检验

题序	假定方差相等或不相等	*F*	Sig.	*t*	*df*	Sig. (2 - tailed)
VAR00001	Equal variances assumed	47. 250	. 000	4. 583	18	. 000
	Equal variances not assumed			4. 583	9. 000	. 001
VAR00002	Equal variances assumed	1. 301	. 269	3. 250	18	. 004
	Equal variances not assumed			3. 250	16. 474	. 005
VAR00003	Equal variances assumed	47. 250	. 000	4. 583	18	. 000
	Equal variances not assumed			4. 583	9. 000	. 001
VAR00004	Equal variances assumed	10. 756	. 004	1. 633	18	. 120
	Equal variances not assumed			1. 633	12. 462	. 127
VAR00005	Equal variances assumed	3. 366	. 083	1. 987	18	. 062
	Equal variances not assumed			1. 987	15. 096	. 065
VAR00006	Equal variances assumed	1. 134	. 301	1. 523	18	. 145
	Equal variances not assumed			1. 523	13. 621	. 151
VAR00007	Equal variances assumed	. 987	. 334	2. 466	18	. 024
	Equal variances not assumed			2. 466	17. 677	. 024
VAR00008	Equal variances assumed	. 167	. 688	2. 546	18	. 020
	Equal variances not assumed			2. 546	17. 551	. 021
VAR00009	Equal variances assumed	5. 684	. 028	3. 286	18	. 004
	Equal variances not assumed			3. 286	15. 517	. 005
VAR00010	Equal variances assumed	1. 008	. 329	2. 635	18	. 017
	Equal variances not assumed			2. 635	13. 903	. 020
VAR00011	Equal variances assumed	1. 464	. 242	3. 857	18	. 001

（续上表）

题序	假定方差相等或不相等	*F*	Sig.	*t*	*df*	Sig. (2 - tailed)
VAR00011	Equal variances not assumed			3.857	12.855	.002
VAR00012	Equal variances assumed	1.000	.331	3.586	18	.002
	Equal variances not assumed			3.586	16.642	.002
VAR00013	Equal variances assumed	.596	.450	4.000	18	.001
	Equal variances not assumed			4.000	17.780	.001
VAR00014	Equal variances assumed	.000	1.000	5.657	18	.000
	Equal variances not assumed			5.657	18.000	.000
VAR00015	Equal variances assumed	.017	.899	5.014	18	.000
	Equal variances not assumed			5.014	15.736	.000
VAR00016	Equal variances assumed	12.054	.003	2.611	18	.018
	Equal variances not assumed			2.611	14.918	.020
VAR00017	Equal variances assumed	9.950	.005	2.952	18	.009
	Equal variances not assumed			2.952	10.388	.014
VAR00018	Equal variances assumed	11.450	.003	2.717	18	.014
	Equal variances not assumed			2.717	11.309	.020
VAR00019	Equal variances assumed	.	.	3.000	18	.008
	Equal variances not assumed			3.000	9.000	.015
VAR00020	Equal variances assumed	16.000	.001	6.000	18	.000
	Equal variances not assumed			6.000	9.000	.000
VAR00021	Equal variances assumed	12.054	.003	2.611	18	.018
	Equal variances not assumed			2.611	14.918	.020
VAR00022	Equal variances assumed	16.000	.001	6.000	18	.000
	Equal variances not assumed			6.000	9.000	.000
VAR00023	Equal variances assumed	2.817	.111	4.648	18	.000
	Equal variances not assumed			4.648	14.781	.000
VAR00024	Equal variances assumed	3.429	.081	5.692	18	.000
	Equal variances not assumed			5.692	17.308	.000
VAR00025	Equal variances assumed	16.000	.001	6.000	18	.000

（续上表）

题序	假定方差相等或不相等	*F*	Sig.	*t*	*df*	Sig. (2 – tailed)
VAR00025	Equal variances not assumed			6. 000	9. 000	. 000
VAR00026	Equal variances assumed	. 750	. 398	4. 025	18	. 001
	Equal variances not assumed			4. 025	17. 920	. 001
VAR00027	Equal variances assumed	. 574	. 458	2. 588	18	. 019
	Equal variances not assumed			2. 588	15. 316	. 020
VAR00028	Equal variances assumed	. 750	. 398	3. 130	18	. 006
	Equal variances not assumed			3. 130	17. 920	. 006
VAR00029	Equal variances assumed	4. 327	. 052	3. 130	18	. 006
	Equal variances not assumed			3. 130	13. 235	. 008
VAR00030	Equal variances assumed	5. 063	. 037	11. 000	18	. 000
	Equal variances not assumed			11. 000	9. 000	. 000
VAR00031	Equal variances assumed	. 036	. 851	1. 238	18	. 232
	Equal variances not assumed			1. 238	14. 765	. 235
VAR00032	Equal variances assumed	47. 250	. 000	4. 583	18	. 000
	Equal variances not assumed			4. 583	9. 000	. 001
VAR00033	Equal variances assumed	29. 278	. 000	3. 280	18	. 004
	Equal variances not assumed			3. 280	9. 000	. 010
VAR00034	Equal variances assumed	3. 366	. 083	1. 987	18	. 062
	Equal variances not assumed			1. 987	15. 096	. 065
VAR00035	Equal variances assumed	. 375	. 548	3. 857	18	. 001
	Equal variances not assumed			3. 857	17. 993	. 001
VAR00036	Equal variances assumed	. 066	. 800	3. 130	18	. 006
	Equal variances not assumed			3. 130	16. 613	. 006
VAR00037	Equal variances assumed	13. 228	. 002	4. 714	18	. 000
	Equal variances not assumed			4. 714	9. 000	. 001
VAR00039	Equal variances assumed	. 987	. 334	4. 439	18	. 000
	Equal variances not assumed			4. 439	17. 677	. 000
VAR00040	Equal variances assumed	. 596	. 450	4. 000	18	. 001

（续上表）

题序	假定方差相等或不相等	*F*	Sig.	*t*	*df*	Sig. (2 - tailed)
VAR00040	Equal variances not assumed			4. 000	17. 780	. 001
VAR00041	Equal variances assumed	. 000	1. 000	5. 303	18	. 000
	Equal variances not assumed			5. 303	18. 000	. 000
VAR00042	Equal variances assumed	1. 531	. 232	4. 200	18	. 001
	Equal variances not assumed			4. 200	16. 691	. 001
VAR00043	Equal variances assumed	7. 272	. 015	5. 014	18	. 000
	Equal variances not assumed			5. 014	9. 000	. 001
VAR00044	Equal variances assumed	1. 231	. 282	2. 496	18	. 022
	Equal variances not assumed			2. 496	15. 680	. 024
VAR00045	Equal variances assumed	1. 531	. 232	4. 200	18	. 001
	Equal variances not assumed			4. 200	16. 691	. 001
VAR00046	Equal variances assumed	5. 063	. 037	9. 000	18	. 000
	Equal variances not assumed			9. 000	9. 000	. 000
VAR00047	Equal variances assumed	216. 000	. 000	3. 674	18	. 002
	Equal variances not assumed			3. 674	9. 000	. 005
VAR00048	Equal variances assumed	. 000	1. 000	5. 657	18	. 000
	Equal variances not assumed			5. 657	18. 000	. 000
VAR00049	Equal variances assumed	. 080	. 780	3. 349	18	. 004
	Equal variances not assumed			3. 349	14. 311	. 005
VAR00050	Equal variances assumed	16. 000	. 001	6. 000	18	. 000
	Equal variances not assumed			6. 000	9. 000	. 000

注：VAR00038 – t cannot be computed because the standard deviations of both groups are 0.

附录9　中学物理教学策略适切性的课堂观察量表

各位老师：您好！本问卷不作为对教师上课的评价，而是了解不同教师对课堂教学策略适切性认识的差异。谢谢！

<table>
<tr><td>时间</td><td></td><td>地点</td><td></td><td colspan="3">听课课题</td><td colspan="3"></td></tr>
<tr><td colspan="2">观察者资料</td><td>姓名</td><td></td><td>职称</td><td></td><td>教龄</td><td></td><td>单位</td><td></td></tr>
<tr><td colspan="10">以下问卷采用五点记分法：优：5分，良：4分，好：3分，一般：2分，尚可：1分</td></tr>
<tr><td colspan="2">观察视角</td><td colspan="7">内容</td><td>评价</td></tr>
<tr><td rowspan="5">课前策略</td><td rowspan="3">教学目标</td><td colspan="7">教学目标陈述准确、具体</td><td></td></tr>
<tr><td colspan="7">符合学生基础和需求</td><td></td></tr>
<tr><td colspan="7">教学目标陈述可以观察和测量</td><td></td></tr>
<tr><td rowspan="2">教学内容</td><td colspan="7">呈现符合物理学科特点，科学性、逻辑性强</td><td></td></tr>
<tr><td colspan="7">活动的设计考虑到学生的能力</td><td></td></tr>
<tr><td rowspan="12">课中策略</td><td rowspan="2">教学组织</td><td colspan="7">教学内容组织恰当</td><td></td></tr>
<tr><td colspan="7">对教学内容的举例、解释能力</td><td></td></tr>
<tr><td rowspan="2">课堂监控</td><td colspan="7">重视学生之间的沟通</td><td></td></tr>
<tr><td colspan="7">倾听学生说话的技巧</td><td></td></tr>
<tr><td rowspan="2">师生互动</td><td colspan="7">师生之间沟通</td><td></td></tr>
<tr><td colspan="7">促使学生思考并积极进行探究</td><td></td></tr>
<tr><td rowspan="2">动机意愿</td><td colspan="7">引起学生的学习动机与注意力</td><td></td></tr>
<tr><td colspan="7">教师的亲和力</td><td></td></tr>
<tr><td rowspan="2">教学评价</td><td colspan="7">设计适当的评价方法</td><td></td></tr>
<tr><td colspan="7">给予学生正面的评价和反馈</td><td></td></tr>
<tr><td rowspan="2">反馈矫正</td><td colspan="7">及时发现问题并点拨与指导</td><td></td></tr>
<tr><td colspan="7">有诊断与补救的措施</td><td></td></tr>
</table>

（续上表）

<table>
<tr><td>时间</td><td></td><td>地点</td><td></td><td colspan="4">听课课题</td><td colspan="3"></td></tr>
<tr><td colspan="2">观察者资料</td><td>姓名</td><td></td><td>职称</td><td></td><td>教龄</td><td></td><td colspan="2">单位</td><td></td></tr>
<tr><td colspan="11">以下问卷采用五点记分法：优：5 分，良：4 分，好：3 分，一般：2 分，尚可：1 分</td></tr>
<tr><td colspan="2">观察视角</td><td colspan="7">内容</td><td colspan="2">评价</td></tr>
<tr><td rowspan="7">课后策略</td><td rowspan="4">教学反思</td><td colspan="7">课后及时批改作业</td><td colspan="2"></td></tr>
<tr><td colspan="7">随时了解和关怀学生</td><td colspan="2"></td></tr>
<tr><td colspan="7">对教与学过程中未能达到目标的部分及时加以补救</td><td colspan="2"></td></tr>
<tr><td colspan="7">具有教学反思意识</td><td colspan="2"></td></tr>
<tr><td rowspan="3">自我发展</td><td colspan="7">保持高度的教学热忱</td><td colspan="2"></td></tr>
<tr><td colspan="7">高度的敬业精神</td><td colspan="2"></td></tr>
<tr><td colspan="7">良好的人际沟通能力</td><td colspan="2"></td></tr>
</table>

附录10　“课例研究”课堂观察记录表

模块1：教学设计与备课（课题：　　　　　授课者：　　　　）
时间：　　　　　记录人：

模块	项目	要素	评估	记录要点
教学设计与备课	教学内容	1. 教学内容正确或能纠正学生的错误		
		2. 关注到对本课题的提前性知识		
		3. 对于与所学知识类型的教学方法能恰当使用		
	对学生的分析	4. 符合年龄发展的特征		
		5. 表现出学生不同的学习方式		
		6. 知道学生原有的知识和技能		
		7. 了解学生不同群体的兴趣		
	教学目标	8. 反映出学生的期待，与课程体系和课标相关		
		9. 目标阐述清晰，以学生学习为主体，可评估		
		10. 能照顾到个别、不同群体的差异，符合本班实际		

（续上表）

模块	项目	要素	评估	记录要点
教学设计与备课	内在一致性	11. 学习活动：适合学生和目标的达成		
		12. 教学材料和资源适合目标的达成		
		13. 课的结构清晰并能按实际进行调整		
		14. 与教学目标一致性		
	学习评价	15. 难度适当		
		16. 能反拨与教学		

注：五点等级评估法：优：4 分，良：3 分，及格：2 分，不及格：1 分，不确定：0 分

模块 2：课堂环境（课题：　　　　　　授课者：　　　　　　）
时间：　　　　记录人：

模块	项目	要素	评估	记录要点
课堂环境	课堂氛围	1. 师生互动（互动的次数、范围和效果。教师语言是否积极、有亲和力，学生对教师的尊重）		记录次数、范围和效果
		2. 学生互动（有冲突，但文明、关怀和礼貌）		是否存在，效果如何
		3. 学生学习性和积极性（反映出对学习的态度和期待）		
	课堂管理	4. 学习小组管理（独立性、有效学习及责任）		
		5. 材料和学习用品的管理（有序、对学习没有影响）		
		6. 学生行为的监控（有行为准则、纠正不良行为、学生彼此提醒）		
		7. 对学生不良行为的反应（有效和得体）		
		8. 安全性和桌椅的摆放（安全的、为学习目的摆放桌椅）		

注：五点等级评估法：优：4 分，良：3 分，及格：2 分，不及格：1 分，不确定：0 分

模块3：课堂教学（课题： 授课者： ）

时间： 记录人：

模块	项目	要素	评估	记录要点
课堂教学	师生交流	1. 语言表达清晰、准确		
		2. 板书准确、规范		
	提问与讨论	3. 问题的质量（教师提出的问题合适，时间恰当；学生提出哪些问题）		
		4. 讨论的效果（真正讨论，自发和主动）		
		5. 学生的参与度（每个学生都能畅所欲言）		
	学生状态	6. 内容表述（是否合适，并联系到所学的知识和经验）		
		7. 活动和作业（参与及效果）		
		8. 合作学习（学习小组成效，个体是否发挥作用）		
		9. 节奏（结构适当，引入课题、适宜的反思和结尾时机）		
	教师反馈	10. 准确性、针对性强		
		11. 及时性（及时且能把反馈用于学习中）		
	应变能力	12. 内容适度调整		
		13. 对学生反应的态度		
		14. 有耐心、执着		

注：五点等级评估法：优：4分，良：3分，及格：2分，不及格：1分，不确定：0分

附录11　物理问题的定性与半定量研究例析①

在解决物理问题时，首先应确定问题的性质，在抓住问题本质的基础上，才能进一步确定量的关系，即定性问题的解决应先于定量问题的解决。赵凯华先生在《定性与半定量物理学》一书中指出：一位成熟的物理学家进行探索性的科学研究时，常常从定性或半定量的研究入手，从整体上作了定性思考之后，才有可能抓住问题的本质，否则一下子陷入细枝末节的探讨，往往一叶障目，不见泰山，或是只见树木，不见森林。定性与半定量的方法，包括对称性的考虑和守恒量的利用量纲分析、数量级估计、极限情况和特例的讨论、简化模型的选取，以及概念和方法的类比等等。2008 年广州市高考“一模”物理题着力考查了定性与半定量的物理思想方法，下面举例说明。

【题 1】A、B、C、D、E 五个小球从不同高度由静止开始同时释放，从 A 球碰到地面的瞬间开始计时，每隔相等的时间间隔，B、C、D、E 四个小球依次落到地面。图 1 给出的四幅图中能恰当表示五个小球刚释放时离地面高度的是（　　）

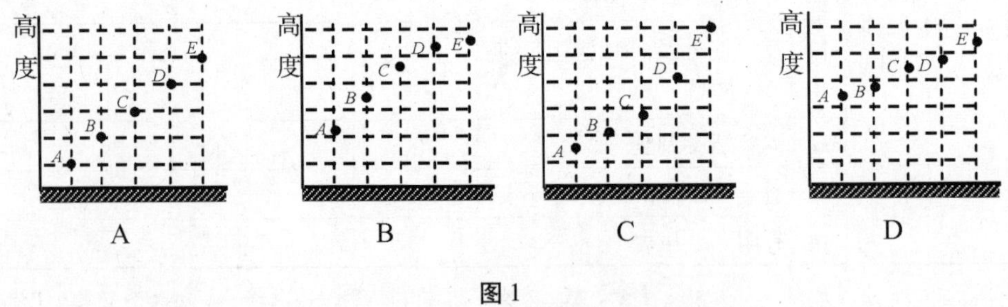

图 1

【解析】假定 A 球运动时间为 0，由自由落体运动，*A*、*B*、*C*、*D*、*E* 之间的间隔的竖直方向距离比为 1∶3∶5∶7。A、B、D 答案均不正确。假定 A 球运动时间与各球落地间隔时间相等，*A*、*B*、*C*、*D*、*E* 之间的间隔的竖直方向距

① 以广州市 2008 年高考“一模”测试题为例。

离比为3∶5∶7∶9，同样也可定性判断正确的结论。

【题2】如图2所示，在同一平面内，大小分别为1N、2N、3N、4N、5N、6N的六个力共同作用于一点，其合力大小为（　　）

A. 0　　　　B. 1N

C. 2N　　　　D. 3N

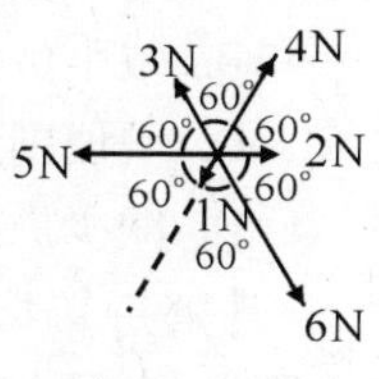

图2

【解析】用等效性方法分析，可等效3个互成120°的6N的力，3个互成120°的3N的力。两组力的合力都为0。

【题3】如图3所示，在正四棱柱$abcd—a'b'c'd'$的中心线OO'上有一根通有恒定电流的无限长直导线，比较各点的磁场：

A. 棱aa'上的各点磁感应强度大小相等

B. 棱ad上的各点磁感应强度大小相等

C. 棱ab上的各点磁感应强度方向相同

图3

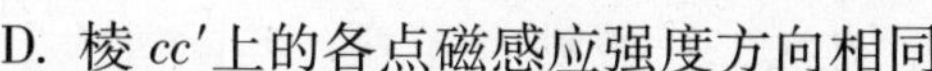

D. 棱cc'上的各点磁感应强度方向相同

【答案】用对称性方法分析，画出磁场线，易得答案为A、D。

【题4】图4是一位同学设计的防盗门报警器的简化电路示意图，门打开时，红外光敏电阻R_3受到红外线照射，电阻减小，门关闭会遮蔽红外线源（红外线源没有画出）。经实际试验，灯的亮灭能反映门的开关状态。门打开时，两灯的发光情况以及R_2两端电压U_{R_2}与门关闭时相比（　　）

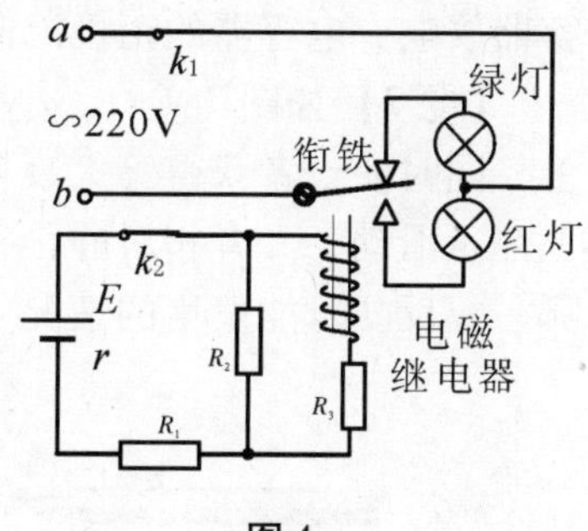

图4

A. 红灯亮，U_{R_2}变大

B. 绿灯亮，U_{R_2}变大

C. 绿灯亮，U_{R_2}变小

D. 红灯亮，U_{R_2}变小

【解析】假设法、特殊值分析法。假定为$R_2\to 0$，$U_{R_2}\to 0$，可迅速得到答案D。

【题5】仅采取下列其中的某一个措施，能使如图5所示的理想变压器输出功率增加的是（　　）

A. 增加负载电阻 R 的阻值

B. 减小负载电阻 R 的阻值

C. 增加副线圈的匝数 n_2

D. 减少原线圈的匝数 n_1

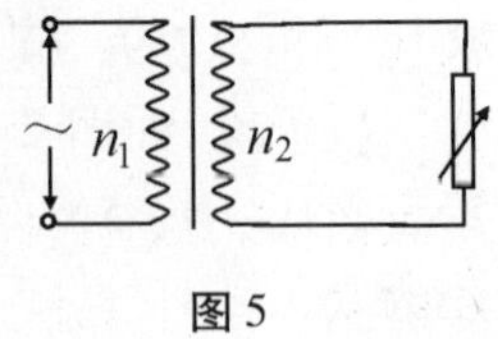

图 5

【解析】特殊值分析法。学生往往错选“增加负载电阻”，故可以假定 R→无限大，相当于负载开路，理想变压器输出功率为→0，可迅速排除 A。

【题6】如图 6 所示，平行板电容器在充电后不切断电源，此时板间有一带电尘粒恰能在电场中静止，当正对的平行板左右错开一些时（　　）

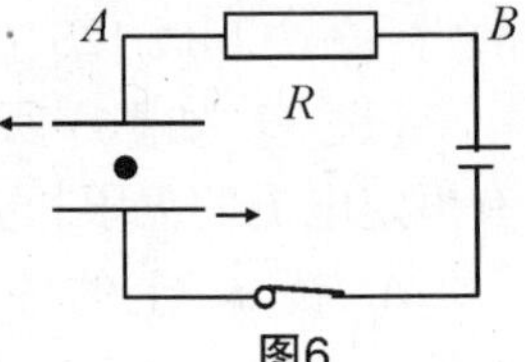

图6

A. 带电尘粒将向上运动

B. 带电尘粒将保持静止

C. 通过电阻 R 的电流方向为 A 到 B

D. 通过电阻 R 的电流方向为 B 到 A

【解析】假设法。题中涉及电容器的充放电。如何确定充放电方向是解题的关键。方法一：假设 U 不变。$S\downarrow \rightarrow C\downarrow \rightarrow U$ 不变→$Q\downarrow$→电容器放电→电容器的正极流向电源正极（$A\rightarrow B$）。方法二：假设 Q 不变。实际过程中电容器的 C、Q、U 都在变化，可先假设 Q 不变：$S\downarrow \rightarrow C\downarrow$→因 Q 不变→$U\uparrow$→电容器放电→电容器的正极流向电源正极（$A\rightarrow B$）。

【题7】如图 7（a），小铁块置于长木板右端，木板放在光滑的水平地面上，同时使二者获得等大反向的初速度开始运动，经过一段时间铁块在木板上停止滑动，二者相对静止，此时与开始运动时的位置相比较，图 7（b）中哪一幅反映可能发生的情况（　　）

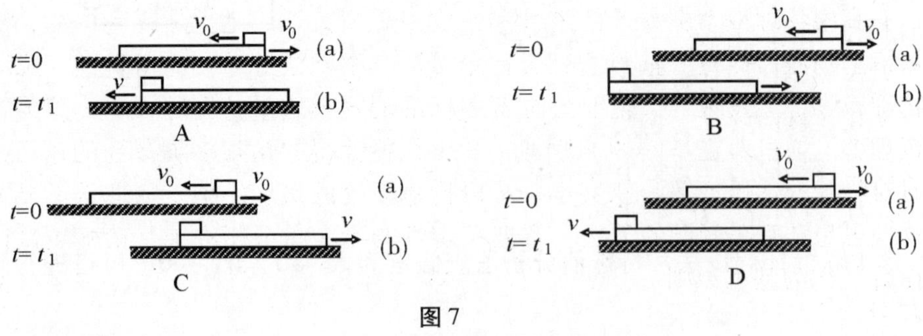

图 7

【解析】特殊值分析法，假定 $M=m$，则：$v=0$，迅速排除 B、D，得到答案 A、C。

【题8】如图8是验证楞次定律实验的示意图，竖直放置的线圈固定不动，将磁铁从线圈上方插入或拔出，线圈和电流表构成的闭合回路中就会产生感应电流。各图中分别标出了磁铁的极性、磁铁相对线圈的运动方向以及线圈中产生的感应电流的方向等情况，其中正确的是（　　）

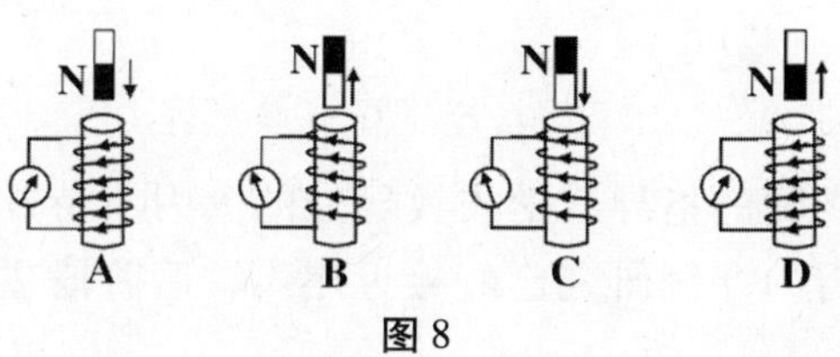

图8

【解析】闭合的梯形线圈进入磁场时磁通量增大，从磁场中出去时磁通量减小。根据楞次定律可以定性地判断这两个阶段感应电流方向相反，应在 A、D 两个选项中选一个，在 B、C 两个选项中选一个。正确答案为 A、B 或 C、D。

【题9】如图9所示，两带电小球 A 和 B 各用细线悬挂于同一点，平衡时，两小球在同一水平面上，悬线与竖直方向的夹角分别为 α 和 β，且 $\alpha>\beta$。关于两球的质量 m_1 和 m_2 及电量 q_1 和 q_2，可以断定(　　)

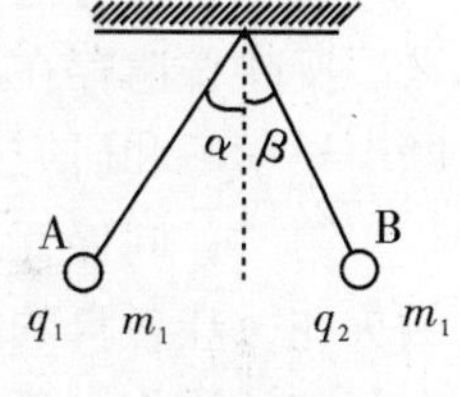

图9

A. 必有 $m_1<m_2$　　　B. 必有 $q_1<q_2$

C. 可能 $m_1>m_2$　　　D. 可能 $q_1>q_2$

【解析】等效法（或对称法）。与悬挂法测重心系统的重心通过悬点，易得 $m_1>m_2$。

高中物理教学中涉及的定性和半定量分析方法，除本文提到的外，还有量纲判别法、数量级估算法、类比分析法、图像法等，在此不赘述。我们在物理教学中会发现，学生能熟练解答标准的物理定量计算题，并不意味着真正理解。通过对定量问题的学习，学生往往获得的是很多细节性的东西，有时对物理的本质理解收获甚小，难以构建系统的概念结构。物理教学要关注物理思想和解决问题的方法，要把“定性与半定量分析在前，精确定量计算在后”作为基本原则。

附录 12　教师课例研究反思案例

——以“自由落体运动”课例研究为例[①]

在区教研员张老师的指导、学校教导处的大力支持及科组老师的紧密配合下，物理科组进行的课例研究已经接近尾声，后阶段主要是整理资料和撰写研究报告。

一、关于课例研究的基本思路程序

第一，文本学习借鉴理论知识，进行培训讲座，学习了解别人的研究模式、研究方案、研究过程、研究思路、研究中出现的问题和取得的成果。结合自身的实际着手思考。

第二，找寻适合我校师生、容易着手研究、便于提炼主题、体现学科特点、反映普遍存在教学问题的研究课题。（从普遍存在的教学问题出发，让问题引导学习和研究）

第三，同伴互助，团结协作，加强研讨，在研讨过程中不断迸发出思维的火花，让各自的差异推动课例研究的不断进行。在相互的切磋过程中增进老师们的协作与研讨，不断欣赏和学习借鉴别人的闪光点，纠正和改进自己的不足。

第四，需要技术的介入，最好进行录像和观课记录，然后进行研讨，结合本学科特点做好相关的后备和前期工作。

第五，上好三轮课，主要是第一、二轮，第三轮是最终的展示。

二、“课例”研究的一些观点

（1）需直接或间接的专业引领——专业报告讲座、学习文本资料、视频音像等。

（2）需支持性环境——老师、学生、场室、器材、音像、学校相关部门的支持等。

（3）课例研究不仅关注文本学习和相互讨论，更多地关注教学行为的连

---

① 由广州市白云艺术中学范正余老师提供。

环跟进。

（4）教学研究，是教师教学方式、研究方式、学习方式、专业发展方式的一场深刻变革，让教师成为课程教学的真正主人。

（5）着眼于教育问题解决的探索性实践，注意在日常工作中的自然积累。

（6）将对教学教研情况的调查，作为课例研究的切入点 。

三、“课例”研究的三轮教学

在区科组长会议后，着手整理相关资料，理解相关操作流程，安排科组老师做课例研究的准备，充分利用时间进行理论学习和研讨，学习了解课例研究的相关要求和具体做法，学习有关课例研究的做法和实例，虽然是其他学科或者是笼统的理论，但可以学习借鉴和变通。集思广益，确定课题内容，选择上课老师、班级和地点。

结合每周2课时的教学进度以及艺术生、文科生占绝大多数（约为85%）的实际情况，拟定课例研究为《探究自由落体运动》，龙月儿上第一轮课，梁玉梅上第二轮课，范正余上第三轮课，行政人员王志英老师与高三老师一起参与研讨并帮忙沟通协调各项工作。

教学中贯穿实验教学，体现物理实验是物理教学的前提，培养学生的物理兴趣，提高学生课堂参与度。互动过程中培养科学习惯和态度，增强科学意识和科学素养，培养和维持物理学习兴趣。培养学生探究意识，重视观察和思考的习惯，学会比较和推导得出结论。

1. 第一轮课：“原汁原味”作为研究的起点。听课、观课，课后及时研讨是关键，围绕主题和课标、教材，百家争鸣，写成新教学设计。

第一轮课，课堂教学进展顺利，大家对上课的总体评价较好。经过充分研讨后提出以下改进内容：第一，苹果落地引入改为一个游戏活动——用自制的“反应时间尺”测试学生的反应时间。讲伽利略理论反驳时出示树叶和石头增加效果。第二，用手拿着纸片和硬币同时同高度释放时，因防止纸片黏手，改为放在一把刻度尺上释放。第三，学生实验探究I改为课本的要求和序列，试验后猜想，学案的填空线两条合为一条。第四，牛顿实验管实验，教学设计上的顺序与操作不一致；老师演示实验过程中出现反光，宜关掉前面的灯管和窗帘盒门帘。第五，学生实验探究II时，打点计时器的使用和注意事项说明改为一边提示一边适当演示。第六，实验探究II后添加思考题。因时间问题，表格处理改为课后处理。第七，课堂练习改为课后练习。第八，上课发实验器材和学案改在课前发给学生。

2. 第二轮课：按照新教学设计上课。听课、观课，课后及时“打磨”，各抒己见，进一步修改完善，形成第三轮“说课稿”。

第二轮课的课堂教学进展也顺利，大家对上课的总体评价较好。但是牛顿管实验中抽气效果不太好，对教学进度和效果有点影响。经过充分研讨后提出以下改进意见：第一，手摇抽气机使用多次后胶管气密性的效果不太好了，宜改为电动抽气机。第二，提炼强化三个高潮（见教学设计），理清教学脉络便于学生理清思路。第三，学生实验探究 II 注意事项 7 条精简为 5 条。第四，连贯教学设计中的环节之间的衔接（如学案的猜想改为大胆猜想等），使其更加顺畅，思路更加清晰。第五，把课后练习改为课后自测，并且进行适当编辑，便于学生阅读试题。

3. 第三轮“说课”：听课、观课，并进行广泛深入研讨，形成第三轮教学设计。

最后上“第三轮课”并进行小结归纳。

四、进行“课例”研究的一点感受

本次课例研究基本已经结束，回头看看本次课例研究过程的点点滴滴，有许多困难和问题得到了解决，也获得了不少的体会和感悟，特别是在区教研员张老师的点评和区各校老师的研讨后，更加觉得学习是永无止境的。教学实际效果确实离我们的目标和教学设计有很大的差距，多与其他学校的老师交流会有更多的收获。以后需要多与其他学校和本校的其他学科老师进行交流讨论。

（1）以“做”为中心：刚开始大家是一头雾水，不知道从何做起。摸着石头过河，只要认真动手去做总会有一些收获，找到一些线索。因为是解决自己教学中的实际问题，骨干老师要“领跑”，“我带你，你帮我”，大家帮大家、任务分解、责任分担，做透、看透、想透。做起来虽比较辛苦，且时间紧迫，但收获是比较明显的，增进了老师之间的合作、交往和情感。

（2）经常反省检视“家常课”，不断积累有效的实操性经验：可以进一步提高备课、观课、评课的成效，提高“家常课”的质量。课例研究要从“家常”的备课与教学设计开始，让研究成为“常态”。大科组老师人手多些，相对容易进行课例研究，可以进行观课、听课的诊断（设计一些量表，每一个老师都担负一部分工作，减轻工作量而且便于观课全面细致到位）、记录、摄影、录像等，这对于课后研究更有针对性和实效性。人数少的科组要借用其他年级的老师一起来作研究，即使集中全科组的力量仍然显得力量单薄，但还是可以集中起来一个一个课题地做。

（3）需要关注的地方：关注学科内容及其实质；关注“小组学习”，强调集体智慧，建立教师与教师、研究者与实践者合作学习的行动主体；关注主体悟性，强调“学懂的东西做出来，做好的东西说出来”，注重通过主体悟性把行为与理性联结起来。还是要尽力请进来和走出去，多与其他学科的老师交流和研讨，多向其他学校的老师请教和学习。

总之，只要坚持去做就一定会有收获，一定会有进步。因为课例研究就是以我们上课的内容为载体，解决的就是我们教学过程中普遍存在的教学问题，具有非常重要的价值。课例研究的理论性没有真正课题研究性强，也相对容易开展。而且课例研究没有固定的结论，研究的结果是开放性的，老师们可以放手去做。可以通过课例研究的思考改进我们的教学行为。

参考文献

[1] 聂衍刚，郑雪，张卫．中学生学习适应性状况的研究［J］．心理发展与教育，2004，20（1）．

[2] 王惠萍．农村初中生学习适应性发展的研究［J］．应用心理学，1998，4（1）．

[3] 戴育红．中学生学习适应性的研究［J］．教育导刊，1997（11）．

[4] 鞠红霞．关于中学生人格特质、学习适应性的研究［J］．柳州职业技术学院学报，2002（2）．

[5] 王佩丹，郭楚如，林勇强．学习适应性与学习成绩的关系［J］．健康心理学，2004，3（12）：228.

[6] 周步成．学习适应性测验手册（AAT）［S］．华东师范大学心理学系，1992.

[7] 施传柱．论物理教学中学生元认知能力的培养［J］．教育探索，2009（12）．

[8] 陈英和．认知发展心理学［M］．杭州：浙江人民出版社，1996.

[9] 张胜华．元认知及其对教育的启示［J］．贵州工业大学学报（社会科学版），2006（1）．

[10] 张建奋．中学生物理学习适应性调查及其对策研究［J］．教育导刊，2012，9（1）．

[11] 王君，赵世明．问卷编制指导［M］．北京：教育科学出版社，2006.

[12] 庞维国．自主学习——学与教的原理和策略［M］．上海：华东师范大学出版社，2003（4）．

[13] 乔际平，邢红军．物理教育心理学［M］．南宁：广西教育出版社，2002.

[14] 吴国来．自我效能感理论及其在教育领域的延伸［J］．河北大学成人教育学院学报，2000（3）．

[15] 刘诚芳．学生学业归因倾向分析［J］．西南民族学院学报（哲学社

会科学版)，1998（S6）.

[16] 郑金洲．自主学习［M］．福州：福建教育出版社，2004.

[17] 李洪玉，何一粟．学习能力发展心理学［M］．合肥：安徽教育出版社，2004.

[18] 张建奋，刘洪熹，黄东，张耀佳，李永胜．中学生物理自主学习能力培养实验的研究［J］．物理教师，2006（10）.

[19] J. H. 弗拉维尔．认知的发展［M］．刘赐平等译．上海：华东师范大学出版社，2002.

[20] 吴庆麟．认知教学心理学［M］．上海：上海科学技术出版社，2000.

[21] J. B. 贝斯特．认知心理学［M］．黄希庭等译．北京：中国轻工业出版社，2000.

[22] 廖伯琴，黄希庭．大学生解决物理问题的表征层次的实验研究［J］．心理科学，1997，20（6）.

[23] 邓铸．问题解决的表征态理论［J］．心理学探新，2003（4）.

[24] 王磊．科学学习与教学心理学基础［M］．西安：陕西师范大学出版社，2002.

[25] 皮连生．现代认知心理学［M］．北京：警官教育出版社，1998.

[26] 傅小兰，何海东．表征问题的一项研究［J］．心理学报，1995，27（5）.

[27] 廖元锡，龙志明．物理问题解决过程的两种思维方式——问题表征和图式［J］．湘潭师范学院学报（自然科学版），2001，23（4）.

[28] 石燕飞，肖崇好．中学生解决物理问题表征层次的实验研究［J］．中央民族大学学报（自然科学版），2001，10（2）.

[29] 刘晓晴，魏杰．高中生解决物理问题表征特点的实验研究［J］．教育实践与研究，2000（8）.

[30] 梁宁建，俞海运，邹玉梅等．中学生问题解决策略的基本特征［J］．心理科学，2002，25（1）.

[31] 高艳玲．学习困难儿童认知特点［J］．科学教育，2004，10（1）.

[32] 张舒哲．论学习困难的界定方法和基本类型［J］．心理发展与教育，1994（2）.

[33] 何乐晓．用认知建构主义剖析学生物理解题困难成因［J］．物理教学，2003，25（10）.

[34] 孟昭辉，云云. 物理学习困难的认知因素分析 [J]. 课程·教材·教法，2003 (8).

[35] 邢红军. 中学生物理认知水平的模糊判别及其教育价值 [J]. 课程·教材·教法，1997 (7).

[36] 段金梅，武建时. 物理教学心理学 [M]. 北京：北京师范大学出版社，1988.

[37] 王立君，王欣. 学生 FDI 认知方式与力学应用题解答关系的实验研究 [J]. 心理科学，2001 (3).

[38] 马廷华. 物理信息给予题赏析 [J]. 中学物理教学参考，2002，31 (4).

[39] 李正斌. 物理信息题的特点及应对策略 [J]. 成都教育学院学报，2003，17 (5).

[40] 穆武红. 聚焦物理信息题 [J]. 物理教师，2002，23 (8).

[41] 普通高中物理课程标准 [M]. 北京：人民教育出版社，2003.

[42] 皮亚杰. 发生认识论原理（中译本）[M]. 王宪钿等译. 北京：商务印书馆，1985.

[43] 郑荣玉. 物理教学中问题解决能力的教学策略 [J]. 广西民族学院学报（自然科学版），2002，9 (1).

[44] 方富熹. 对儿童认知发展水平诊断工具 IPDT 的信度效度检验[J]. 心理学报，2004，36 (1).

[45] 皮连生. 教与学的心理学 [M]. 上海：华东师范大学出版社，2002.

[46] R. M. 加涅. 学习的条件和教学论 [M]. 皮连生等译. 上海：华东师范大学出版社，1999.

[47] L. W. 安德生. 学习、教学和评估的分类学 [M]. 皮连生等译. 上海：华东师范大学出版社，2008.

[48] 黎加厚. 新教育目标分类学概论 [M]. 上海：上海教育出版社，2010.

[49] 王汉松. 布卢姆论认知领域教育目标分类理论评析 [J]. 南京师大学报（社会科学版），2000 (3).

[50] 汪凤炎，燕良轼. 教育心理学新编 [M]. 广州：暨南大学出版社，2006.

[51] 丁念金. 布卢姆之后美国教育目标分类研究的进展分析 [J]. 上海师范大学学报（基础教育版），2007 (7).

[52] 邵瑞珍．教育心理学 [M]．上海：上海教育出版社，1997.

[53] 李晓文，王莹．教学策略 [M]．北京：高等教育出版社，2000.

[54] 和学新．教学结构的概念：结构及其应用 [J]．教育研究，2000 (12)．

[55] 王木水．中学教师教学策略量表的编制 [J]．宁波大学学报（教育科学版），2004，26 (4)．

[56] 孟迎芳等．专家—熟手—新手型教师教学策略的比较研究 [J]．心理发展与教育，2004 (4)．

[57] 张建奋．形成性评价的反馈矫正系统和定量化探讨 [J]．物理教学探讨（中教版），1992 (1)．

[58] 周长春，李民春．领会课程标准整合教材资源　提高教与学的有效性 [J]．新课程研究（上旬刊），2010 (6)．

[59] 王洁，顾泠沅．行动教育——教师在职学习的范式革新 [M]．合肥：安徽教育出版社，2011.

[60] J. 莱夫等．情景学习：合法的边缘性参与 [M]．王文静译．上海：华东师范大学出版社，2007.

[61] 卢敏玲．变易理论和优化教学 [M]．合肥：安徽教育出版社，2011.

[62] Makoto Yoshida，Clea Fernandez．课例研究 [M]．邓小玲，马晓梅译．石家庄：河北人民出版社，2007.

[63] 齐渝华．怎样做课例研修 [M]．北京：高等教育出版社，2010.

[64] 王洁，顾泠沅．教学关键事件 [M]．上海：华东师范大学出版社，2007.

[65] 王海燕．实践共同体视野下的教师发展 [M]．重庆：重庆大学出版社，2011.

[66] 郑金洲．案例教学指南 [M]．上海：华东师范大学出版社，2000.

[67] 罗伯特·K. 殷．案例研究方法的应用 [M]．周海涛等译．重庆：重庆大学出版社，2006.

[68] 杨玉东．教师如何做课例研究 [J]．教育发展研究，2008 (8)．

[69] 楼平．基于课例的教师校本培训模式的构建 [J]．教师教育研究，2007 (7)．

[70] 杨启亮．体验智慧：教师专业化成长的一种境界 [J]．现代教学，2007 (11)．

[71] 杨玉东．课例研究的国际动向与启示 [J]．全球教育展望，2007 (3)．

[72] 付黎黎．听评课：指向合作的课堂观察 [J]．教育科学研究，2010 (2)．

[73] 崔允漷．听评课：一种新的范式 [J]．教育发展研究，2007 (18)．

[74] 陈瑶．课堂观察指导 [M]．北京：教育科学出版社，2002.

[75] Flanders N. A. *Analyzing Teaching Behavior* [M]. Reading, MA: Addison - Wesley, 1970.

[76] 宁虹，武金红．建立数量结构与意义理解的联系——弗兰德互动分析技术的改进运用 [J]．教育研究，2003 (5)．

[77] 顾小清，王炜．支持教师专业发展的课堂分析技术新探索 [J]．中国电化教育，2004 (7).

[78] Matthew B. Miles 等．质性资料的分析：方法与实践（第 2 版）[M]．张芬芬译．重庆：重庆大学出版社，2008.

[79] 顾泠沅等．变式教学研究（再续）[J]．数学教学，2003 (3).

[80] 卢敏玲．"课堂学习研究"对香港教育的影响 [J]．开放教育研究，2005 (3).

[81] 卢敏玲，庞永欣，植佩敏．照顾学生个别差异的课堂学习研究 [M]．香港：香港大学出版社，2005.

[82] 于世章．加强变式教学，提高课堂教学效率 [J]．中学数学杂志（高中），2006 (1).

[83] 白丽萍．在变式教学中应注意的几个问题 [J]．呼伦贝尔学院学报，2002 (3).

[84] 鲍建生，黄荣金，易凌峰，顾泠沅．变式教学研究 [J]．数学教学，2003 (13)．

[85] 孙旭花等．问题变式：结构与功能的统一 [J]．课程·教材·教法，2006 (5)．

后　记

得益于广州市“十一五”教育规划项目的立项，我终于有机会把手头的研究工作做一下梳理，将几年来的教学研究成果进行系统的整理，拿出这样一个与物理教育界同行进行交流的文本。正值出版之际，又获广州市教育局“中小学教师优秀专著成果”出版专项资助，得到评审专家的认可，本人甚为欣慰。

由于得到北京师范大学物理学系导师项华博士以及李春密教授在学术上的指导，才使本人完成了物理“问题解决”的相关研究。项目研究过程中，还得到广州市教育局教研室特级教师刘雄硕老师，高级教师陈信余、符东生老师的指导。白云区教育局科研管理部门领导，以及白云区教育发展中心领导和同事也给予很大的支持。在此，对他们的帮助和支持表示感谢！

相关的调查研究工作得到不少学校科组长的大力协助，在此表示衷心的感谢！他们是：黎荣技（广州市培英中学）、李永胜（广州市第80中学）、彭福元（广州市第65中学）、邹立新（广州彭加木纪念中学）、张耀佳（广州市白云区石井中学）、范正余（广州市白云艺术中学）、骆桥开（广州市第71中学）、张剑峰（广州市白云区西洲中学）、徐新波（广州市第66中学）等。在校区联动的“拓展式”课例研究方面所取得的成果，要感谢陈金华（广州市白云中学）、范正余及戚彭凤（广州市第66中学）等带领科组老师积极参与。还要感谢黄流东（广州市白云中学）、范正余、戚彭凤等老师为研究提供了大量资料，课例研究成果也体现了他们的智慧和汗水。

本书出版过程中，暨南大学出版社的编辑提出了不少建议，他们的专业精神令人敬佩。尽管本人已尽最大的努力，但由于资料掌握并不全面，一些研究仍有待在实践中去修正和完善，不当之处，敬请同仁不吝指正。

张建奋

2012年11月30日于广州